## 作者简介

**雷 磊**

中国政法大学"钱端升讲座教授"、博士生导师,国家"万人计划"青年拔尖人才项目、国家级人才奖励计划特聘教授入选者,第十届"全国杰出青年法学家"。德国基尔大学、海德堡大学、奥格斯堡大学、瑞士弗里堡大学访问学者。中国法学会法理学研究会常务理事、副秘书长,中国法学会立法学研究会常务理事,海峡两岸法学交流促进会常务理事,中国逻辑学会法律逻辑专业委员会副会长,第三届与第四届北京市人民政府立法工作法律专家委员会委员。在各类刊物发表论文120余篇,独立出版专著6部,合著或参著7部,主编、独撰或参著教材11部,译著19部。

Legal Methodology in the Prism of a New Era

# 时代棱镜中的法学方法论

雷磊/著

# 弁　言

本书并非关于"法学方法论"(本书有时也称"方法论")的体系性著作,而是着重讨论了新时代背景下法学方法论研究的一些新课题。它们要么是围绕学界近年来的争议热点的介入式探讨,要么是针对司法实践中出现的新主张和新要求的方法论反思。当然,很多时候之所以会形成争议,也正是因为对司法实践中的新主张和新要求存在不同理解。这些新课题在传统的方法论著作中要么没有被顾及,要么获得的关注度不够,而新的时代背景却构成这些话题的"诱因",使它们相比以前以更高的聚焦度被凸显出来。

法律(人)思维构成了法学方法论的内核。第一章从十年前苏力教授和孙笑侠教授的争论入手,力图在纯分析的层面为统一的法律人思维及其独特性辩护,即通过一种"统合论"司法哲学来说明,逻辑上的确存在"像法律人那样思考"这回事。规范和事实是法学方法论的两大范畴。规范理论的首要问题是法律规范的来源,即法律渊源。近年来,学界对"法律渊源"的概念多有争鸣,其背景是司法实践中面对指导性案例、党内法规等新的规范材料,急需提出一种新的、更有解释力的法律渊源概念及分类方法。第二章在这一主题上提出了笔者的独特理解,并在法律论证的框架下,阐明了法律渊源这一概念的法治蕴意。司法裁判过程涉及事实的诸多层次,也涉及事实与证据的关系。第三章论述的起点是近年来哲学学者与法学学者之间的一场跨界论战,焦点在于是否应当用"以证据为依据"来取代司法实务界长久以来的"以事实为根据"的说法。该章重新思考了司法裁判中事实与证据的所指及区别,捍卫了传统说法,顺带提出一种证成案件事实之客观性的新思路。

定义论是法律逻辑的重要内容,不仅涉及法律适用论,也涉及立法论。第四章的写作背景是《中华人民共和国民法典》出台前后,有法学学者和逻辑学家对《中华人民共和国民法典(草案)》中使用的概念和定义进行了逻辑批判。该章没有直接介入这些讨论,而是勾勒出一种"好的定义"应该满足的标准,以及它如何被应用于法典编纂的活动。"同案同判"看起来是近年来司法公正和司法统一的要求使然,也是案例指导制度的理论预设,但实则涉及对司法裁判之深层本质的理解。面对学界围绕这一话题展开的诸多争论,第五章就"同案同判"的含义、性质、价值等问题提出了不同以往的主张,力图赋予它一个恰如其分的定位。十余年来,法教义学与社科法学两大阵营的论争构成中国法学流派化发展的一道风景线,而这道风景线的方法论面向可以被概括为"规则导向"与"后果考量"之争。第六章试图厘定后果考量的内涵和类型,并对其方法论定位与在价值判断客观化中的作用及局限进行探讨,尝试以一种内部化的方式来调和这种争议。在党中央提出把社会主义核心价值观融入法治建设的大背景下,如何使最高人民法院提出的把社会主义核心价值观融入司法裁判的要求"落地"就成为关键。第七章基于社会主义核心价值观的司法适用现状,就其融入司法裁判的各种途径进行了系统讨论,并对融入的前提——社会主义核心价值观在个案裁判中进行具体化论证的形式和规则——提出了要求。在新科技时代,尤其是在人工智能与大数据相结合的背景下,学界将理论研究的重心置于"智慧司法"的技术保障及其对审判理念的冲击方面。与此不同,第八章着力对人工智能条件下法律推理之性质进行重新理解,并基于此来刻画这种法律推理的基本模式。总的来说,人工智能时代没有造就新的推理模式,而是使哲学界和法学界此前已提出的可废止推理及其模式得到彰显。

上述是目前中国法学界或司法实践中比较热门的八个话题。虽然它们的侧重点各有不同,但都只是同一面时代棱镜中折射出的不同面向而已,因而各章在论述的内容与细节上或有交集。虽然对它们的讨论看起来是"各自为战",但背后隐含着笔者对法学方法论的整体理解和对"什么是司法裁判"这条统一主线的把握。对此,读者可在阅读各章时有所体会。虽然它们只是法学方法论研究中一些新的"点",但并不妨碍它们可以被融入关于方法论的体系性论著。当然,这就属于后续的任务了。本书另有一个"附录"部分,囊括了两篇文字。一篇是对近三十年来中国法学方法论研究的观察和反思,另一篇是笔者在江苏省镇江市召开的"中德法学方法论研究新发展"学术研讨会上所作的总结发言。

虽然人们常常提及拉德布鲁赫(Radbruch)的那句谶语般的名言,即"明确意识到其自身方法的学科通常是有病的学科",但如果因此就走向方法论上的"无政府主义"——就像其代表人物费耶拉本德(Feyerabend)那样旗帜鲜明地"反对方法!""怎么着都行!"——则无异于专业化法学的自杀。新时代提出了新课题,也提供了检验(更新?)既有法学方法的新契机。本书要做的,就是在当下的时代为法学方法论的生命力提供一个佐证。

# 目　录

## 第一章　为"法律人思维"辩护 …………………………… 001
一、对问题本身的审视 ………………………………… 003
二、对"法律人思维"概念的理解 …………………… 008
三、三种可能的辩护方式 ……………………………… 016
四、法律推理的"二元"范式 ………………………… 025
五、本章结语 …………………………………………… 033

## 第二章　法律渊源及其法治蕴意 ………………………… 036
一、法律渊源的概念与类型 …………………………… 038
二、法律渊源在法律论证中的角色 …………………… 042
三、法律渊源的法治意义 ……………………………… 047
四、本章结语 …………………………………………… 060

## 第三章　司法裁判中的事实与证据 ……………………… 062
一、核心争议点与反思起点 …………………………… 063
二、证据及其与事实的关系 …………………………… 072
三、事实及其客观性 …………………………………… 084
四、案件事实的两个层面 ……………………………… 093
五、本章结语 …………………………………………… 096

## 第四章　定义论及其在法典编纂中的应用 …… 099
一、什么是定义论？ …… 099
二、定义类型理论及其应用 …… 108
三、定义规则理论及其应用 …… 116
四、本章结语 …… 127

## 第五章　同案同判及其裁判论价值 …… 129
一、同案同判的含义与定位 …… 131
二、司法裁判的性质 …… 140
三、依法裁判的衍生性义务 …… 149
四、司法公正的表征性价值 …… 161
五、本章结语 …… 166

## 第六章　司法裁判中的后果考量 …… 168
一、后果考量的含义 …… 169
二、后果考量的方法论定位 …… 175
三、后果论证与价值判断 …… 195
四、本章结语 …… 214

## 第七章　社会主义核心价值观的司法适用 …… 218
一、社会主义核心价值观的司法适用现状及其问题 …… 219
二、法源地位与规范类型 …… 223
三、融入司法裁判的途径 …… 230
四、具体化论证的形式与规则 …… 241
五、本章结语 …… 247

## 第八章　人工智能时代法律推理的基本模式 …… 249
一、人工智能时代法律推理的性质 …… 251

二、法律规则的逻辑形式化 …………………………………… 264
三、可废止法律推理的基本模型 ……………………………… 273
四、可废止法律推理的智能化限度 …………………………… 283
五、本章结语 …………………………………………………… 286

# 附 录

**第一篇 法学方法论研究在中国:观察与反思** ……………… 291
一、两波热潮 …………………………………………………… 291
二、八个论题 …………………………………………………… 294
三、三大特征 …………………………………………………… 305
四、四点反思 …………………………………………………… 309

**第二篇 比较视野与中国之问** …………………………………… 315

**后 记** …………………………………………………………………… 321

# 第一章　为"法律人思维"辩护

"像法律人那样思考"(Thinking like a lawyer)的说法源自美国法学院,被认为代表着法学教育的目标。[1] 这种说法在20世纪90年代进入中国时,正赶上法学专业化和职业化转型的背景,因此迅速引起了法律人群体和法学教育工作者的共鸣,并迅速传播开来。学者们纷纷撰文论述法律人与普通人在思维特征上的区分,并以"法律(人)思维"命名。毫不意外的是,主张法律人思维的学者也同样是最早在中国倡导法律职业化的学者。[2] 因为法律人思维被认为是职业共同体的基本识别标准;法律人共同体的最大特点是每个人都拥有大致相同的思维方式和思维能力。[3]

2013年,苏力教授在《北大法律评论》上发表《法律人思维?》一文(以下简称"苏文"),对于"法律人思维"的提法及其隐含的独特法律思维的主张进行了猛烈抨击。在苏文看来,"像个法律人那样思考"是深嵌在英美法传统和美国法学教育传统中的一个命题,其原意从来不是说,也不意味着法律人有什么独一无二的思维、思维特点或思维方式,而仅仅是针对法学院新生的要求,希望他们尽快熟悉英美法的基

---

[1] 参见〔美〕卢埃林:《荆棘丛——关于法律与法学院的经典演讲》,明辉译,北京大学出版社2017年版,第146页。
[2] 例如,参见王晨光:《法学教育中的困惑——从比较视角去观察》,载《中外法学》1993年第2期;郑成良:《论法治理念与法律思维》,载《吉林大学社会科学学报》2000年第4期;孙笑侠:《法律家的技能与伦理》,载《法学研究》2001年第4期;孙笑侠、应永宏:《论法官与政治家思维的区别》,载《法学》2001年第9期。
[3] 参见董玉庭、于逸生:《司法语境下的法律人思维》,载《中国社会科学》2008年第5期。

本制度环境以及分析推理的一些基本技能。是当代中国法学人基于自身的职业利益,矫情地、望文生义地将这个说法误解成法律人有独特的思维。所谓"法律人思维"其实并不为法律人所专有,以及在所谓"法律人"共同体中也不存在统一的法律人思维方式。专业知识和技能虽然重要,但更为重要的是在实践中慎重考虑社会后果,作出恰当的判断。[1] 对此,作为最早在中国提倡法律(人)思维和法律职业化的学者之一的孙笑侠教授,随即在当年的《中外法学》上发表《法律人思维的二元论:兼与苏力商榷》一文(以下简称"孙文"),针锋相对地予以回击。孙文主张法律人思维的"二元论",即一方面,法律人不能拘泥于法律规则和概念逻辑,面对呆板的法律和鲜活的生活,不能刻板地不作结果主义考量;另一方面,在进行社会后果考量时,不能夸大"超越法律"的功能和意义,更不应否定法教义学上法律人特有的思维方法,甚至用"超越法律"的社会学思维来代替法律人的法教义学基本思维。法律人思维的"二元论"中,法教义学是基本的,是主要的;法律现实主义是补充的,是次要的。[2]

可见,这场争论发生在多个层面:其一,"像法律人那样思考"是不是英美法传统,尤其是美国法学教育传统中的一个具有特殊语境的命题?其二,是否可能存在统一的"法律人思维"?其三,如果存在,那么这种统一的"法律人思维"是否是独特的?后两个问题将构成本章第二至第四部分的内容,现在来简要地回答一下第一个问题。这里要区分某种命题或说法的起源与适用范围,以及"词"与"物"。任何命题或说法都有其起源,而它在起源时通常带有较有特色的话语表达(语词)。但是,这并不意味着这种命题或说法仅适用于起源地,也不代表特殊的话语表达(语词)可以对其实质含义(事物)构成限制。于前者

---

[1] 参见苏力:《法律人思维?》,载《北大法律评论》第14卷第2辑,北京大学出版社2013年版,第429、430、431—432页。
[2] 参见孙笑侠:《法律人思维的二元论:兼与苏力商榷》,载《中外法学》2013年第6期。

而言,就像马克思主义哲学中的科学社会主义思想虽然最早起源于德国,但它具有超越时间和地域的普遍方法论意义。于后者而言,就像罗马法谚"相当期间究应多久,非出法定,乃由法官自由裁量",虽然开始仅针对罗马法上的"相当期间"这个特定概念,但慢慢发展为"不确定法律概念乃授权法官视具体情形而定"这一普遍法理。[1] 所以,尽管"像法律人那样思考"或许是个具有英美法烙印的说法[2],也不代表这一说法背后的实质所指无法成立。[3] 因此,问题的关键不在于"像法律人那样思考"这一说法起源于哪里,在起源时有何特定的语境因素,而在于它的实质所指能否成立,也即究竟是否存在统一而独特的"法律人思维"。[4]

## 一、对问题本身的审视

但在正式展开论述之前,有必要先来弄清楚讨论的问题本身的确切所指:"像法律人那样思考"这个问题本身是什么意思?一个问题本身可以在经验层面、分析层面或评价层面被提出。在经验层面上,"是否存在'像法律人那样思考'这回事"意味着,现实中真的存在"像法律人那样思考"这样的现象吗?换言之,经验世界中的法律人真的在运用某种独特的思维思考和解决问题吗?经验层面要处理的对象是事实问题,而处理问题的方法则是观察、描述和概括。苏文完全是在

---

[1] 参见郑玉波:《法谚》(一),法律出版社2007年版,第70—71页。
[2] 亦有学者批评苏力教授对美国法学院"像法律人那样思考"的特征概括并不准确(参见焦宝乾:《法律人思维不存在吗?——重申一种建构主义立场》,载《政法论丛》2017年第6期),当然这是另一个问题。
[3] 想一想,德国一直以来就有"统一法律人"(Volljurist)的教育模式和大量以"法律思维"为名的著作。
[4] 就像苏力本人也承认的:"跨文化的误读并不必定糟糕;完全可能成就伟大的创造……因此才有必要,以五节文字来批判'法律人思维'不成立"(参见苏力:《法律人思维?》,载《北大法律评论》第14卷第2辑,北京大学出版社2013年版,第430页)。

经验层面上来理解这个问题的。一方面,它批评早期学者们对法律思维特征的概括"经验上很难成立""成立的也不是法律人所独有"[1];也批评法律人拥有"思维决定行为"这种功能主义假设,只是从行为上反推一定有一种法律人思维,但事实上"我们并不能经验地观察法律人的思考或思维,没法观察他们的大脑或其他器官在物理或化学层面如何活动",也无法在经验层面比较法律人与其他人的思维。[2] 另一方面,它举了许多来自美国和中国司法实践的实例(案例和现象),证明司法史上的伟大判决都是裁判者审时度势地运用"判断"得出的,就言行的审慎周到而言一些"法盲"也不输法律人。他们都"很关注法律实践的后果,并在制度许可的范围内追求对自己最为有利和合理的后果"[3],法律人与普通人并无二致。苏文驳论和立论的基点都在于对"真实世界"和"一般经验层面"的强调,这也使他对于"思维"的理解停留于心理的层面(见下文)。

在分析层面上,"是否存在'像法律人那样思考'这回事"意味着,在逻辑上可以成立"像法律人那样思考"这样的主张吗?换言之,逻辑上存在某种独特的、可以被称作"法律(人)思维"的思维吗?不同于经验层面,分析层面的问题无法通过"真实世界"或"实例"来证实或证伪。例如,我们在分析的层面说,"独角兽"或"龙"是一种独特的动物,因为它拥有有别于其他动物的特征。但这并不意味着,真实世界中就存在"独角兽"或"龙"这种动物。因此,分析层面上的"存在"不同于真实世界中的"存在",即只要能提出某些定义性特征,使"法律人思维"与其他思维区分开来,那么就可以主张存在独特的法律人思维("法律人思维"的概念是成立的)。无论在经验层面上法律人

---

[1] 苏力:《法律人思维?》,载《北大法律评论》第 14 卷第 2 辑,北京大学出版社 2013 年版,第 440 页。

[2] 苏力:《法律人思维?》,载《北大法律评论》第 14 卷第 2 辑,北京大学出版社 2013 年版,第 460 页。

[3] 苏力:《法律人思维?》,载《北大法律评论》第 14 卷第 2 辑,北京大学出版社 2013 年版,第 430 页。

是否真的在运用这种思维分析和解决问题(如果能验证的话),也无论有多少法律人在多少情形中运用这种思维分析和解决问题(如果可以统计的话)。当孙文将法律思维与法律方法紧密联系起来——"法律思维基于法律方法而存在,否则法律人思维就无以存在"[1]——并试图通过法律方法(法律解释、漏洞填补、不确定条款的特殊适用等)的独特性来证明法律思维的独特性时,其实就是在分析的层面上来理解问题,即将法律方法理解为法律人思维的技能,明确了独特的法律方法也就定义了法律人思维的特征。[2]

在评价层面上,"是否存在'像法律人那样思考'这回事"意味着在价值上应当倡导"像法律人那样思考"这样的目标吗? 换言之,拥有法律人思维是件好事吗? 法律职业者是否应当运用独特的法律思维来解决问题? "是"与"应当"完全是两个层面的问题。在分析层面上作出"存在法律人思维"的判断,并不意味着在价值层面上就一定会主张这是件好事或者应当追求它。尽管很多时候在语言上会混淆这两者,会以"是否"的表象来隐藏"好坏"的评价,但这两者应被清晰区分开来。例如,一些权利本位论者虽然会使用"权利是法律体系的基石"这样的表述,但这既非经验命题,也非分析命题,而是一个价值判断。它真正想表达的,是"在整个法律体系中,应当以权利为起点、核心和主导"[3]。在这一点上,苏文很敏锐地指出,在看似中性的法律人思维的断言中深藏着一个有关知识和权力的断言,即法律人的思维和判断比普通人的更好、更正确。[4] 而当苏文刻意区分"像法律人那样思考"与"法律人思维"时[5],其实在潜意识里也正是想将这样三个不同层面区分开

---

[1] 孙笑侠:《法律人思维的二元论:兼与苏力商榷》,载《中外法学》2013年第6期。
[2] 但正如本章第三部分将要说明的,这种做法本身并不能成立,尽管分析层面的定位是可取的。
[3] 张文显:《二十世纪西方法哲学思潮研究》,法律出版社2006年版,第427页。
[4] 参见苏力:《法律人思维?》,载《北大法律评论》第14卷第2辑,北京大学出版社2013年版,第438页。
[5] 参见苏力:《法律人思维?》,载《北大法律评论》第14卷第2辑,北京大学出版社2013年版,第463页。

来,即将"像法律人那样思考"限于(美国法学教育语境中的)经验层面,而将"法律人思维"更多定位为分析层面及其背后隐藏着的评价层面。相反,孙文在某种意义上则结合了(如果不说"混淆"的话)分析层面和评价层面。例如,孙文明确主张,法律人思维的存在,其意义在于保证"法的安定性"。又如,法律人思维的存在是与法官忠实地服从法律和法律的目的、保证司法独立的体制或"司法机关依法独立行使职权"、倡导法律职业的自主性、保持法学内部的自足性等问题联系在一起的。[1]

经验层面、分析层面和评价层面分别解决的是"有没有""是不是"和"好不好"的问题。正因为苏文和孙文的主要论证处于不同的层面(经验 vs. 分析/评价),所以两者的争论在很大程度上是各说各的,并没有形成十分有效的交锋。在这三个层面中,分析层面具有基础性和逻辑优先性。理由在于:其一,经验具有碎片性。经验事实具有差异性和可变性。也许在很多里程碑式的疑难案件的判决中,法官并没有严格依循所谓的(尚待确定的)法律人思维来判案,但这并不能否认在大量的简单案件中法官是这么做的。不仅是案件类型,在不同的国家(如中国或美国)、地域(如东部和西部)、时间(如改革开放前和之后)等,可能通过经验观察都可以得出不一样的结论。苏力教授举一个正例,孙笑侠教授就可以举一个反例。对于此刻讨论的问题,通过经验观察和实例是无法得出具有普遍性的结论的。更何况,就像苏文自身所说,能够被观察的只是"行为"(外部事实),而不是"思维"(内部事实)。[2] 就像不能从行为呈现出的特点反推出存在独特的法律人思维,我们也不能从法盲和法律人行为(结果)的一致性就反推出两者不存在思维差异。从这种思路出发的论证很多时候

---

[1] 参见孙笑侠:《法律人思维的二元论:兼与苏力商榷》,载《中外法学》2013年第6期。
[2] 参见苏力:《法律人思维?》,载《北大法律评论》第14卷第2辑,北京大学出版社2013年版,第446页。

是行不通的。其二,评价既具有主观性,也偷换了概念。一方面,评价往往因人而异。有独特的法律思维是不是一件好事,用法律人思维(甚至法治)来处理问题是否一定就是最佳方式,是个见仁见智的问题,答案会因时代、文化传统和人群的不同而不同。不要忘记,柏拉图就曾认为法治是第二等好的统治,人治(哲学王的统治)才是第一等好的。另一方面,前已述及,"x 是什么"与"x 好不好"是两个完全不同的问题。就像我们说"张三是人"并不等于说"张三是个好人"。同理,即便对于"x 好不好"的价值判断存在争议,也不妨碍争议双方对于"x 是什么"达成共识。其三,也是最重要的,无论是经验还是评价均须以分析层面为前提。例如,当我们通过经验观察来确定"中国的死刑执行率有多高"时,必须首先在分析层面界定这里所说的"死刑"指的是什么,是仅包括"死刑立即执行",还是同时包括了"死缓"。不首先确定这个问题,关于死刑执行率高低的争论就没有意义,因为可能争论双方对于死刑外延的理解并不一致。类似地,要观察经验世界中的法律人是否真的在运用某种独特的思维思考和解决问题,首先就要确定"法律人思维"所指为何。反过来说,如果在定义上就可否定法律人思维的"存在"(概念独特性或者说特征),那么也就无须再去观察它是否在真实世界中存在了,因为此时已没有观察的对象。同样的道理,要评价某个对象,也需要以确定这个对象是什么为前提。对象不成立,也就失去了评价的意义。

接下去,本章就将在分析层面围绕"逻辑上存在某种独特的'法律人思维'吗"这一问题展开论述。须先声明的是,即便分析层面的辩护是成功的,也不意味着笔者同时提出了特定的经验性主张(如"中国当下大部分法律人都在运用这种思维思考和解决问题"),更不意味着笔者作出了特定价值判断(如"法律人思维无论如何是值得追求的",或"应当无条件推进以法律人思维为核心的法律职业化")。

## 二、对"法律人思维"概念的理解

在分析层面辩护的第一步,是来回答"是否可能存在统一的'法律人思维'"的问题。这就涉及对"法律人思维"这个概念本身的理解。而这又涉及对"思维"和"法律人"这两个子概念的理解。

### (一)"思维"是什么意思?

"思维"(thought, Denken)本身可以从两个层面加以理解,也即心理的、逻辑的与发生学的和规范论的、发现意义上的与证立意义上的。对心理与逻辑的区分最早来自科学哲学,赖兴巴赫(Reichenbach,也译作"赖欣巴哈")对此作了系统阐述。赖兴巴赫指明了思想的逻辑关联与实际的思想过程之间的巨大差异,或者说思想者发现定理的方式与他在公众面前阐述它的方式之间的差异。[1] 他认为,认识论不关心发现的脉络,而仅仅关心证立的脉络,科学分析不是针对实际的思想过程,而是针对知识的理性重建。[2] 因为逻辑学家的任务并非解释科学发现,而只是分析所与事实与显示给他的理论之间的关系。换言之,逻辑所涉及的只是证立的脉络。[3] 虽然赖兴巴赫与其追随者卡尔·波佩尔(Karl Popper)进行这一区分的主要目的在于将认识论限于逻辑学的领域,而后来的学者,如苏珊·哈克(Susan Haack)则认为认识论同时包括心理学与逻辑学,但无人否认发现的脉络与证立的脉络的二分。换言之,在科学上,实际如何发现某个定理是一回事,而如何对这个定理加以有效的证明和辩护是另一回事。

---

[1] See Hans Reichenbach, *Experience and Prediction: An Analysis of the Foundations and the Structure of knowledge*, Chicago: The University of Chicago Press, 1938, pp. 6-7.
[2] 参见沈铭贤、王淼洋主编:《科学哲学导论》,上海教育出版社1991年版,第105页。
[3] 参见〔德〕H. 赖欣巴哈:《科学哲学的兴起(修订第2版)》,伯尼译,商务印书馆1983年版,第178页。

这一区分被引入法学领域后,即造成法学方法论或者说法律思维理论中对法的发现(Rechtsfindung)与法的证立(Rechtsbegründung)之间的区分。[1] 前者是法律人经思考得出某个法律结论的实际过程或者说"真实"过程,后者则是他对这个结论提供论据进行论证说理的过程。当恩吉施(Engisch)指出,司法裁判是"获取与证立具体应然之法律判断"[2]的过程时,也正是表明了这一区分。准确地说,法的发现与法的证立并非两个先后发生的过程,而是同一个过程的不同层面。证立可被视为对发现脉络中所呈现之解释性假定的强化,其任务在于创设这样一种方式,它能确保在思维过程的出发点与结论之间引入一种无矛盾之体系或创设一系列正确的步骤,也即对其进行理性重构。[3] 由此可知:

一方面,在法律思维中,法的发现与法的证立这两个层面可以相对分离。判决实际上是如何作出的和判决如何进行论证说理是两个完全不同的问题。直觉、偏见和价值偏好这些因素很可能影响到法官就法律问题作出判断的过程,但所有这些均属于发现的过程,它们至多只是使裁判程序开始的因素,却不是最终使裁判成立的依据。无须否认,直觉、偏见和价值偏好这些因素很可能影响到法律人就法律问题作出的"判断",但它们都属于法的发现过程。在法的证立层面,法律人的核心任务在于证明自己实际上作出的判断是"正确的"。司法决定的客观性恰恰被置于司法证立的过程中,即法官在支持自己的结论时所给出的"合理化"理由。关键问题在于所给出的理由对于确立结论是否合适,而不在于它们是不是预感、偏见或个人价值前提的产物。[4]

---

[1] 具体参见焦宝乾:《法的发现与证立》,载《法学研究》2005 年第 5 期。
[2] Karl Engisch, *Logische Studien zur Gesetzesanwendung*, 2.Aufl., Heidelberg: Carl Winter Universitätsverlag, 1960, S. 3.
[3] Vgl. Holocher, Justyna, Kontext der Erfindung und Kontext der Begründung in der Wissenschafts und Rechtsphilosophie, *ARSP* 96 (2010), S. 469, 472.
[4] See Martin P. Golding, Discovery and justification in science and law, in: Aleksander Peczenik et al. (eds.), *Theory of legal science*, Dordrecht [u.a.]: Springer, 1984, p. 113.

另一方面,对于法律人而言,比起如何发现和获得特定结论,更重要的是如何以可成立的理由来支持特定的结论。相比于法的发现层面,法学更应关注的是法的证立层面。任何学科都有自己的独特视角。法学作为规范性学科的特质决定了它的独特之处并不在于探究某项活动的现实成因和动机要素(社会学研究与心理学研究无疑更能胜任这项任务),而在于为这项活动提供辩护或者说正当化的过程。所以,法律思维关注的重点在于是否充分而完整地进行对法律判断之证立,而不在于这个裁判事实上是透过何种过程发现的。如想合理化司法裁判,只能在逻辑的"外在层面"而非心理的"内在层面"进行评判和检讨。[1] 所以,也许法律人在面对非常规案件时的确需要"出色判断",也许的确要"增强法律人对某一领域的可能法律后果的敏感、理解力和预判力"[2],但从法学的角度来看,更重要的是,他需要运用为法律人共同体所接受的概念、原理和方法,为其法律主张提供充分的事实和法律理由。因为"依法裁判"的要求所约束的,不是法官的心中是如何想的,而是他在判决书中是如何说的。[3] 如何组织论证说理、如何产生为裁判活动的参与者与受众所能接受的结论,才是法学方法论或者法律思维理论应关注的重心。法的证立活动绝非仅仅是借用法律术语对已经(无论以何种方式)作出之判断的"事后包装"。[4] 也许"这个世界更看重判断",但"法律的世界更看重的恰恰是逻辑"!

---

[1] 参见雷磊:《法律逻辑研究什么?》,载《清华法学》2017年第4期。
[2] 苏力:《法律人思维?》,载《北大法律评论》第14卷第2辑,北京大学出版社2013年版,第431、467页。
[3] Vgl. Schu-Perng Hwang, Vom Wesen der richterlichen Rechtsanwendung: Eine Überlegung zur Freirechtsbewegung, *Rechtstheorie* 37 (2006), 219, 221.
[4] 这里隐含着"事后包装"论的一个经验性假设,即法官home为基于直觉、偏见和价值偏好而得出的结论寻找法律上的正当化依据总是可以找得到的[参见〔美〕弗里德里克·肖尔:《像法律人那样思考——法律推理新论》(增订版),雷磊译,法律出版社2023年版,第202页]。但这种假定并不能当然成立,即使成立,法的证立也必不可少(对此参见雷磊:《为涵摄模式辩护》,载《中外法学》2016年第5期)。

所以，法学语境中的"思维"更多指的不是心理层面的"想法"，而是逻辑层面的"推理"。"像法律人那样思考"指的只是"像法律人那样推理"（reasoning like a lawyer）。而法律推理是运用各种法律方法进行论证和说理的过程。所以，是否存在"独特的法律思维"的问题，真正涉及的是是否存在"独特的法律推理"，或者说"独特的法律方法"。所以，恩吉施的《法律思维导论》与拉伦茨的《法学方法论》处理的是同一个主题。这种理解固然与对"思维"的通常理解（思维是一种心理活动）并不一致[1]，但也不是不可理解。这里涉及的是并不鲜见的"词"与"物"的不对应性。例如，就像德国基本法规定了对"思想自由"（Meinungsfreiheit）的保护，但这里的"思想自由"真正所指的其实只能是"表达自由"（Außerungsfreiheit）。因为如果"思想"只是一种不外化于任何外在言行的内心活动，那么端无进行法律保护的必要——纯粹的"想法"永远是自由的，而法律只能调整外在行为。只有当"思想的表达"受到不当干涉时，才需法律的介入。同样的道理，"像法律人那样思考"只是借用了日常语言中的"思考"一词，真正所指的是可以被法学所检验的"推理"或"方法"。

（二）该如何界定"法律人"？

如果说在法学语境中，"思维"意味着"推理"的话，那么存在着统一的"法律人"的推理吗？对此，苏文提出了"制度角色论"予以反对。在其看来，"每个法律人都有自己的制度角色，承担着具体的制度责

---

[1] 苏力固然是在此意义上来理解"思维的"，孙笑侠在很大程度上同样如此。孙文强调"法律方法是法律人思维的核心要素，法律人思维是法律方法长期作用的结果"，"思维方式是一种长期运用特定的职业方法而形成的思维习惯和思维模式"，"法律思维方式固然不同于法律方法，但是法律思维是以方式和方法的形式而存在的"（孙笑侠：《法律人思维的二元论：兼与苏力商榷》，载《中外法学》2013年第6期）。这固然表明了"法律方法"与"法律思维"的密切联系，但同时也说明两者是不同的。但问题在于，在法学语境中，这两者本就是一回事。

任,面对着特定但细致的制度要求"[1]。不是法律人的思维特点,而是他们的制度责任要求甚至促使他们运用特定思维。而法律人的内部包含多个类别(法官、检察官、律师、法学学者、立法者等),基于他们各自不同的制度角色,他们的思维必然不一致。例如,在刑事诉讼中,检察官基于公诉人的角色必然要主张犯罪嫌疑人有罪(有罪推定),律师基于辩护人的角色自然要主张犯罪嫌疑人无罪,而法官作为裁判者即便有一个初始判断,也更愿意听取相反的意见,愿意改变或修正自己的预判。法学学者作为职业学术从业者,必然更关注案件在理论世界中如何解决,更容易采取批判性姿态对现实案件作出判决。之所以如此,是因为这些不同类别的法律人的判断和推理,在很大程度上并不代表他们个人真实的判断和推理,而是他或她所代表的机构或群体的判断和推理。这也就是俗话说的"屁股决定脑袋"。如果将这种"制度角色论"进一步推衍,也可得知:因为法官可以分为初审法院法官、上诉法院法官、终审法院法官(其他法律人也可作相应分类),基于制度角色的差异,他们的思维也不一致。[2] 所以,正因为不存在单一的和统一的法律人,所以也不存在单一的和统一的法律人思维。

对此可以进行两点反驳:一方面,从不同法律人存在思维差异推导出"不存在统一的法律人思维",犯了批判性思维中所说的"分解谬误"。所谓分解谬误,指的是从群体具有某特征推导出群体的成员也一定具有该特征。但是,整体的特征未必为构成整体的各独立部分所具有。正如圆形的建筑物不必由圆砖块建筑而成。[3] 同样的道理,"法律人的思维"并不否认各类法律人可能拥有自己的一些思维特

---

[1] 苏力:《法律人思维?》,载《北大法律评论》第14卷第2辑,北京大学出版社2013年版,第442页。
[2] 参见苏力:《法律人思维?》,载《北大法律评论》第14卷第2辑,北京大学出版社2013年版,第443—446页。
[3] 参见[美]布鲁克·诺埃尔·摩尔、[美]理查德·帕克:《批判性思维:带你走出思维的误区》,朱素梅译,机械工业出版社2012年版,第44页。

征,法律人思维也未必在各类法律人身上有同等的显现。但我们并不能从这一点推出不可能存在统一的法律人思维。法律人尽管存在制度角色的差异,但这不足以构成对法律人较普遍的思维习惯和特点的否定。所以,问题不在于不同法律职业者在具体思维上是否有区别以及有多大区别,而在于职业思维总是存在一些相同或相似的法律思维方法、习惯、特点甚至规律。[1]

另一方面,即便不存在统一的心理,也可能存在统一的推理。发生学上的说明(因果关系)往往有多种可能,我们常常无法判定究竟是哪些因素实际上在心理的层面影响法律人。这些因素有的可能是制度性的,也有的可能是非制度性的。按照苏文的思路,我们也可以这样推导:因为个性、经历、教育背景、所处的地域、环境的差异……这些非制度因素,每个法官、检察官、律师、法学学者的思维并不一致。但是无论有哪些制度性和非制度性的因素在心理层面以何种方式真实地影响着法律人个人,也不能否认存在着统一的"法律人"的推理或方法。法律(人)思维来自法律及其适用活动之性质的要求,而非来自对具体个人心理活动的考察。因此,尽管在分析的层面(而非经验的层面)不存在经验世界中一个个具体法律人有一致的想法,但不能否认逻辑世界中的"法律人"存在统一的推理。

但"制度角色论"依然具有部分真理,这与法官在法律制度中的核心地位有关。法律人存在不同的角色和制度类型毕竟是客观存在的,"统一的法律人"也必然产生以何种角色为核心或典型的问题。在笔者看来,尽管不同法系和不同国家的法学教育模式和法律实践情况并不完全相同,但"统一法律人"(德语叫作"Volljurist")模式的核心指向的是培养合格的法官。是法律活动的中心任务和制度设置保障了法官的核心角色:法律体系的任务在于通过法律来调整社会生活,法

---

[1] 参见焦宝乾:《法律人思维不存在吗?——重申一种建构主义立场》,载《政法论丛》2017年第6期,第51页。

律运作是以法律问题(纠纷)的解决为中心的,法律问题(纠纷)的解决必然是"以审判为中心"的。法官在这一制度设计中处于核心地位,在这一点上,大陆法系与英美法系并无区别。所以,无论检察官多么想定犯罪嫌疑人的罪,他或她也必须运用与法官共享并为法官所接受的概念、原理与方法来说服法官接受自己的观点。类似地,律师无论多么想为其当事人"拿钱消灾",他或她也必须提出"拿得上台面"的理由来说服法官。无论检察官和律师个人的制度角色有何不同,他们在论证和说理时必须以法官为听众,以预设法官,乃至整个法律人共同体的接受为目标。所以,在分析层面,制度分工并没有瓦解统一的推理模式,而是造成向"法官推理"趋同的倾向。

比较特殊的是法学学者和立法者。首先,对于法学学者需要作进一步的视角区分。法学学者既可能持特定法律体系中法律实践的观察者观点,也可能持参与者观点。所谓观察者观点,是指不去追问在特定法律体系中什么才是正确的决定,而是追问在特定法律体系中实际上是如何作出决定的。相反,参与者观点是在某个法律体系中参与关于"什么是在这个法律体系中被要求、禁止、允许与授权者"的论证者,所采取的视角。[1] 在一个法律体系之中,处于参与者观点中心位置的是法官。法官要直面在其所处的法律体系中"应当做什么""不得做什么""可以做什么""能够做什么"这类规范性问题,并为此提供答案。法官必须按照规范性价值观念塑造好法律的每一个细节,因为其所作出的决定将直接关系到当事人的权利和义务。法官必须遵从"正确性宣称"(claim to correctness)的引导,致力于区分合理与不合理、有效与无效、正确与不正确、公正与不公正。[2] 一旦法学学者采纳参与者的视角,也就意味着其自我定位向法官的这种角色趋同,也

---

[1] 参见〔德〕罗伯特·阿列克西:《法概念与法效力》,王鹏翔译,商务印书馆2015年版,第25页。
[2] 参见雷磊:《法教义学的基本立场》,载《中外法学》2015年第1期。

就意味着其在进行法教义学的研究。法教义学主张,法学学者应将自己想象为负有法律义务来对法律问题作出合理回答的法官,或为法官解决法律问题提供一套理性化的标准。

至于立法者,首先要澄清立法者究竟是否属于"法律人"。从系统论的角度看,现代法律系统的核心是司法,而非立法。[1] 以司法者或法官为核心的"法律人",其典型形象在于"戴着镣铐跳舞"。这当然是个比喻的说法,意思是法律人(法官)在处理问题时不能绕开他或她面对的制度约束(就像施加在身上的"镣铐"),他或她必须"据法而断"。法律人(法官)必须将既有的法律制度与个别事实结合在一起,合法合理地得出结论。而立法者显然不符合这一形象,因为他是创设这副"镣铐"的人。立法主要是一种政治活动,存在立法者意志的形成空间。它并非主要是法教义学的活动场所[2],而是伦理学和政治学发挥作用的场合。立法推理并非主要是"法律"推理,而是政治(政策)推理和伦理推理。因此,立法学与法学(法教义学)分属不同的学科。[3] 立法者也主要是政治家,而不是法律人,或者说无论如何不是典型的法律人,虽然其与法律运行密切相关。

所以,在分析层面上,可能存在统一的、以法官为核心形象的"法律人",也可能存在统一的(法律推理意义上的)"法律人思维"。但统一性不代表独特性,接下来要解决的问题是,在逻辑上存在独特的"法律"推理吗?换言之,当我们说"法律推理"时,是仅仅泛指"一般"推理在法律领域的应用,还是特指一种"独特的"法律推理?

---

[1] 具体参见泮伟江:《当代中国法治的分析与建构》(修订版),中国法制出版社2017年版,第220—225页。
[2] 虽然基于立法追求科学化的前提,现代立法活动很大程度上受到法教义学的理性限制(对此参见雷磊:《法教义学能为立法贡献什么?》,载《现代法学》2018年第2期)。
[3] 尽管对于立法学本身的定性依然存在争议(如最近一篇论文提出了超越政治学和公法学进路的法理学进路,参见叶会成:《立法法理学的类型与意义——立法学学科性质的反省》,载《法制与社会发展》2021年第6期),但对于立法学不同于法教义学这一点并无太大争议。

## 三、三种可能的辩护方式

在分析层面辩护的第二步,是来回答"统一的'法律人思维'(法律推理)是否独特"这一问题。从逻辑上讲,要为某个对象 x 的独特性进行辩护,大体包括三种方式:第一种辩护方式是,由于 y 决定 x 且 y 是独特的,所以 x 是独特的;第二种辩护方式是,因为 x 的某个或某些构成要素 x1, x2……为 x 所独有,所以 x 是独特的;第三种辩护方式是,虽然以上两种方式分别都不成立,但从某种视角出发来结合它们能保证 x 的独特性。以下分别称之为"决定论辩护""构成论辩护"和"结合论辩护"。

### (一)决定论辩护及其问题

决定论辩护的方式是,由于 y 决定 x 且 y 是独特的,所以 x 是独特的。在本章语境中,x 显然是法律人思维或法律推理,那么 y 又是什么呢?既有文献给出的答案无非包括三类,即要么是独特的法律职业,要么是独特的专业知识,要么是独特的专业技能。

首先,独特的法律职业会塑造独特的法律人思维(法律推理)吗?将特定职业与特定思维对应起来的前提,是人所从事的职业对于其思维具有决定性,因而不同的职业能导致不同的思维。但这一前提显然有问题。法律推理可能有它特殊的地方,但这肯定不是因为法律是一种独立的职业,因为特定职业者的思维推理并不一定与外行人相异。电工知道木匠不知道的知识,而木匠知道水暖工不知道的知识。但如果我们说"像木匠或水暖工那样思考",这无疑很奇怪。[1] 相反,"像法律人那样思考"的说法却并不令人(无论是内行人还是外行

---

[1] [美]弗里德里克·肖尔:《像法律人那样思考——法律推理新论》(增订版),雷磊译,法律出版社 2023 年版,第 3 页。

人)感到奇怪。对此,一个可能的回应是区分 Trades(行业)与 Profession(职业):Trades 无须多事训练,如工匠之类;Profession 须多量之修养,又其努力之对象,不为小己之利益,而为群之幸福,如医士与教师。[1] 只有少量的行业会发展成职业,它具有专业性、自主性、公共性,并具有独特的技能与伦理与入门前的"门槛"要求等。[2] 正是在承认这一区分的基础上,孙文认为:"如果承认法律职业对中国法治的重要性,就要承认法律职业方法和职业思维,尤其是作为职业法律人基本功的法教义学的思维方法。"[3] 但是,某个职业的形成取决于多种因素,并不能必然证明职业者存在独特的思维和推理。例如,教师职业同样具备专业性、自主性、公共性的特点,教师要掌握独特的授课技能,要遵守师德师风,要取得教师资格证才能从业,等等。但也并不存在"像教师那样思考"这样的说法。法律职业主义的形成自有其历史,掺杂着理想和现实的因素。[4] 法律职业共同体的形成是法律职业从传统社会走向现代社会的产物。[5] 法律职业共同体既是一个意义共同体、事业共同体、解释共同体,也是一个利益共同体[6],法律职业既有其公共性和服务性的面向,无疑也承载着法律从业者自身的职业利益。但如果能够从法律职业的特殊性就推导出一定存在独特的法律人思维,那么的确就如苏力所言——"法律人的职业利益因此隐藏在法律人思维的大旗之下"[7],也就犯了从"应然"推导出"实然"的谬误[8]。

---

[1] 参见郑晓沧:《大学教育的两种理想》,载杨东平编:《大学精神》,立绪文化事业有限公司 2001 年版,第 52 页。
[2] 参见李学尧:《法律职业主义》,中国政法大学出版社 2007 年版,第 6 页;孙笑侠:《法律家的技能与伦理》,载《法学研究》2001 年第 4 期。
[3] 孙笑侠:《法律人思维的二元论:兼与苏力商榷》,载《中外法学》2013 年第 6 期。
[4] 具体参见李学尧:《法律职业主义》,载《法学研究》2005 年第 6 期。
[5] 具体参见强世功:《法律共同体宣言》,载《中外法学》2001 年第 3 期。
[6] 参见张文显、卢学英:《法律职业共同体引论》,载《法制与社会发展》2002 年第 6 期。
[7] 苏力:《法律人思维?》,载《北大法律评论》第 14 卷第 2 辑,北京大学出版社 2013 年版,第 463 页。
[8] 这被称为"实然—应然谬误"(Vgl. Otfried Höffe, *Ethik: Eine Einführung*, München: Verlag C.H.Beck, 2013, S. 31-32)。

但是,从"法律职业对中国法治的重要性"是推导不出"法律职业者存在独特的思维"(无论这里的"存在"是在经验还是在分析的层面来理解)的。法律职业与法律人思维并不存在逻辑上的决定关系。

其次,独特的专业知识会形成独特的法律人思维(法律推理)吗?上文所说的 Profession 还可引申出另一层意思,那就是法律职业不仅是一种行当,而且是"经由学问养成的专业"(learned profession)。专业涉及的是智力、头脑的技能,而非体力或手工。[1] 这里所强调的已不再是"职业"本身,而是学问或者专业知识。法律人的独特专业知识是什么?大体包括法律条文或规范(legal sentences of norms)、法律概念和范畴(legal concepts or categories)和法律教义或原理(legal dogmas or doctrines)三个方面。法律条文或规范是法律人用来处理法律问题的出发点和依据,是法律作业的对象(之一)。但掌握了法条或规范并不意味着拥有了独特的法律思维。有一定能力的识字者也许可能将特定法律文件中的条文或规范背诵出来,但如果说他或她就此掌握了法律推理的方法未免耸人听闻。进而,有人会认为不是法条或规范,而是依附于法条或规范的概念、范畴和教义、原则,才导致能够拥有独特的法律思维。法律人的确掌握了外行人所不熟悉的一些"法言法语"和各类学说、命题,如"不当得利""无因管理""疑罪从无""正不能向不正让步""任何人不能因其过错而获利"等。[2] 这些也的确都要经由专业的法学教育和法律训练才能被掌握。但这些都只是法律人在思考问题时的材料和工具,而不是思考问题(推理)的方式。认为从"材料"和"工具"本身可以推导出"方式",就会犯"范畴错误"。因为以不同方式来运用同样的材料和工具,也可能产生不一样的结果。就

---

[1] 参见〔美〕布赖恩·甘道迪:《美国法律伦理》,郭乃嘉译,商周出版社 2005 年版,第 6 页。
[2] 事实上,苏文并没有明确地将法律概念、范畴、教义、原理与法律思维区分开来。例如,苏文所举的例子,即检察官并不会分享法官的"无罪推理或无违法推理"(参见苏力:《法律人思维?》,载《北大法律评论》第 14 卷第 2 辑,北京大学出版社 2013 年版,第 442 页),其实涉及的只是法律教义和原理,而非思维方法。

好比同样是做一道红烧肉,不同的厨师用的食材、作料、厨具并无二致,但采用不同的工序(方式),烧出来的味道就是不一样。这也是为什么法学院在各门教授专业知识的课程之外,尚需开设法学方法论课程。所以,专业知识与法律人思维亦无必然关系。

最后,存在独特的专业技能导向独特的法律人思维(法律推理)吗?一方面,很难找到什么法律人独特的专业技能。既有的法律文献曾对这种所谓"独特的"专业技能大加渲染,但并不成功。这里仅举几例。例如,有人认为,法律人的特殊技能在于他们善于处理事实与证据,以及理解特定事件、争议或决定之间的来龙去脉。[1] 但成功的刑侦人员、历史学家、精神病专家和人类学家同样需要具备这些能力。又如,有人认为,法律人善于换位思考、洞悉人心或设身处地为他人着想。[2] 但这些是我们希望所有职业中善于思考和才能卓越的人都拥有的能力。再如,法律人可能比起普通人更擅长运用分析思维、精确思维或更严谨的思维,但许多经济学家、科学家和投资银行家也同样如此。[3] 或许还会有人认为,法律人拥有善于修辞和说服他人的技巧。但这来自对言语和听众心理的把握,法律人不见得比政治家和脱口秀主持人更擅长这些。所以,如果苏力所说的与"像法律人那样思考"这一说法相关的一些"法律技术"或"基本技能"指的就是如上这些技能,那么它们的确并不为法律人所独掌。说它们是为法律人所独有的,仅仅是针对不具有任何技能的普通人(这只是一个假设)而言的,而相对于其他职业者,并没有什么独特之处。另一方面,即便这些专业技能是法律人所独有的,也无法证明它们就必然会导向独特的法律人思维。特定的 Trades(行业),如木匠、水暖工,都有外行人所不知

---

[1] See Richard A. Bandstra, Looking Toward Lansing: Gould You Be a Lawyer/Legislator?, *Michigan Bar Journal* 89 (2005), p. 28.
[2] See Katharine T. Bartlett, Feminist Legal Methods, *Harvard Law Review* 103 (1990), p. 829.
[3] 参见〔美〕弗里德里克·肖尔:《像法律人那样思考——法律推理新论》(增订版),雷磊译,法律出版社2023年版,第2页。

的技能,但并不存在独特的木匠思维和水暖工思维。专业技能能够帮助法律人更好地胜任自己的工作,但它们并不是"存在独特的法律人思维"的证明。正如伯顿(Burton)指出的:"对于好的律师实务和裁判实践来说,良好的法律推理并不等于一切。成功的法律和裁判实践不仅涉及处理人与人之间关系的技巧、修辞技巧、政治技巧和其他技巧……而且还涉及伦理、想象力、常识及其对世界各方面的知识。"[1]因此,专业技能与法律推理是两回事。

### (二)构成论辩护及其问题

构成论辩护的方式是,因为 x 的某个或某些构成要素 x1, x2……为 x 所独有,所以 x 是独特的。x 是法律推理,那么 x1, x2……是什么呢?

首先,可以想到的是各种法律推理形式,例如演绎推理、归纳推理、类比推理、当然推理、设证推理等。这些推理形式是法律领域所独有的吗?恐怕不然。演绎推理和归纳推理是任何一本逻辑学教科书中都会涉及的主题,也是日常生活中常见的一般推理形式。耳熟能详的例子,前者有"所有人都会死,苏格拉底是人,所以苏格拉底会死",后者有"一只天鹅是白的,两只天鹅是白的,三只天鹅是白的……所以所有天鹅都(可能)是白的"。经常被作为法律才能来自夸的类比推理[2],也不是为律师和法官所独有的,因为几乎在一切领域,能不能有效运用类比都是区分专家与新手的标准。类推广泛地存在于日常生活和实践推理之中[3],是人类认识新事物的"认知火花塞"(cognitive spark plug)[4]。

---

[1] [美]史蒂文·J. 伯顿:《法律和法律推理导论》,张志铭、解兴权译,中国政法大学出版社 2000 年版,第 12 页。
[2] 例如参见[美]艾德华·H. 列维:《法律推理引论》,庄重译,中国政法大学出版社 2002 年版,第 16—51 页;[美]凯斯·R. 孙斯坦:《法律推理与政治冲突》,金朝武、胡爱平、高建勋译,法律出版社 2004 年版,第 73—120 页。
[3] 例如,参见 Lloyd L. Weinred, *Legal Reason: The Use of Analogy in Legal Argument*, Cambridge: Cambridge University Press, 2005, p. 68。
[4] Scott Brewer, Exemplary reasoning: semantics, pragmatics, and the rational force of legal argument by analogy, *Harvard Law Review* 109 (1996), p. 923.

类推是人类的基本能力,当人们第一次接触新事物时,通常会将其与自己所熟知的某个类似物进行比较,从而得出关于新事物的认识。因此,无论是在法律领域内还是领域外,并没有存在和不存在类比推理的问题,而只有类比推理恰当与不恰当的问题。例如,俗语"一朝被蛇咬,十年怕井绳"反映的就是日常生活中的一个不当类比:从"蛇"和"绳"外观上的相似推导出它们都具有"咬人"这个属性。当然推理和设证推理同样存在于日常生活中。前者是所谓举轻以明重(以小推大)或举重以明轻(以大推小)[1]。比如某人这样劝告他的同学好好复习备考:我们的同学某某学习成绩这么好都在认真备考,我们就更应该认真备考了。后者是所谓"先假设,后求证",是从结论经由规则到案件(情形)的推论。如"这些豆子都是白色的,所有来自这个口袋的豆子都是白色的,所以这些豆子都(可能)来自这个口袋"[2]。可见,无论是哪种推理形式,都绝非法律领域所独有,所谓"法律推理形式"其实是一般推理形式在法律领域的应用。

其次,可以想到的是各种法律解释方法,包括文义解释、发生学解释、历史解释、体系解释和客观目的解释等[3]。法律推理建立起的是前提与结论之间的关联,而法律解释则是围绕法律推理的大前提(法律规范)所展开的作业,是法律规范推理的内容。那么,法律领域有无独有的解释方法呢?文义解释是一种语言学论据。人类的交往活动需要运用语言,而语言有自己的使用规则,文义解释就是利用语言使用规则来阐明语词的含义。小学生都知道,当不清楚某个词的含义时可以去查词典,词典就是对语言使用规则的记录。发生学解释是指依据文本在被创设时创设者所注入的理解或其目的来解释文本。这常被用于对文学作品的学术考证,例如通过考证曹雪芹的意图来解释

---

[1] 参见[德]乌尔里希·克卢格:《法律逻辑》,雷磊译,法律出版社2016年版,第198页。
[2] [德]阿图尔·考夫曼:《法律获取的程序:一种理性分析》,雷磊译,中国政法大学出版社2015年版,第112—113页。
[3] 参见雷磊:《法理学》(第二版),中国政法大学出版社2023年版,第172—180页。

《红楼梦》,或者通过曹雪芹的其他文字来与《红楼梦》相互印证。历史解释是以文本的历史沿革为依据进行的解释。这是对古文献进行考据时常用的方法,它往往要对比同一文本在不同时代的不同版本,最终追溯至历史的源头。体系解释是将待解释的语句放在整个文本中乃至更大的体系脉络中,将该语句与其他语句联系起来加以理解。这是在阅读任何文字作品时都有可能运用的方法,所谓"书读百遍,其义自见"讲的就是这个道理。客观目的解释是以文本所欲实现的价值或功能为依据的解释方法,这在文学解释中也不罕见。事实上,解释学本身起源于中世纪,最早来自对宗教经典(如《圣经》)的解释。法律解释学在发展过程中也深受文学解释学和哲学诠释学,尤其是19世纪由施莱尔马赫(Schleiermacher)和狄尔泰(Dilthey)提出,并在20世纪由贝蒂(Betti)和伽达默尔(Gadamer)等人发展的诠释学传统的影响。[1] 所以,法律领域难谓有什么独有的解释方法。

最后,还可以想到法律续造的方法,典型的法律续造方法包括填补"开放型"漏洞的目的论扩张与填补"隐蔽型"漏洞的目的论限缩。[2] 目的论扩张,是指规则文义未能涵盖特定类型情形,但依据其背后的目的应将相同后果赋予它,因而扩展梗概规则的适用范围,以将它包含进来。目的论限缩,是指虽然规则的文义涵盖了特定类型情形,但依据其目的不应赋予它与文义所涵盖的其他情形相同的后果,因而限缩该规则的适用范围,以将它排除出去。这两种方法,既可以在法律领域被运用,也可以在日常生活中被运用。例如,学校门口张贴着"禁止带狗入内"的标语。现在有一人想要携带狗熊入内,虽然"狗"在文义上显然不涵盖"狗熊",但基于"禁止带狗入内"这一规则

---

[1] 参见〔德〕罗伯特·阿列克西:《法律解释》,载〔德〕罗伯特·阿列克西:《法理性商谈:法哲学研究》,朱光、雷磊译,中国法制出版社2011年版,第67页。
[2] 参见〔德〕卡尔·拉伦茨:《法学方法论》(全本·第六版),黄家镇译,商务印书馆2020年版,第492—504页。类推同样是填补"开放型"漏洞的方法,但由于本章前面对此已有论述,故不在此赘述。

背后的目的（如保障师生的人身安全），当同样禁止带狗熊入内。再如，有一盲人学生牵着导盲犬要求进入校园，虽然导盲犬无疑属于"狗"，但通常不会违背同一规则背后的目的（导盲犬通常体格小、性格温顺），因而当允许其入内。

综上，只要人们进行理论推理或实践推理，就可能运用到上述各种推理形式、解释方法和续造方法。这些形式和方法并不为法律这一特殊的实践领域所独有，因而无法借由构成论来为法律人思维（法律推理）的独特性辩护。

### （三）结合论辩护及其修正

问题在于，不存在单个独有的方法，就一定不存在独特的法律推理吗？换言之，能否通过将上述推理形式和方法相结合来保证法律推理的独特性？既有的结合论辩护思路包括两种：一是累积论。也就是主张，虽然法律领域并没有什么单个独有的推理形式和方法，但"因为这些推理形式在法律推理中大量存在（比在其他所有决策领域中加起来还要多），所以我们可以合理地主张，有法律推理这回事"[1]。而能否相信存在一种还算独特的可称为"法律推理"的推理形式，终归是一个经验上的主张（empirical claim）。[2] 但正如本章的立场所表明的，法律推理的独特性首先必然是分析性主张，而非各种推理形式和方法在法律领域之运用的累积量问题。所以，通过诉诸那些一般推理形式和方法在法律领域积累运用的体量来为法律推理的独特性辩护，无疑是缘木求鱼。二是混合论。例如，有论者在谈到法学学科的自主性时认为，法学少有独立的方法，但并不意味着无法律方法。因为"大部分学科的自主性不是某一因素造成的，其自主性主要体现为

---

[1] 〔美〕弗里德里克·肖尔：《像法律人那样思考——法律推理新论》（增订版），雷磊译，法律出版社2023年版，第10页。
[2] 参见〔美〕弗里德里克·肖尔：《像法律人那样思考——法律推理新论》（增订版），雷磊译，法律出版社2023年版，第14页。

研究对象加方法,某些学科还与职业相联,法学为甚。这些因素互相渗透、共同作用,形成一套有内在关联的以概念、范畴、理论为表现形式的专门知识体系、专门的风格做派、连续性稳定性的范式"[1]。就法学而言,这里的"对象"指的就是法律。因此,在此论点看来,是"职业""方法"和"法律"一起确保了法学(法律推理)的独特性,这其实在某种程度上是将决定论、构成论和对象论混合在一起了。但是,一方面,对象的独特性并不代表方法的独特性[2];另一方面,也难以理解,为什么分开来无法成立的决定论和构成论混合在一起就能够产生独特性。

因此,问题的关键不在于能否结合,而在于能否从某种视角出发,结合各种推理形式和方法来保证法律推理的独特性。笔者认为这是可能的,这种"视角",就是法律推理的目标以及与之相应的论证结构。法律推理的目标和结构构成了统合各种法律推理形式和方法之运用的"元方法"(meta-method),也即指向方法的方法。也就是说,任何并不独特之要素的堆砌都无法确保法律推理的独特性,但当以独特的目标和结构来统合这些要素时有可能确保法律推理的独特性。因此,关键不在于如何单独运用各个推理形式、解释方法和续造方法,而在于对这些形式和方法的运用取向于什么目标,要达成什么效果。也因此,尽管这些推理形式和方法在法律领域和日常领域(如道德领域)都存在,但由于推理之目标和结构不同,法律推理和一般推理(如道德推理)的要求和后果并不相同。也正因为这种独特的"元方法"的存在,才使法律方法上升为法律方法论(legal methodology)。因为法律方法论就是在以特定法秩序为基础探求具体问题之规范性解答的过程中遵循的规则、形式、路径及其体系化。体系化并非简单的方法堆积,而是特定价值目标下的方法结合。这是一种修正的结合论,可被

---

[1] 郑永流:《义理大道,与人怎说?——法律方法问答录》,载《政法论坛》2006年第5期。
[2] 例如法教义学与法社会学的区别并不在于研究对象(均为法律),而在于研究方法。学科的自主性与学科的研究对象无关。

称为"统合论"。那么,法律推理的"元方法"究竟是什么?

## 四、法律推理的"二元"范式

### (一)司法裁判的双重性质

法律推理的目标和结构取决于司法裁判的性质。司法裁判的性质也即司法裁判区别于其他活动的特征。司法裁判的任务虽然在于解决纠纷,但特征并不在于解决纠纷,而在于解决纠纷的方式。概言之,司法裁判在性质上是一种"说理"或"推理"的活动,法律推理就是为司法裁判的结论提供理由的过程。法律推理的目的,在于反驳(证伪)错误观点,论证"合理的"结论,为有说服力的解决方案奠定基础,也即致力于说服他人,并从一开始就考虑各种可以想见的解决路径。[1] 法律人思维的核心就是发现、分析和评价理由。[2]

司法裁判说理要运用什么样的理由?依照理由对主张的支持方式,可以将说理过程中可能运用的理由分为实质理由与权威理由。实质理由是一种通过其内容来支持某个法律命题的理由。[3] 与此不同,权威理由是因其他条件(如来源)而非其内容来支持某个法律命题的理由。法律推理的特征在于它要同时运用这两种类型的理由。一方面,司法裁判必须是基于来源的,这是它区别于道德论证的关键点。道德论证是纯粹地运用实质理由的过程,它以道德理由在实质上的说服力及其对主张的应用为基础。相反,司法裁判通常只需将裁判结论建立在一般法律规则的基础上,只要这个一般法律规则是有效的,它就可以成为裁判的依据。法官要做的只是点明这个裁判依据的"出处"或者说

---

[1] 参见〔德〕托马斯·M. J. 默勒斯:《法学方法论(第 4 版)》,杜志浩译,北京大学出版社 2022 年版,第 41—45 页。
[2] 参见武宏志:《美国语境中的"法律人思维"》,载《法学家》2009 年第 3 期。
[3] See Aleksander Peczenik, *On Law and Reason*, Kluwer Academic Publishers, 1989, p. 313.

"来源"。它体现在裁判文书最后"依×法第××条,判决如下……"这一部分。这一表述的意义就在于截断法官的论证,于此,法官无须也不应再去追问这个条款的内容本身是否正确。因为在现代国家的分工格局之中,这属于立法者的任务,而非司法者的任务,裁判者负有服从立法者之决定的义务,这种义务,就是依法裁判。另一方面,司法裁判也要进行实质说理。因为法律论证并不是一个简单的逻辑演绎过程,很多时候它需要运用价值判断和实质论据来增强裁判结论的可接受性。它要致力于"在具体的细节上,以逐步的工作来实现'更多的正义'"[1]。法官负有的这第二重义务,就是追求个案正义。

司法裁判不仅要具备合法性和有效性,也要具备合理性或说服力。就此而言,依法裁判与个案正义就成为司法裁判的构成性义务。司法裁判是"司法"活动,也就意味着它首先必须依照法律本身设定的标准来处理案件。这正是司法裁判不同于其他纠纷解决活动,尤其是不同于纯粹道德推理之处:不依法裁判,就难谓"司法"。但是,仅有依法裁判尚不足以刻画司法裁判的全貌。司法裁判中的价值判断难以避免。司法裁判需要在既有法律框架内,尽最大可能在个案中作出符合社会主流价值观的裁判。"司法"之"法",并不仅仅指实在法,而在很多情况下是指符合个案正义要求的正确之法。所以,司法裁判不仅要运用实在法,也可以甚至必须运用实在法外的实质理由。[2] 如果说依法裁判与服从权威、民主原则、权力分立、法的安定性(形式正义)、可预测性、合法性等一系列重要价值或制度安排相关的话,那么个案正义就与另一系列重要价值或制度安排相关,即追求正义、正确性原则、实质正义、正当性、合理性等。[3] 苏文所说的对社会后果的

---

[1] 〔德〕卡尔·拉伦茨:《法学方法论》(全本·第六版),黄家镇译,商务印书馆2020年版,第253页。
[2] 参见雷磊:《同案同判:司法裁判中的衍生性义务与表征性价值》,载《法律科学》2021年第4期。
[3] 参见舒国滢、王夏昊、雷磊:《法学方法论前沿问题研究》,中国政法大学出版社2020年版,第171、176页。

考量,同样可以被纳入"个案正义"的辐射范围,因为后果考量正是司法裁判中价值判断的客观化方法之一。[1]

1. 什么是"依法裁判"?

法律不仅是文本和语词的体系,也是目的和意义的体系。因此,依法裁判不仅意味着依据法律的文义进行裁判,也意味着依据文本背后的目的—意义或者说正当化依据(background justification)进行裁判。这里又包括三种情形:一是当文义清晰且合乎文本背后的目的—意义时,法官只需依文义裁判即可。因为此时文义与目的相互匹配,依据文义裁判也就同时实现了其背后的目的。二是当文义不清晰时,法官可以以文本背后的目的—意义来澄清文义,这就是目的解释。在这两种情形中,司法裁判都已兼顾了依法裁判与个案正义的要求。比较麻烦的是第三种情形,也即文义清晰且不合乎文本背后的目的—意义时,文义与目的相互背离。此时能否径直以法律文本背后的目的—意义来随意修正法律的文义?

答案是否定的。法律主要是一套规则的体系,而规则的一个主要特征在于,它的表述事关重大(what the rule says really matters),正是这个特征使规则成为规则。即便规则的字面含义看上去是错的或者与规则背后的正当化依据不一致,即便盲从规则的字义在特殊场合中会导致坏的结果。弄明白规则是什么,它们如何运作,就会明白规则的文字本身就很重要,而不只是一扇通往其背后正当化依据的透明玻璃窗。[2] 拉兹(Raz)称其为法律规则的"不透明性"。[3] 例如,在美国的著名案例 Locke v. United States 案[4]中,土地管理局拒绝了一份

---

[1] 关于后果考量方法的结构及其问题,参见雷磊:《司法裁判中的价值判断与后果考量》,载《浙江社会科学》2021年第2期。

[2] 参见[美]弗里德里克·肖尔:《像法律人那样思考——法律推理新论》(增订版),雷磊译,法律出版社2023年版,第24—26页。

[3] See Joseph Raz, Reasoning with Rules, in his *Between Authority and Interpretation*, Oxford: Oxford University Press, 2009, p. 205.

[4] See 471 U.S. 84 (1985).

土地变更申请,理由是这份申请是在1982年12月31日当天递交的,而相关法律规定这类申请应当在每年的"12月31日之前"递交。虽然对于法院和任何普通人而言法律文本明显有误,议会真正想说的应该是"12月31日当天及之前",但美国联邦最高法院的六位大法官认定土地管理局的做法并无问题。六位大法官认为需严格贯彻"12月31日之前"这条规则的字面意思的态度本身就说明,规则之所以具有"规则性"(ruleness),很大程度上恰恰是因为规则的语词而不是其目的。重视规则的语词并不意味着忽视价值、目的和意义,相反,认真对待文本和语词恰恰是追求另一类价值的体现,即法的安定性和可预测性的价值。同时,在法的安定性价值的背后亦耸立着"权力分立"的政治价值。在该案的法官看来,洛克(Locke)先生的主张本身的对错并不那么重要,重要的是一个更大的问题,即美国联邦最高法院能否改写有明显错误的联邦制定法。所以,虽然有时适用一个清晰但会导致(法官看来是)错误的规则好像不太公正,但要求法官去遵从一个(他认为是)错误的规则恰好是法律的要求。[1]

所以,法律推理的主要特征可以被看作这样一条道路:它可能只是通往某个决定,而不是在通盘考量之后得出的那个对于当下案件来说最佳的决定。[2] 而依法裁判有的时候意味着得出一个法官个人并不认为是最佳的决定,而这仅仅是因为存在着相关的规则。这绝不是"抠字眼",而是因为有超越个案的考量。[3] 甚至可以说,恰恰因为仅存在可适用的相关规则,使法官在个案中不得不得出一个他本人并不赞同的结论,而一旦不存在这条规则他就不会如此裁判,此时"依法裁判"的义务效果才体现得最明显。所以,司法裁判虽然看起来只致力于解决

---

[1] 参见雷磊:《法教义学的基本立场》,载《中外法学》2015年第1期,第208—209页。
[2] 参见〔美〕弗里德里克·肖尔:《像法律人那样思考——法律推理新论》(增订版),雷磊译,法律出版社2023年版,第9页。
[3] 参见舒国滢、王夏昊、雷磊:《法学方法论前沿问题研究》,中国政法大学出版社2020年版,第173页。

纠纷,但其意义永远是超越个案的,因为它本身也是国家和社会治理的一环。依据规则(权威)来进行推理,构成法律推理的底色。

2. 如何实现"个案正义"?

相对于法官而言,"法"可被视为立法者向法官下达的权威指令。从这个角度说,依法裁判也就意味着尊重立法权威、尊重权威指令(法律规范),而不去追问其背后的正当性。但是,尊重规则与权威而不顾背后目的的情形并不限于司法裁判领域,在日常生活中也不罕见。试举两例。一个是交通限速指示牌。交通限速指示牌规定了在马路上驾车行驶的时速,例如确定了这样一条规则:在本路段驾车行驶时速不得超过60公里。这条规则并不区分天气状况、交通状况、时间段等因素,虽然我们知道这条规则的目的在于确保安全驾驶。假如现在某人虽然因开车超速被警察拦停,但他的确在安全驾驶——他是一位有超过二十年驾龄的老司机,驾驶的是性能良好的新车,这天天气晴朗,路上既无行人,也无其他车辆。司机能以他的超速行为并不违反规则背后的目的为由免去处罚吗?答案是否定的。警察对他进行处罚的理由非常简单,就是他违反了限速规则,即便承认他的确在安全驾驶。[1] 另一个是顽劣孩子的例子。你要求你的孩子每餐都吃绿叶蔬菜,孩子问你为什么。一开始你会给出"因为蔬菜富含维生素""维生素对身体的发育有益"等实质理由,但当孩子不断无理追问"为什么"的时候,你可能会怒气冲冲地说"因为这是我说的!"("我给你立一条规矩,今后每餐都要吃蔬菜!")然后孩子就乖乖照办了。这些都是服从规则、尊重权威而不顾及其背后实质理由的例子。但是,一概按照权威的指令去做的思维(推理)仅是一种命令思维(推理)。如果司法裁判仅仅意味着服从立法权威与权威指令(法律规则),那么就无法与命令思维相区分(后者以军队中的情形为典型)。但是,法官并非绝对服从上级

---

[1] 这个例子参见舒国滢、王夏昊、雷磊:《法学方法论前沿问题研究》,中国政法大学出版社2020年版,第177页。

命令的军人。[1] 他尽管要尊重立法者的权威,但并非完全听后者之命行事。

因此,除了依法裁判(以规则推理)这个主要特征,法律推理还要运用实质理由来实现个案正义。但与同样追求正义的纯粹道德推理不同,尽管司法裁判中的价值判断不可避免,法律人也必须以理性、规范和有序的方式来实现价值判断对司法的融入,而不能带来道德泛化的后果。为此,法官的价值判断的理性化应受到实体性、程序性和伦理性方面的限制。[2] 法官进行论证和说理,至少要满足三个条件:一是要具备规范基础,司法论证中对正义的追求绝不能只是纯粹的道德或价值诉求,而必须在现有的法律体系内寻找到规范基础(如一般法伦理原则);二是要有方法通道,或者得到法学方法的保障,即通过运用法律人共同体所普遍承认的法学方法,保证法律决定与特定目的、后果或价值吻合;三是要承担论证负担,也就是说,法官在超越依法裁判的层次去追求个案正义时,负有论证义务来证明,其为规则创制例外的做法能得到共同体政治——社会体制之价值抉择(如社会主义核心价值观)的支持。[3]

这里最典型的情形是基于一般法律原则的法律修正。有时,裁判者可以依据一般法律原则对可能导致个案不正义之后果的法律规则的适用范围进行限制,从而避免该不正义后果的出现。但是,毕竟该情形中有可以明确适用的法律规则。所以,要实现个案正义,必须能

---

[1] 或许有人认为,即便是军人也没有义务绝对服从命令,尤其当这个命令是"恶令"时。比如冷战时期东柏林驻守柏林墙的士兵就应当"枪口抬高一厘米"(一厘米正义),不去射杀逃亡的平民,尽管当时的《东德边防法》的确对其射杀行为进行了授权。但是应当看到,一厘米正义不是其作为"军人"的义务,而是源于其作为"人"的道德良知。这里涉及的其实是职业义务与一般道德义务之间的冲突。但在司法裁判中,依法裁判与个案正义的目标来自"裁判"的概念本身,它们内含于"法律推理"本身的性质之中。

[2] 具体参见孙海波:《司法裁判中法官价值判断的理性限制体系及其展开》,载《法商研究》2023年第3期。

[3] 参见雷磊:《法哲学在何种意义上有助于部门法学》,载《中外法学》2018年第5期。

证立存在比"依法裁判"更重要的、更强的理由。裁判者于此必须进行特别证立(special justification),这一证立要求:在运用一般法律原则为法律规则创制例外以实现个案正义时,不仅要衡量一般法律原则与法律规则背后的目的(实质原则)之间的相对重要性,同样要衡量它与规则所承载的法的安定性(形式原则)之间的相对重要性。只有当法官能通过说理证明,在个案中实现一般法律原则的重要性超过支持适用规则的实质理由与形式理由时,才能为规则创制例外。[1] 据此来看著名的"张学英诉蒋伦芳案"判决,当可发现问题所在。蒋伦芳与黄永彬于1963年登记结婚。1996年,黄永彬与张学英相识后以夫妻名义同居生活。2001年年初,黄永彬因患肝癌晚期于住院治疗期间立下书面遗嘱,将其个人财产留给张学英,并由泸州市纳溪区公证处进行公证。同年4月,黄永彬因病去世,蒋伦芳拒不向张学英移交遗产。张学英诉至泸州市纳溪区人民法院。在该案中,法院通过援引当时有效的《民法通则》第7条(民事活动应当尊重社会公德)否定了黄永彬的遗嘱的效力,驳回了张学英的诉讼请求。但是,该遗嘱的效力是得到当时有效的《继承法》第16、17条(公民可以立遗嘱处分个人财产,并经公证机关办理公证遗嘱)的明确支持的。该规则的背后既有实质理由(意思自治原则),亦有形式理由(规则是立法者意志的明确表述,裁判者应当尊重立法者的意志)。判决虽然为实现个案正义的目标找到了规范基础(《民法通则》第7条,已失效),但只是简单地认定遗嘱违反该法律原则即为无效,既没有考量该原则与支持遗嘱有效之规则背后的双重理由的相对优先关系,也没有考虑到方法论上的要求和步骤。

综上,单纯服从权威的是命令思维,单纯追求正义的是道德思维。法律人思维是两者的结合,法律推理是在依法裁判和个案正义双重目

---

[1] 雷磊:《论依据一般法律原则的法律修正——以台湾地区"司法院大法官会议"释字362号为例》,载《华东政法大学学报》2014年第6期。

标的制约下运用各种方法进行论证和说理的过程。

### （二）法律推理的二元摆荡

法律推理具有两个层面。一方面，在方法论的层面，它要实现权威论证与实质论证的平衡。法律推理既然必须是"基于来源的"，就说明它具有明显的权威论证色彩。法律论证不同于道德论证之处，就在于它对现存制度有着强烈的路径依赖，它必须"引经据典"和"有章可循"。它要比道德论证受到更多的拘束，更加保守，看起来不那么"自由"。当然，法律论证并非不可能运用道德理由。道德理由在法律论证过程中能以两种方式发挥作用：一是作为"释法"的基础，即在对作为裁判依据之法律规范的内涵进行解释时所依凭的材料，通过体系解释与客观目的解释等方法，在裁判依据之内发挥作用；二是作为"说理"的依仗，在裁判依据之外作为提升裁判说服力的材料发挥作用。但无论是哪种方式，道德理由扮演的都是裁判理由的角色，而不可能取代裁判依据。[1] 所以，法律推理并非不追求正义，但追求的是"二阶正义"。不同于纯粹的道德推理，它追求的不是绝对正义，而是在现行有效的法秩序框架内与基础上的相对正义。[2] 它不仅像道德论证那样考虑裁判的实质问题，也要考虑裁判的形式问题（可预测性），它要实现形式性质与实质正义的统合和平衡。因此，在权威与实质这两个端点之间，法律推理的钟摆通常更偏向权威这一端，除非出现上文所说的特殊情形。

另一方面，在宪法—政治的层面，它要实现立法权与司法权的平衡。德国学者魏德士（Rüthers）认为："方法问题即宪法问题。"[3] 瑞

---

[1] 参见雷磊:《法律渊源、法律论证与法治》,载《社会科学战线》2023 年第 1 期。
[2] 这就是阿列克西所谓法律论证属于普遍实践论证之"特殊情形"的含义。参见〔德〕罗伯特·阿列克西:《特殊情形命题》,载〔德〕罗伯特·阿列克西:《法:作为理性的制度化》,雷磊译,中国法制出版社 2012 年版,第 78—79 页。
[3] 〔德〕伯恩·魏德士:《法理学》,丁晓春、吴越译,法律出版社 2013 年版,第 303 页。

士公法学者里诺(Rhino)也指出:"方法问题在法治国家首要的是权力问题和宪法问题。"[1]司法裁判和法律推理不仅涉及方法,也涉及立法权与司法权的关系。在以司法裁判为典型场合的法律实践过程中,立法权相对于司法权更具优先性。因为立法与司法的基本权力分立架构和民主合法性的观念决定了,只有当法官的裁判建立在立法者颁布的一般法律规范的基础上,他的决定才具有权威性。在通常情况下,法官只有在立法框架内才能行使其裁量权。因此,裁判者的裁量属于剩余裁量。即便在某些情形中法官进行创造性活动,其也是在接续立法者的任务,故有所谓"续造"之称。即便是要进行前述法律修正的场合,法官也要进行增加其难度的特别证立,以消除侵犯立法权之核心领域之风险,且将其修正效果限于个案之内。因此,在法律推理的过程中,立法与司法的关系处于一种动态平衡之中,而法律推理的钟摆更偏向立法这一侧,从而使立法在这种关系中更具相对优势。

因此,法律推理虽然以追求依法裁判和个案正义之平衡为旨趣,却以依法裁判为主,以个案正义为辅。

## 五、本章结语

对法律人思维或法律推理之独特性的理解,其实还涉及对其他两个问题的理解。一个问题是"法治是什么"。法律推理不仅是法律人的一门专业技艺,同样也与法治有着密切联系。法治在本质上是人类的一种政治—道德理想,法律推理则是这种理想的技术化呈现,它通过"说得出的正义"来展现和落实法治的细节。勾连起两者的是法理

---

[1] René Rhinow, Schlusswort, in: Anne Peters (Hrsg.), *Grundprobleme der Auslegung aus Sicht des öffentlichen Rechts. Symposium zum 60. Geburtstag von René Rhinow*, Bern: Stämpfli Verlag, 2004, S. 94.

念。与法治相关的最根本的法理念可以被还原为两个,即法的安定性(法律和平)和正义。[1] 法的安定性原则是一个形式原则,它要求的是对权威制定的且有社会实效的规范的一种承诺。正义原则则是一个质料的或实质的原则,它要求判决是道德正确的。[2] 如果说正义是一种理想维度的法理念,那么法的安定性就是一种兼具现实维度的法理念。法的安定性体现法的制度化一面,正义体现法的非制度化一面。前者展现的是法治的形式面向,体现了法治保守主义、普遍主义、"面向过去"的一面;而后者展现的是法治的实质面向,体现了法治灵活主义、后果导向、"面向未来"的一面。法治所追求的是结合理想维度与现实维度、形式面向和实质面向的二阶正义。[3] 正因如此,法治既不等于命令之治,也不等于伦理之治,而是规则之治和理由之治的结合。法的安定性与正义之间的张力及其平衡,体现的其实是法治的两个面向,即形式法治与实质法治之间的二元张力及其平衡。

另一个问题是"法律事业拥有何种性质"。这涉及法律人职业的自我理解。法律人一方面要服从权威、据法而断,另一方面也要追求正义、崇德向善。司法裁判要照章办事,也要惩恶扬善。法律人,尤其是法官并不符合那种"为了实现正义,哪怕天崩地裂"的形象,而更像是一个小心翼翼地将自己的论点建立在既有规则、判例、习惯之上,必要时左思右想、反复权衡的"工匠"。所以在法律推理活动中,法律人对立法者和法律的服从不是一种盲目和机械的服从,而是一种"有思考的服从"(denkender Gehorsam)。[4] 法律事业是一项复合型的德性

---

[1] 参见卡尔·拉伦茨:《正确法:法伦理学基础》,雷磊译,法律出版社2022年版,第24页。
[2] 参见〔德〕罗伯特·阿列克西:《法的安定性与正确性》,宋旭光译,载《东方法学》2017年第3期。
[3] 参见雷磊:《法律渊源、法律论证与法治》,载《社会科学战线》2023年第1期。
[4] Vgl. Philipp Heck, *Begriffsbildung und Interessenjurisprudenz*, Tübingen: Verlag J. C. B. Mohr, 1932, S. 107.

事业,法律人是法律实践活动中有思考的服从者。

综上,本章的结论是:逻辑上的确存在"像法律人那样思考"这回事。法律人思维的独特性,体现于在依法裁判和个案正义双重目标的制约下运用各种方法进行论证和说理的法律推理之中。

# 第二章 法律渊源及其法治蕴意

"法律渊源"(或称"法的渊源",下文多数时候简称为"法源")近年来重新成为学界研究的热点,恐怕与中国法治实践当中呈现出日益明显的规范多元的境况有关。一方面,在法律运行的过程中,尚有大量其他规范与法律发生各种复杂的联系;另一方面,各种"似法而非法"的规范(如"红头文件""软法"等)与法律的区别何在,又在多大程度上应被纳入"法源"的范畴,也是一个颇受争议的问题。

目前学界的主要着力点有两个:一个是关于习惯或法理之民事法源地位的讨论。尤其是《民法典》第10条规定"处理民事纠纷,应当依照法律;法律没有规定的,可以适用习惯,但是不得违背公序良俗",其中"习惯"是何种渊源,与"习惯法"是否等同?缺位的"法理"是否应当作为另一类法源?[1]另一个是关于宪法渊源的讨论。2021年7月召开的第四届"中国宪法学青年论坛"就以"宪法渊源"为主题,围绕宪法渊源与宪法、宪法惯例、宪法解释、宪法审查等的关系展开讨论。[2]

---

[1] 关于"习惯"的讨论可参见王利明:《论习惯作为民法渊源》,载《法学杂志》2016年第11期;彭诚信:《论〈民法总则〉中习惯的司法适用》,载《法学论坛》2017年第4期;雷磊:《习惯作为法源?——以〈民法总则〉第10条为出发点》,载《环球法律评论》2019年第4期。关于"法理"的讨论可参见黄茂荣:《论民法中的法理》,载《北方法学》2018年第3期;李敏:《论法理与学说的民法法源地位》,载《法学》2018年第6期;易军:《论作为民法法源的"法理"》,载《现代法学》2022年第1期。

[2] 相关成果参见张翔:《宪法概念、宪法效力与宪法渊源》、雷磊:《"宪法渊源"意味着什么?——基于法理论的思考》,何永红:《宪法与宪法惯例的区分》,刘晗:《有宪法典的不成文宪法?——基于美国不成文宪法学说的比较考察》,均载《法学评论》2021年第4期。张翔:《宪法渊源作为方法》、冯威:《法律渊源的冗余与宪法的自我指(转下页)

在法理学界,近来也有学者对法源的范畴进行了一般理论层面的反思[1],倡导构建法治主导下的多元规范共治的规范体系。[2] 但总的来说,这些研究要么就法源本身谈法源,要么从某一特定的实在法语境(如中国民法或宪法)谈法源,而对于法源的价值意义,尤其是它对于法治的意义关注不足。[3] 这一问题的核心在于:如果法治是一种值得追求的政治—伦理理想,那么法律渊源为什么对它而言是必不可少的?或者说,法源在法治理念中扮演着何种角色?如果说对实在法语境中特定法源的研究属于法教义学研究,对法源的概念和类型的研究属于法理论研究的话,那么对于法源的价值意义的研究就属于法伦理学研究。

本章旨在从法伦理学的视角出发,探讨法律渊源与法治的关系。它的基本思路为:由于法源主要是一个裁判视角下的概念,所以它必然涉及法律论证,而法律论证本身就是法治实践的场域(之一),所以法源必将借由法律论证与法治发生联系。当然,要准确地界定这种联系,前提在于在法理论的层面上确定法源的概念与类型。在此基础上,本章将澄清法源在法律论证中的角色,然后重点铺陈法律渊源的法治意义,最后予以总结。

---

(接上页)涉——从宪法渊源回归宪法原则规范与宪法解释》、黄明涛:《形式主义宪法观及其修正——从"宪制性人大立法"说起》、王建学:《宪法审查时代如何理解宪法渊源?——中国问题与法国教训》、左亦鲁:《宪法渊源还是宪法解释?——一个功能替代的视角》,均载《中国法律评论》2022年第3期。
[1] 参见刘作翔:《"法源"的误用——关于法律渊源的理性思考》,载《法律科学》2019年第3期。
[2] 参见刘作翔:《当代中国的规范体系:理论与制度结构》,载《中国社会科学》2019年第7期;刘作翔:《构建法治主导下的中国社会秩序结构:多元规范和多元秩序的共存共治》,载《学术月刊》2020年第5期。
[3] 法理学研究层面唯一的例外或许是陈金钊:《法源的拟制性及其功能——以法之名的统合及整饬》,载《清华法学》2021年第1期。该文将法源思维定位为在更宽泛的社会视域中探寻实现法治的路径,但未能足够充分地展开。

## 一、法律渊源的概念与类型

"法律渊源"属于法学基本范畴之一,而法学基本范畴是一般法学说的研究对象。起源于19世纪中后叶的一般法学说研究以主观法与客观法的二分为基本框架,发展起一整套法学的基本范畴,为现代法学的概念和体系作业奠定了基础。其中,属于主观法范畴的有"法律关系""权利""法律义务""法律主体"等;属于客观法范畴的则包括"法律渊源""法律规范""法律体系"等。任何基本范畴都带有特定的视角(perspective),主观法与客观法本身就来自对主体视角与客体视角的区分。进而,各个基本范畴也都带有自己的特定视角,如"法律体系"是法学视角的产物[1],"法律规范"则可以从概念论或适用论的视角来研究,等等。"法律渊源"亦不例外。尽管自古罗马时代诞生之后的千余年时间里,这个范畴从大相径庭的视角出发被赋予了各种各样的意义[2],但至少近代一般法学说大体将这一范畴定位为司法裁判的视角(这也是罗马法的原初视角)。也正是在司法裁判的视角下,法源才凸显出其意义。

### (一)法律渊源:裁判依据的来源

司法裁判是一个复杂的过程,会运用到各种各样的材料。按照性质,这些材料大体可被分为两类,一类是解决事实问题的,也就是各种证据,另一类是解决规范问题的。前者是解决案件的事实基础,后者是解决案件的规范基础。应当看到,司法裁判尽管以法律规范为必不可少的规范基础,但法律规范并非司法裁判唯一的规范基础。在案件事实已然

---

[1] 参见雷磊:《适于法治的法律体系模式》,载《法学研究》2015年第5期。
[2] 对法源理论诸视角和观点的归纳总结,参见雷磊:《法的渊源理论:视角、性质与任务》,载《清华法学》2021年第4期。

确定的前提下,规范基础被用以对案件事实作出评价和判断。或者,从裁判结论的角度来说,规范基础的作用在于为特定裁判结论的得出提供规范性辩护。这一辩护的目标包括两个,一个是合法性,另一个是合理性。一方面,司法裁判必须建立在有效法律规范的基础上,这是"司法"的根本要求;另一方面,司法裁判以当事人乃至整个社会公众为受众,因此也须具备说服力。如果说合法性属于裁判"刚性"的面向,那么合理性就属于裁判的"柔性"面向。前者在于"辨法",后者在于"析理"。显然,对司法裁判而言,合法性是"生命线"(底线),而合理性是高线。由此,司法裁判过程中的规范性材料也可相应被分为两类:一类是解决合法性或有效性问题的,另一类是解决合理性或说服力问题的。实务中通常将前者称为裁判依据,将后者称为裁判理由。[1] 问题在于,"法源"是对裁判依据和裁判理由的统称,还是仅指裁判依据?

　　从社会成因的视角看,只要对最终的裁判结论产生了影响的规范性材料都可以被称为"法源"(此时的"法"指的是司法裁判),因为它们都构成了司法裁判的来源。在此视角下,无论是法律规范、道德规范,甚至是(例如侵权案件中计算赔偿额所依据的)计算法则,只要对个案裁判产生了影响,都可以被视为法源。但这只是"社会学意义上的法源"。[2] 真正对于裁判理论有意义的是规范法学(一般法学说)意义上的法源。诚如佩策尼克(Peczenik)所指出的,"法源"概念并不是社会学概念,而是一种适应于证成语境的规范性概念。[3] 这种意义上的法源的功能是有限的,它要求区分裁判依据与裁判理由,并将"法律渊源"仅限于裁判依据。换言之,法源只解决裁判的合法性问题,不解决裁判的合理性问题。它对于司法裁判提出的要求

---

[1] 两者的区别参见刘树德:《"裁判依据"与"裁判理由"的法理之辨及其实践样态——以裁判效力为中心的考察》,载《法治现代化研究》2020年第3期。

[2] See Bernd Rüthers, Christian Fischer und Axel Birk, *Rechtstheorie mit Juristischer Methodenlehre*, 8.Aufl., Verlag C.H.Beck, 2015, S. 142.

[3] 参见〔瑞典〕亚历山大·佩策尼克:《论法律与理性》,陈曦译,中国政法大学出版社2015年版,第298页。

是:司法裁判必须基于特定的"来源"(source)。具体而言,司法裁判必须要具备裁判依据,而裁判依据必然要在适格的范围内找寻。只有在适格范围内找寻到的裁判依据才具备有效裁判依据的身份,而只有建立在适格裁判依据基础上的裁判才是合法的。德国方法论中所谓的"法律发现"(Rechtsfindung),指的就是对这种适格裁判依据的找寻。于此,"法源"之"法"就有其特定含义,即"裁判依据"。法源解决的就是适格裁判依据的来源(范围)问题。所以,在一般法学说中,"法律渊源"指的是对司法裁判具有法律拘束力之规范基础的来源,或者说司法裁判过程中裁判依据的来源。[1]

## (二)效力渊源与认知渊源

司法裁判过程中的裁判依据指的是什么?有学者认为,法源指的就是"有效力的法律表现形式"[2]。据此理解,法源意义上的裁判依据其实仅指法律或法律规范。但如此一来,一方面,法源就将成为一个冗余的范畴,因为我们完全可以直接使用"法律"或"法律规范"来指代裁判依据。另一方面,也无法对习惯、政策等在司法裁判中同样可能作为裁判依据的规范进行定性。[3] 因为我国《民法典》第10条的规定已然说明,当缺乏法律规定时,法官可以将习惯作为处理民事纠纷的裁判依据。因此,司法裁判过程中的裁判依据包括但不限于法律。那么,法律之外的哪些规范可以作为裁判依据?在一个立法至上的时代,只有得到制定法认可的规范形式才有资格成为裁判依据。因此,之所以在法律没有规定时,习惯可以作为民事纠纷的裁判依

---

[1] 参见雷磊:《重构"法的渊源"范畴》,载《中国社会科学》2021年第6期。
[2] 刘作翔:《回归常识:对法理学若干重要概念和命题的反思》,载《比较法研究》2020年第2期。
[3] 刘作翔教授建议用"规范渊源"而非"法律渊源"来定位民事裁判中的"习惯"(参见刘作翔:《"法源"的误用——关于法律渊源的理性思考》,载《法律科学》2019年第3期)。但"规范渊源"的称呼过于宽泛,既无法体现习惯与"司法裁判"的联系,也无法体现习惯作为"裁判"依据的地位。

据,根本原因在于制定法(通过《民法典》第10条)的认可。具体来说,这里其实存在一个"立法认可+司法授权"的结构。一方面是立法的概括认可,即确立了习惯的替补法源地位,另一方面则是对法官的授权,即授权法官根据案件事实和时空条件去具体认定习惯(地方习惯、民族习惯等)的内容。所以,在这种情形中,司法裁判的依据从内容看来自法官所认定的具体习惯,但从效力看则最终来自制定法的认可和授权。所以这里就可以区分出裁判依据的两个维度,一个是内容的维度,另一个是效力的维度。缺乏内容的维度,就无法形成实质意义上的裁判结论;而缺乏效力的维度,就无法证明裁判的有效性。内容维度与效力维度有时是合一的,最典型的情形就是制定法中的具体法律规范,此时它作为裁判依据的内容和效力均来自立法行为。但两者也可能分离,比如上述民事裁判中运用习惯的场合——此时习惯作为裁判依据,其内容固然来自民众实践,但其效力却来自立法或者说制定法。笔者将既提供裁判依据之效力来源,又提供内容来源者,称为"法的效力渊源",而将只提供裁判依据之内容来源,而不提供效力渊源者,称为"法的认知渊源"。[1] 因此在司法裁判的语境中,可以说法(制定法)都是法源,但法源未必都是法(制定法)。

综上,法律渊源仅指司法裁判过程中的裁判依据,而非裁判理由的来源,它包括效力渊源与认知渊源两种类型。这种定位与分类一方面区分了司法裁判中的法源与非法源规范,另一方面也澄清了法源与法的关系。[2]

---

[1] 参见雷磊:《法的渊源:一种新的分类法及其在中国语境中的运用》,载《河北法学》2021年第11期。
[2] 在2022年出版的一本著作中,默勒斯区分了"基础性法源""次级法源"和"法认知源"。三者相当于本章所说的"效力渊源""认知渊源"和"裁判理由"。但是一方面,默勒斯的区分将"法认知源"这种社会学意义上的法源与一般法学意义上的法源混杂在一起;另一方面,"次级法源"的特征被确定为"相对于法律的约束力而言是弱一级的,并不总是具有普遍约束力,或者说并不能始终对所有人发生效力",这并没有给出所谓"次级法源"的划定标准,也没有说清它与"基础性法源"的关系。参见〔德〕托马斯·M.J.默勒斯:《法学方法论(第4版)》,杜志浩译,北京大学出版社2022年版,第64—65页。

## 二、法律渊源在法律论证中的角色

司法裁判的特点在于它是一个论证或说理的过程,在于"以理服人",而非"以力压人"。因而裁判文书的释法说理就成为表征司法裁判特征的重要形式,这种释法说理的过程就是法律论证。论证,就是提供理由以正当化主张的活动。法律论证的目标在于证成裁判结论,也即获致一个正确的判决(correct decision)。判决的正确性一方面系于判决的可预测性,另一方面系于判决的可接受性。判决要具备可预测性,就需要将其建立在已确立之一般法律规范的基础上,而这种一般法律规范是事先已经向社会公众公布的,法官必须合乎逻辑地证明判决与事先公布的一般法律规范的推导关系。这就是依法裁判。相反,可接受性意味着司法裁判不仅要合法,也要合理,这就涉及实质价值或道德考量。这就是个案正义。[1] 司法裁判的目标即在于,既要实现依法裁判,也要尽可能实现个案正义。为此,法官要运用不同性质的规范理由。

### (一)法律渊源与权威理由

这里涉及道德论证与法律论证的差异。道德理由发挥作用的方式完全取决于其内容的说服力。简单地说,之所以某个道德理由能够说服我,是因为我确信它所支持的道德命题是对的。而证明道德命题的"对"可以有两种方式,一是因为它本身就是正当的或善的,二是因为它能带来某个好的效果(目标)。前者属于正当理由(rightness reason),而后者属于目标理由(goal reason)。[2] 但无论是正当理由还是目标理由都是实质理由(substantive reason)。所以,道德理由属于实质

---

[1] 参见舒国滢、王夏昊、雷磊:《法学方法论前沿问题研究》,中国政法大学出版社 2020 年版,第 170、173—174 页。
[2] See Robert S. Summers, Two Types of Substantive Reasons: The Core of a Theory of Common-Law Justification, *Cornell Law Review* 63 (1978), p. 733.

理由,道德论证就是运用实质理由使人信服的过程。与此相比,法律论证是一种混合型论证,它既要运用实质理由,也要运用权威理由。法律理由就是典型的权威理由(authority reason)。权威理由的效果在于,当权威受众的个人判断与权威作出的判断发生矛盾时,受众必须搁置自己的判断,而以权威的判断为准。权威理由用以支持判断的依据不在于其内容本身而在于其形式方面的条件,尤其是来源(source)。

对于司法裁判而言,权威来源有两个备选项:一个是裁判者的权威,也即得到法律授权肩负司法职能的法官因其职位所拥有的权威。例如,中世纪的卡迪司法和决疑术运用的就是这种权威。决疑术强调个别情形的重要性,属于"基于案例或个案的推理"。[1] 它的权威性来自法官个人的权威(尤其是在得到宗教观念加持的情况下)。但是,在现代民主宪制国家中的司法推理属于"基于原理或规则的推理",司法裁判的权威性不来自或不主要来自法官因其职位而享有的权威,而来自立法者的权威。立法与司法的基本权力分立架构和民主合法性的观念决定了,只有当法官的裁判建立在立法者颁布的一般法律规范的基础上,其决定才具有权威性。连接起立法者的权威与司法裁判的,就是作为典型权威理由的制定法规定。所以,当人们追问法官为何作出某一裁判时,他可以径直回答"因为法律(第×条)就是这么规定的",或者说"因为这是立法者规定的",而不负担说明法律规定是否正确的论证义务。他唯一要做的,是证明待决案件的确属于某个法律规范的调整范围。反过来说,当存在可适用于特定案件的法律规范时,法官唯一能够采取的姿态就是将其作为不得不服从的裁判依据[2],即便他本人确信这一法律规范的内容并不正确。于此,法官依法裁判的义务就显现得尤为充分。可见,权威理由(来源论证)的作用在于阻断对法律规范内容本身之正

---

[1] 参见舒国滢:《决疑术:方法、渊源与盛衰》,载《中国政法大学学报》2012年第2期。
[2] 这里不考虑"反于法律的判决"等特殊情形。即便发生这种特殊情形,法官也必须在很大程度上尊重权威。对此具体参见下文"2.外部:赋予规则之治以通常优先性"部分。

确性的追问以切断论证的链条,为论证的链条设置终点。

所以,法律论证必须是"基于来源的",它具有明显的权威论证的色彩。法律论证不同于道德论证之处,就在于前者对于现存制度有着强烈的路径依赖,它必须"引经据典"和"有章可循"。从而,它要比道德论证受到更多的拘束,更加保守,看起来不那么"自由"。

这里要说明几点:其一,法律论证并非不可能运用道德理由。如前所述,司法裁判既要做到依法裁判,也要尽可能实现个案正义,判决既要有有效性,也要有说服力。道德理由在法律论证过程中可以两种方式发挥作用:一是作为"释法"的基础,也即在对作为裁判依据之法律规范的内涵进行解释时所依凭的材料,通过体系解释、客观目的解释等方法,在裁判依据内发挥作用;二是作为"说理"的依仗,在裁判依据之外作为提升裁判说服力的材料发挥作用。但无论是哪种方式,道德理由扮演的都是裁判理由的角色,而不可能取代裁判依据。但同时也要看到,法律论证虽然具有权威论证的色彩,但不能完全或仅仅将裁判结论建立在权威理由的基础上。个案正义依然是裁判活动不可或缺的目标,道德理由也是裁判可接受性的必要"润滑剂"。其二,权威理由与实质理由是依据作用发挥方式所作的区分。权威理由并非没有内容,实质理由也并非没有来源,特定的道德理由无疑有其社会学—发生学意义上的来源。但是,权威理由发挥作用的方式是凭借其来源(如立法)而不问其内容是否正当,相反,实质理由只是凭借其内容的正当性(对法官和当事人的说服力)发挥其作用。在此意义上,我们说法律理由是"有来源的",而道德理由是"无来源的"。"法律渊源"概念需要具备区分这两种理由的能力,将自己限于具备"来源"特征的权威理由。在此意义上,所有必须、应当和可能被法律人在工作中采纳为权威理由而提出的文本以及实践都是法源。[1] 其三,法律

---

[1] 参见〔瑞典〕亚历山大·佩策尼克:《论法律与理性》,陈曦译,中国政法大学出版社2015年版,第297页。

论证并非不追求正确性,但追求的是"二阶正确性"。法律论证尽管也以追求正确性为己任,但不同于纯粹的道德论证活动,它追求的不是绝对的正确性,而是在现行有效的法秩序的框架内与基础上的正确性。[1] 之所以称之为"二阶正确性",是因为它不仅像道德论证那样考虑裁判的实质正确问题,也要考虑裁判的形式正确(可预测性)问题,它要实现形式性质与实质正义的统合和平衡。[2] 因此,法律论证同时要运用权威理由和实质理由,并以权威理由为基础。从广义上讲,权威理由依然是一种道德理由。因为权威理由必须由正当权威发布,而正当权威必须符合特定伦理要求。[3] 只是,一旦正当权威得以证立,其发布的权威指令(权威理由)就无须再一一进行实质证立,而只需(也必须)在司法裁判中径直得到服从。在此意义上,辛格(Singer)才说,法律论证本质上是一种高度复杂的道德论证形式。[4]

### (二)规范性权威与非规范性权威

法律渊源为法律论证活动提供权威理由。根据权威性质的不同,法律渊源可以分为两类,一类是规范性权威,另一类是非规范性权威。法的效力渊源属于规范性权威。规范性权威可进一步分为制度性权威与惯习性权威两种,前者包括制定法和(英美法系的)判例法,后者主要指习惯法。如果作为裁判依据的法律规范是某种法律制

---

[1] 阿列克西指出,法律论证属于普遍实践论证的"特殊情形"(参见〔德〕罗伯特·阿列克西:《特殊情形命题》,载〔德〕罗伯特·阿列克西:《法:作为理性的制度化》,雷磊编译,中国法制出版社2012年版,第78—79页)。

[2] 关于"二阶正确性",可参见〔德〕罗伯特·阿列克西:《法律的双重性质》,张霁爽、凌斌译,载《中外法学》2010年第3期。虽然阿列克西以此概念来说明法律的性质,但考虑到他的法概念论与法律论证理论的直接对接关系,此概念也可以用来说明法律论证的性质。

[3] 当代最著名的立立正当权威的努力,当属拉兹的"服务型权威观"(See Joseph Raz, *The Morality of Freedom*, Oxford: Oxford University Press, 1986, p. 41)。

[4] See Joseph William Singer, Normative Methods for Lawyers, *UCLA Law Review* 56 (2009), p. 906.

度活动的产物,且这一法律规范的规范力完全来自对这种存在条件的满足,那么法律规范就拥有一种(严格)制度化的法源。[1] 对于司法裁判活动而言,典型的制度性权威来自它运作于其中的制度性框架,即法制定与法适用的二元区分框架。依据这种框架,法院的基本功能在于适用既定的法律规范来解决纠纷,而这种活动所需借助的前提,即一般性法律规范,则是由有权制定法律的机构通过法定程序来创设的。后一机构相对于法院居于优势地位,司法裁判活动要受到其所创设的法律规范的拘束。这种机构最典型的当然是立法机构,但在普通法系国家也包括法院自身,尤其是上级法院。与此不同,在历史上,习惯法的权威立足于惯习性社会实践。这种惯习性社会实践由两个面向组成:一是长时间持续不断、稳定、均质和普遍的交往实践,也就是不断被运用的事实;二是必要的确信,即这种交往实践的参与者普遍认为它是正确的,或认为这种实践就是在遵从既定的法。[2] 如果说制度性权威是以一种集权、外部的方式创制法律规范的话,那么惯习性权威就是以一种分权、内在的方式创制法律规范。但无论是制度性权威还是惯习性权威,它们都在践行规范性实践,都能为司法裁判提供具有法律效力的权威理由。

非规范性权威包括事实性权威与说服性权威两类。事实性权威来自某个机关事实上在司法系统中所处的地位,典型者如民法法系中的判例。在民法法系中,尽管并不存在遵循判例的规范性要求,但因具有管辖关系,上级法院的判决对于下级法院同样具有权威性。下级法院一般不会作出有悖于上级法院之裁判的判决,由于审级机制和上诉制度的存在,这样的判决会面临被推翻的风险。所以,基于对现实的后果考量,一旦上级法院的判决被挑战的可能性降低至几乎不存

---

[1] See Roger A. Shiner, *Legal Institutions and the Sources of Law*, Dordrecht: Springer, 2005, p. 3.
[2] Vgl. Joachim Vogel, *Juristische Methodik*, Berlin: Walter de Gruyter, 1998, S. 39.

在,它们就对于下级法院和法官确立起了事实上的权威。说服性权威并不意味着相信理由本身的实质合理性,而是出于对理由来源的自主信任。最典型者就是因为所处的共同体长久以来的实践都支持这种理由(普遍性),从而选择遵从之。这就是习惯的情形。习惯不同于习惯法,习惯法是法的类型之一,而习惯并非法,至多可能是法的认识渊源。因为在当代社会,习惯需要得到制定法的认可(如通过《民法典》第10条或其他相关条款)才可能作为裁判依据,而具体选择何种习惯作为裁判依据则仰赖获得授权的法官的选择。法官之所以选择某个习惯作为裁判依据,是因为他所处的共同体长久以来的实践都支持他,而他作为共同体的一员也选择服从这种权威,以便使他的判决更有说服力。所以,习惯是以说服性权威的方式发挥作用的。[1]

在当代中国的司法实践中,能够作为规范性权威的法的效力渊源的只有制定法,而获得制定法认可的其他规范(如指导性案例、习惯)则作为法的认知渊源,在特定情形中成为非规范性权威。但无论是何种法源,都旨在为法律论证提供权威理由,从而使法律论证有别于纯粹的道德论证。

## 三、法律渊源的法治意义

### (一)法律论证与法治

法律论证不仅是法律人的一门专业技艺,同样也与法治有着密切联系。法治在本质上是人类的一种政治—道德理想,法律论证则是这种理想的技术化呈现,它通过"说得出的正义"来展现和落实法治的细节。勾连起两者的,是法理念(Rechtsidee)。

---

[1] 参见雷磊:《习惯作为法源?——以〈民法总则〉第10条为出发点》,载《环球法律评论》2019年第4期。

作为一种政治—道德理想，法治由不同面向的法理念组成。一方面，法治作为"法的统治"意味着尽可能地去实现法的理念；另一方面，法治在实践中也能够在不同程度上去实现这些理念。法理念包括哪些？虽然不同学者对此有不同见解[1]，但如果采取化繁为简的办法，那么与法治相关的最根本的法理念可以被还原为两个，即法的安定性（Rechtssicherheit）和正义（Richtigkeit）。[2] 前者有时也被称为"法律和平"（Rechtsfriede），后者有时被称为"实质正确性"（inhaltliche Richtigkeit）。这两个高度凝练的表述含义极为丰富，其他一系列更为具体的法理念都可以从中衍生和推导出来。法的安定性涉及实证性，实在法的存在本身在某种意义上就意味着法的安定性；而在实证性之外，都属于正确性的范畴。如果说正确性是一种理想维度的法理念的话，那么法的安定性就是一种兼具现实维度的法理念。前者体现的是法的非制度化面向，而后者体现法的制度化面向。法治既要坚守法的安定性，也要追求正确性，说明了法治是规则之治和理由之治的结合。[3] 法的安定性原则是一个形式原则。它要求的是对权威制定的且有社会实效的规范的一种承诺。相比而言，正义原则是一个质料的或实质的原则。它要求的是，判决是道德正确的。[4] 所以，前者展

---

[1] 例如，瑞典法学家弗兰登贝格将与法治相关的法的理念归纳为合法性和守法、法律上的平等、法的安定性（确定性）、法的可及性和法的安全性（See Åke Frändberg, From Rechtsstaat to Universal Law-State: An Essay in Philosophical Jurisprudence, Heidelberg [u.a.]: 2014）。
[2] 拉德布鲁赫将法理念概括为三个，即法的安定性、正义与公共福祉、合目的性（参见〔德〕拉德布鲁赫：《法的目的》，载〔德〕拉德布鲁赫：《法哲学导引》，雷磊译，商务印书馆2021年版，第170页）。但诚如拉伦茨所言，"合目的性"只是表明一切法律规整都完全与（任意）目的相关，不表明任何"终极目的"（参见〔德〕卡尔·拉伦茨：《正确法：法伦理学基础》，雷磊译，法律出版社2022年版，第24页）。拉伦茨本人则将法理念概括为"法律和平"与"正义"，前者相当于法的安定性。
[3] 从法律作为人们行动理由的角度看，法律规则同样是一种行动的"理由"，但它只是一种形式理由。法治中的"理由之治"指的是实质理由。所以，也可以说法治是形式理由与实质理由的结合。
[4] 参见〔德〕罗伯特·阿列克西：《法的安定性与正确性》，宋旭光译，载《东方法学》2017年第3期。

现的是法治的形式面向,体现了法治保守主义、普遍主义、"面向过去"的一面;而后者展现的是法治的实质面向,体现了法治灵活主义、后果导向、"面向未来"的一面。法治所追求的正确性是结合理想维度与现实维度、形式面向和实质面向的二阶正确性。正因为如此,规则不等同于命令,法治也不等同于命令之治。因为命令需要的是服从,而非理由,建立在命令之治基础上的法治在概念上是自我溃败的。而当代法治的核心就在于对任何法律决定的证成,或者提供理由(reason-giving)。在此意义上,法治要求无论社会选择制定什么样的法律,它都必须由理由证成。换言之,它要求政府官员和公民受由理由证成的规则的约束并依据这些规则行为,不论这些规则要求什么。[1]

法律论证就是提供理由来证成裁判结论的活动。在此意义上,它是作为规则之治和理由之治的法治在司法裁判领域的要求和体现。在法律论证的场合,法治的要求体现为对法律论证之目标的导控:规则之治要求法官依法裁判,以实现法律拘束的要求;理由之治要求法官对裁判进行实质说理,以实现裁判的内容正确性。依法裁判与个案正义的结合,其实就是法的安定性与正义这两种法的根本理念的结合。依法裁判体现了法律论证的制度化论证的面向,即司法裁判必须在现行法秩序(制定法、判例、习惯等)之内展开;个案正义则体现了法律论证的非制度化论证的一面,即司法裁判同样要追求正义。它"关心的不仅是明确性和法的安定性,还致力于在细节上逐步落实'更多的正义'"[2]。因此,司法裁判永远不只是一种解决纠纷的活动,它承载着法治的理想。法官也并非只是运用法律解决案件的工匠,其同时肩负着忠于法治理想和向民众展现法治的吸引力的职责。司法是一项德性的事业,法律论证就是实现法治理想的活动。

---

[1] 参见〔美〕玛蒂尔德·柯恩:《作为理由之治的法治》,杨贝译,载《中外法学》2010年第3期。
[2] 〔德〕卡尔·拉伦茨:《法学方法论》(全本·第六版),黄家镇译,商务印书馆2020年版,第253页。

## （二）法治视野下的法律渊源

如此，法律渊源就必然借由法律论证与法治发生关联。前已述及，法律渊源是司法裁判过程中裁判依据的来源，为依法裁判划定范围。只有以具备适格来源的法律规范为大前提的法律论证，才是有效的法律论证。依法裁判致力于实现裁判的可预测性，而可预测性构成了法的安定性的核心要求。正如凯尔森（Kelsen）所言："具体案件的判决受到由某个核心性的立法机关事先所创设的一般性规范之拘束，这一原则……在这种一般意义上表现出了法治原则，后者在根本上就是法的安定性原则。"[1]所以，法律渊源旨在通过依法裁判的要求，努力促成法的安定性之理念和规则之治的实现，从而满足法治的形式要求。具体而言，法律渊源对于法治的意义体现在两个方面，一方面是在规则之治的内部缓和法律的闭合性与开放性之间的张力，另一方面是在规则之治/法的安定性与理由之治/正义的关系上赋予前者以通常的优先性。以下分述之。

### 1. 内部：缓和法律的闭合性与开放性之间的张力

规则之治面临的一个问题是法律的闭合性与开放性之间的张力。如果要实现彻底的安定性，法律就应尽可能地闭合。在极端的也是理想的情形中，法律应当是个封闭体系，它的规定具体而明确，且能够为每一个案件都事先准备好处理办法。如此，法官就只需扮演"涵摄机器"的角色，通过纯粹演绎活动就可以得出正确结论。如此，在司法裁判活动中，"法律发现"也将变得多余，因为作为裁判依据的法律是确定的，并不需要被"发现"。当然，这只是近代制定法实证主义的一种梦想。在现实中，不说制定法本身存在模糊、冲突、漏洞等诸多情形，而且除制定法外，尚存在与制定法并存的规范体系，如判例和习

---

[1] Hans Kelsen, *Reine Rechtslehre*, 2. Aufl., Wien: Österreichische Staatsdruckerei, 1960, S. 256–257.

惯。这些规范体系对于司法裁判而言同样有意义。道理很简单,立法者的预见能力总是有限的,他不可能为生活领域的一切事务事无巨细地规划好应对方案。即便在立法时,立法者能够制定出相对完善的制定法,社会生活的变化也总是使他提供的方案"入不敷出"。因此,对于司法裁判而言,单一来源(如立法)的法律总是会产生"供给不足"的境况。这意味着,法官处理案件的裁判依据不仅要从制定法中寻找,而且需要在制定法外的其他来源中去寻找。

但由此一来,就会导致"法律多元主义的困境"。也就是,一方面,法律不止国家法,还包括其他社会规范;另一方面,法律与其他社会规范的界限不明,导致法律概念过于宽泛。[1] 甚至产生这样的问题:究竟是"法律多元主义",还是"规范多元主义"?当然,在司法的语境中,这里的"法律"要被理解为"裁判依据"。前文关于法的效力渊源与认知渊源的划分其实就为走出这一困境提供了一种可行的思路:一方面,裁判依据的效力来源是一元的,无论是制定法,还是得到制定法认可的习惯或判例,其效力的最终来源都是立法;另一方面,裁判依据的内容来源又是多元的,它可以来自立法行为,也可以来自司法行为,还可以来自民众的惯习性实践。所以,从裁判依据的内容来源的角度而言,"法律"的确不只是国家法(制定法),也包括判例和习惯等社会规范。同时,也并非其他所有社会规范都可以作为"法律"(裁判依据),而只有法的效力渊源(制定法)和得到效力渊源认可的认知渊源(判例和习惯等)才能作为裁判依据,其余社会规范至多只能作为裁判理由来运用。这里的关键就在于"认知渊源"这一类别:一方面,认知渊源不具备法的效力,并非国家法意义上的法律(如果我们只将"具有法的效力的事物"理解为"法律"的话,那么当代中国只有国家法才属于法律);另一方面,认知渊源又必须得到国家法的认可,因

---

[1] 参见赵英男:《法律多元主义的概念困境:涵义、成因与理论影响》,载《环球法律评论》2022年第4期。

而只有特定种类的社会规范才能被作为裁判依据,如此就将裁判依据意义上的"法律"与其他只能充当裁判理由的社会规范区分开来。如此一来,就缓和了效力来源的闭合性与内容来源的开放性之间的张力。因为制定法垄断的只是法律(裁判依据)的效力来源,而没有垄断法律(裁判依据)的内容来源。

制定法垄断法律的效力来源自有其历史成因。在历史上,习惯法曾扮演非常重要的角色。从实践来看,西方法律史在19世纪后期进入大规模的法典化运动时期之前,其主体部分几乎就是习惯法的历史。从学说来看,在历史法学派那里,习惯法直接产生于整个民族的法意识,乃"直接的民族确信"的体现,是习惯法而非(由外部机关创设的)制定法确认了作为民族代表的共同意志[1],而制定法是对习惯的表述。所以,习惯法是第一位的、基础性的,而制定法则是第二位的、衍生性的。习惯法相对于制定法拥有自己的效力来源,即民众的规范性实践,具体而言就是前文提及的主客观两方面的因素(规律性的实践和必要确信)。习惯法与制定法作为两种法的类型,具有同样的地位,相互并无支配关系[2],甚至有学者主张习惯法可以废止制定法的效力。[3] 但这种状况随着立法化时代的到来,尤其是法典化运动的兴起发生了根本改变。

与这场运动相伴而生的,是法律领域的"国进民退"(国家法进、民间法退)。这里的背景有两个,一个是政治背景,另一个是社会背景。政治背景是法律的国有化。所谓法律的国有化,就是从19世纪末期开始,法律变成一个制度化程度越来越高的事物。制定法的重要性加强使"法"的制度化色彩越来越浓厚,也就是说,法越来越被认为

---

[1] Vgl. George Friedrich Puchta, *Cursus der Institutionen*, Bd. 1, Leipzig: Breitkopf & Härtel, 1853, S. 27-28, 144-145.

[2] Vgl. Fridolin Eisele, *Unverbindlicher Gesetzesinhalt: Beiträge zur allgemeinen Rechtslehre*, Freiburg: Lehmann, 1885, S. 19-20.

[3] Vgl. Felix Somló, *Juristische Grundlehre*, Leipzig: Verlag von Felix Meiner, 1917, S. 336-337.

是一种制度性的权威。与此相对应的是,法的非制度化的部分(习惯法就属于此)越来越萎缩,法与其他非制度化对象,如道德、惯例、风俗之间的距离也越来越远。制度化程度越来越高的背后,其实就是国家化的过程。换句话说,国家把塑造法律的权力越来越多地掌控在自己的手里,而留给民间塑造法律的空间越来越少。反映在法源上,就是制定法的重要性日益增长,它的突出表现就是法典化运动。从这个时代开始,法律就主要以以法典为代表的制定法形式呈现,它慢慢垄断了一切法律效力的来源。只有得到国家认可的东西才被认为具有法律的地位,而不管它的起源是什么。这背后可能有一系列复杂的因素在起作用,其中一个是国家统一问题。因为近代的法典是民族国家的法典,是国家统一的象征,正所谓"一国一法"(One Empire, One Law)。例如,法国民法典的编纂就是以法律统一为主要目的。民法典颁布后,罗马法、敕令、普通惯例、地方惯例和诸裁判厅之定例、规则等,凡与此民法中新规定事件相关的,皆丧失法律效力。[1] 与此相比,习惯法更多地呈现为具有地域性色彩的社会规范,往往在一个国家内部存在着多种地方习惯法体系,因此无法成为民族国家的统一性的象征。产生这一现象的社会背景则是城市化进程的加剧和社会的陌生人化。习惯法主要形成于一个小范围空间且易于掌握和观察的人际关系中。但在现代,在一个平均人口动辄数百万的国家内,要形成统一的习惯法(普遍的法则)实在难以想象。[2] 这就导致习惯法丧失了持续发展的条件。随着大规模的陌生人社会的出现,地域化和碎片化色彩较浓的习惯法,很难再承担起在大规模陌生人社会中整合人们行为的责任。甚至习惯(法)是什么也成为一个存有争议的问题。在此背景下,就出现了"法官知法"(Jura novit curia)原则。

---

[1] 参见〔日〕穗积陈重:《法典论》,李求轶译,商务印书馆2014年版,第35页。
[2] Vgl. Helmut Coing, *von Staudingers Kommentar zum Bürgerlichen Gesetzbuch mit Einführungsgesetz und Nebengesetzen, Bd.1, Einleitung zum Bürgerlichen Gesetzbuch*, Berlin: Sellier-de Gruyter, 1995, Rn. 242.

也就是说,在司法裁判过程中,习惯要由法官依据其职权考量相关法律文献、法院判决、相关社会团体内的行为与意见、熟悉法律的地方机关之意见、专家意见等综合决定。[1] 这就形成了前文所说的"立法认可+司法授权"的结构。

同时也要看到,制定法垄断了法律的效力来源,但没有垄断其内容来源。规范意义上的习惯虽在当代已不复存在,但事实意义上的习惯则依然存续。立法既然无法为一切案件提供裁判的准则,那么当存在制定法漏洞时就需认可习惯等社会规范的替补资格。《民法典》第10条就是这种做法的典型。在这种情况下,立法提供的效力与习惯提供的内容合在一起构成了完整的裁判依据。当然,当存在制定法漏洞时,可想象的一种填补漏洞的途径就是不指示任何认知渊源,而是授权法官自行(如同立法者)去填补漏洞。此时,法官的裁判就是非基于来源的。但是,基于来源的裁判在原则上要优于非基于来源的裁判,背后的原因依然在于法的安定性的要求。依然以习惯为例:尽管习惯并非效力渊源意义上的"法律",但它依然具有实证性——通过长时间的规律性行为形成并在特定地域实际存在。这种实证性(来源性)是一切法律渊源与诸如道德这类裁判理由的根本差别所在。所以,对于法官而言,依据(得到制定法认可之)习惯裁判案件依然是在履行其"依法裁判"的义务,而非在进行专断的造法。因此,运用习惯作为填补制定法漏洞的渊源可在很大程度上满足可预测性和民主的要求。言其"可预测",是因为习惯往往是特定地域的民众习以为常甚至习而不察的行为规范,建立在这种行为规范基础上的裁判对于该地域的民众而言具有期待可能;言其"民主",是因为习惯是自发形成的众人之意的产物,法官依据习

---

[1] 参见吴从周:《法源理论与诉讼经济》,元照出版公司2013年版,第37页。

惯作出裁判即将众人之意而非其个人意志贯彻于司法过程中。[1]

由此也可以来回应一个对于法的认知渊源的可能批评:既然民众没有义务遵守认知渊源(如习惯),它又如何可能成为法官的裁判规范?[2]例如,《民法典》第8条就只规定,民事主体从事民事活动不得违反法律,而没有规定不得违反习惯。换言之,对于习惯法而言,存在着一个从行为规范到裁判规范的逻辑。习惯法首先是民众的行为规范,其次才是法官的裁判规范。或者说,正因为习惯法首先能够成为民众的行为规范,随之才能成为法官的裁判规范。[3]正因为习惯法是法,所以民众有遵守的义务,法官也有适用的义务。但在制定法占支配地位的时代,习惯并不存在这一效力传递的逻辑链条。习惯能够成为法官的裁判规范,是因为制定法的认可和授权,而不是因为别的什么。民众不再有义务去遵守习惯,习惯也不再是具有法律效力的行为规范。但是,习惯毕竟仍是社会学意义上的(事实上存在的)行为规范,尽管它不具备法律的规范性。因此,以这种社会性的行为规范作为裁判依据,同样可以使裁判对于身处习惯传统中的民众具有较高的可预测性和安定性。司法裁判并不以制定法为唯一的基础,它所依赖的社会规范可以超出法律体系,只要社会规范具备实证性。当然,相比于制定法,习惯的适用会受到更多限制:除只能作为制定法的替补和由法官具体认定外,《民法典》第10条还授权法官对习惯的适用是否违背公序良俗进行审查。所以,依据习惯的裁判相比于依据制定法的裁判,在法的安定性实现程度上更弱。但无论如何,无论是法的效力渊源抑或是认知渊源,都旨在尽可能地削减司法裁判中的"决断论"因素。诚如施密特(Schmitt)所言,任何裁判,包括只是进行构成要件

---

[1] 由于现代国家的制定法通常是民主制的产物,所以依据制定法裁判自然也有民主的意味,但它是一种制度化的、集权的民主(议会民主),而非自发的、分散的民主。
[2] 感谢宁波大学何跃军教授在笔者的一次讲座中指出这一问题。
[3] 参见雷磊:《习惯作为法源?——以〈民法总则〉第10条为出发点》,载《环球法律评论》2019年第4期。

涵摄、对诉讼作出裁判的法院判决之中,都存在着一项无法从规范内容推导出的、纯粹决断性的因素。[1] 这种因素无法绝对避免,但要尽可能控制。但即便是施密特本人也承认,没有判决可以不附理由,决断的正确性依附于实证法律规范,正确的决断必须能够合逻辑地从法律中推出。[2] 控制决断主义因素的途径,包括遵从各种法律方法和论证规则,而基于适格的规范进行裁判则是首要的步骤。法源正是为这个首要的步骤提供了担保。

因此,至少从司法裁判的角度而言,"法律多元主义"并不会带来真正的困境。因为从效力的角度看,由于非国家法(裁判依据)的存在取决于得到国家权威(制定法)的承认,所以它依然预设了国家法的一元论。[3] 所以,如果我们在"效力来源"的意义上来理解"元",而将内容来源的多渠道性称为"多样化",那么准确地说,在法源体系下呈现出的并非真正的"法律多元主义",而只是"法律一元主义下的多样化"。在此意义上,陈金钊教授曾指出,法源具有拟制功能,它附条件地把其他社会规范拟制为法,由此整合多种规范而满足法治对法的需求。可以说,它在尊重制定法的基础上重塑了法治之法。[4] 法的效力渊源与认知渊源的区分与联结,在为司法裁判提供丰富多样的规范依据的同时,也维系了统一的效力鉴别标准,故而较好地解决了法律(裁判依据)的闭合性与开放性之间的张力,在司法实践中保障了法的安定性,满足了法治的基本要求。

---

[1] 参见〔德〕卡尔·施密特:《宪法的守护者》,李君韬、苏慧婕译,商务印书馆2008年版,第47页。

[2] 参见〔德〕卡尔·施密特:《法律与判决》,韩毅译,载吴彦主编:《魏玛国家学》,商务印书馆2021年版,第207—208页。

[3] 格里菲斯称之为"弱立场的法律多元主义"[See John Griffiths, What is Legal Pluralism?, *The Journal of Legal Pluralism and Unofficial Law* 24 (1986), p.8]。

[4] 参见陈金钊:《法源的拟制性及其功能——以法之名的统合及整饬》,载《清华法学》2021年第1期。

## 2. 外部：赋予规则之治以通常优先性

法律渊源的法治意义不仅体现为对法的安定性和规则之治的保障,也体现在,当规则之治与理由之治发生冲突时,赋予规则之治以通常优先性。前已述及,规则之治不同于命令之治的关键在于,它依然建立在理由——形式理由——的基础上。意大利法学家拉·托雷(La Torre)就认为,现代宪制推动了一种需要考虑道德标准和原则的新型法律论证,它将好的理由和证立作为法律实践的核心,它们无法被还原为简单的命令、规则或规则的片段。[1] 既然规则是理由,而非命令,那么它就存在与别的理由之间进行权衡的可能性。事实上,规则之治与理由之治、法的安定性与实质正确性之间在某些场合中的确存在张力。这两个原则的任何一个都不能完全地(即在所有的情况下)替代另一个。相反,它们要以合乎正确理由的方式被看待。[2] 而"正确的比例"即要诉诸权衡。权衡也就意味着,在法的安定性与实质正确性之间并不存在绝对的优先关系,而系在诸具体情形中的分量比较。但通常情况下,法源使依法裁判相比于个案正义居于初步的优先地位,从而赋予规则之治相对于理由之治的通常优先性。

就此而言存在两个典型的场合。一个是所谓的"反于法律的判决"(Entscheidugn contra legum),也就是违背制定法的语词意义和立法者意志进行的法的续造。比如目的性限缩或基于一般法律原则的法律修正。语词意义来自日常或专业的语言使用规则,立法者意志是在立法时固定下来的意思,可通过相关立法资料得到确认,两者都承载着法的安定性价值。因此,制定法的语词意义和立法者的意志在司法裁判中要优先得到贯彻。凯尔森(Kelsen)说:"从法律适用权威的

---

[1] See Massimo La Torre, *Constitutionalism and Legal Reasoning*, Dordrecht: Springer, 2007, p. vii.

[2] 参见〔德〕罗伯特·阿列克西:《法的安定性与正确性》,宋旭光译,载《东方法学》2017年第3期。

视角来看,即使制定法是坏的,也要被适用。"[1]这一观点原则上成立,但不能作绝对理解。说"原则上成立",是因为一般来讲,对于诸原则的权衡,关键之处在于所涉及的原则(法的安定性原则与实质正确性原则)之间相互干扰的程度。法律适用权威所拥有的控制内容正确性的一般权能,将会不成比例地对法的安定性构成干扰。基于这一理由,赋予权威或制度的维度初显优先性就是必然的。[2] 说"不能作绝对理解",是因为这种优先性不是绝对的。因为法治所要求的二阶正确性需要实现法的安定性与实质正确性的平衡。这意味着在特殊情形中,法的安定性需要向正义让步。例如,德国联邦最高法院在"被代理人纯获益行为"的场合对《德国民法典》第181条(关于法定代理人自己代理之禁止)的适用所作的限缩,就是此种让步情形。[3] 但无论如何,遵从制定法的文义和立法者意思具有原则上的优先性。除了一个例外,那就是刑法领域。刑法领域严格贯彻罪刑法定原则,在此,"法的安定性优先于实质正确性"就成为一项阻却法的续造的严格优先规则。[4] 在涉及定罪量刑时,法的安定性成为一项绝对优先的价值,刑法的文义界限将得到恪守,哪怕这会使实施了社会危害性不亚于明文规定之罪的犯罪嫌疑人"脱罪"。总的来说,基于来源的实在法及其所确保的法的安定性需在具体情形中与实质正确性的要求相互权衡,以决定何者优先,但通常来说前者享有优先性。这一点也在下面这一有关论证负担的规则中得到了表达:那些表达受法的文义或

---

[1] Hans Kelsen, *Introduction to the Problems of Legal Theory: A Translation of the First Edition of the Reine Rechtslehre or Pure Theory of Law*, trans. B. Litschewski Paulson and S. L. Paulson, Oxford: Clarendon, 1992, p. 85.
[2] 参见〔德〕罗伯特·阿列克西:《法的安定性与正确性》,宋旭光译,载《东方法学》2017年第3期。
[3] 对此,参见〔德〕卡尔·拉伦茨:《法学方法论》(全本·第六版),黄家镇译,商务印书馆2020年版,第493—494页。
[4] 参见〔德〕托马斯·M. J. 默勒斯:《法学方法论(第4版)》,杜志浩译,北京大学出版社2022年版,第794页。

历史上的立法者意图之拘束的论述,比其他论述具有优位,除非能够提出合理的理由说明其他的论述被赋予了优位。[1]

另一个是所谓恶法的情形。对此经常被提及的是"拉德布鲁赫公式"。在第二次世界大战之后德国追究战争罪犯的背景下,法哲学家拉德布鲁赫(Radbruch)提出了这样一个公式来解决法的安定性与正义之间的冲突:"正义与法的安定性之间的冲突应当这样来解决,实在的、受到立法与权力来保障的法获有优先地位,即使其在内容上是不正义和不合目的的,除非制定法与正义间的矛盾达到如此不能容忍的地步,以至于作为'非正确法'的制定法必须向正义屈服。"[2]对这一公式可以从三个维度来理解[3]:第一个维度是法理念的原则属性。无论是法的安定性还是正义都可以被视为法伦理原则,只不过前者是形式原则,而后者是实质原则。两者可以相互比较,谁轻谁重是个程度问题。第二个维度是法的安定性的初步优先性,即"实在的、受到立法与权力来保障的法获有优先地位,即使其在内容上是不正义和不合目的的"。之所以如此,是因为"任何实在法,若不考虑其内容,自身均拥有一种价值:有制定法总是好过没有制定法,因为它至少还产生了法的安定性……法的安定性是任何实在法由于其实在性而拥有的特性,它在合目的性与正义之间占有颇受瞩目的居中地位:它一方面是为公共福祉所要求的,另一方面也为正义所要求"[4]。这就给主张偏离制定法者施加了论证负担,带来了这样两个效果:一是必须由主张偏离制定法的一方而不是主张适用制定法的一方来说明理由或进行分量比较,二是如果主张偏离者不足以说明这样做的重要性则不得偏

---

[1] 参见〔德〕罗伯特·阿列克西:《法律论证理论——作为法律证立理论的理性论辩理论》,舒国滢译,中国法制出版社2002年版,第305页。

[2] Gustav Radbruch, Gesetzliches Unrecht und übergesetzliches Recht (1946), in: ders., *Gesamtausgabe*, Bd.3, hrsg. v. Arthur Kaufmann, Heidelberg: Müller, 1990, S. 89.

[3] 具体参见雷磊:《再访拉德布鲁赫公式》,载《法制与社会发展》2015年第1期。

[4] Gustav Radbruch, Gesetzliches Unrecht und übergesetzliches Recht (1946), in: ders., *Gesamtausgabe*, Bd.3, hrsg. v. Arthur Kaufmann, Heidelberg: Müller, 1990, S. 88.

离。第三个维度是极端不正义的门槛,即"制定法与正义间的矛盾达到如此不能容忍的地步",此时法的安定性就要让位于正义。"不能容忍"说明了这只是极端的情形。所以此时拉德布鲁赫公式也可以被表述为"极端的不法不是法"[1]。通常情形中法的安定性优先,此时实在法依然有效,哪怕它是不正确的(具有法律瑕疵);而在极端不法(不正义)的情况中,正义具有有条件的优先性,此时实在法已然无效。

"反于法律的判决"只涉及法的适用,不涉及法的效力,因而只停留在法学方法论的层面。而拉德布鲁赫公式则进入了法哲学的层面,因为它已涉及法的效力。但无论是规范的适用还是规范的效力,背后都涉及法的安定性与正义这两种法治要素之间的权衡。法律渊源不仅确保了法的安定性价值的实现,而且也在两者发生紧张关系时赋予了法的安定性以通常的优先性。这也说明,法治所追求的二阶正确性并非完全的均势,而是以"合法律性"为重心的正确性。

## 四、本章结语

法治既是一种宏大的价值诉求,也须以润物无声的方式落实于法律实践的每一个角落。作为一种说理活动,法律论证以追求法的安定性与正义(实质正确性)为双重目标,折射出规则之治与理由之治的结合。法律渊源通过基于来源的权威理由为司法裁判提供裁判依据,维系了法的安定性,进而为规则之治奠定了基础。法律渊源的法治意义体现在两个方面:一方面,效力渊源与认知渊源的区分与联结,从规则之治内部较好地缓和了法律(裁判依据)的效力闭合性与内容开放性之间的张力;另一方面,当规则之治与理由之治发生冲突时,法律渊源赋予规则之治以通常优先性。由此可见,法治有别于德治之处,就在

---

[1] 〔德〕罗伯特·阿列克西:《柏林墙射手案:论法、道德与可罚性之关系》,雷磊译,载雷磊编:《拉德布鲁赫公式》,中国政法大学出版社2015年版,第412页。

于它追求的是以形式原则为基础的二阶正确性。法律人,尤其是法官并不符合那种"为了实现正义,哪怕天崩地裂"的形象,而更像是一个小心翼翼地将自己的论点建立在既有规则、判例、习惯之上,必要时左思右想、反复权衡的"工匠"。在法律论证活动中,法律对法官的要求,不是一种盲目的服从,而是一种"有思考的服从"(denkender Gehorsam)。[1] 法律渊源,就为这种有思考的服从提供了前提和基础。由此,法治首先就意味着基于来源之实在法的统治。

---

[1] Vgl. Philipp Heck, *Begriffsbildung und Interessenjurisprudenz*, Tübingen: Verlag J. C. B. Mohr, 1932, S. 107.

## 第三章　司法裁判中的事实与证据

长期以来,法学界围绕"事实"和"证据"的性质问题展开持续争论。前者表现为"客观真实论"和"法律真实论"之争[1],而后者则体现为"材料说"与"事实说"之辩[2],尽管这两类争论之间具有密切关联。但无论如何,这些论战都主要发生于法学界,尤其是诉讼法学界内部,因此使相关话题具有某种学科封闭性。直到数年前,哲学家陈波对中国司法实务界一贯坚持的"以事实为根据,以法律为准绳"的说法提出挑战,主张代之以"以证据为依据,以法律为准绳"[3],这一争议才开始具备跨学科的特质。之后,法理学者舒国滢和宋旭光针对这一观点进行了反驳,认为其走得过远,更为妥当的说法应为"司法裁判以事实为根据,事实认定以证据为根据"[4]。随即陈波进行了回应,并将其主张进一步明确为"以审判程序为中心,以证据为依据,以

---

[1] 参见樊崇义:《客观真实管见——兼论刑事诉讼证明标准》,载《中国法学》2000年第1期;张卫平:《事实探知:绝对化倾向及其消解——对一种民事审判理念的自省》,载《法学研究》2001年第4期;张继成、杨宗辉:《对"法律真实"证明标准的质疑》,载《法学研究》2002年第4期。

[2] 较早的争论参见何家弘:《让证据走下人造的神坛——试析证据概念的误区》,载《法学研究》1999年第5期;刘金友:《实践是检验司法证明真理性的唯一标准——与何家弘教授商榷》,载《法学研究》2003年第4期。相对晚近的文献参见周洪波:《修正的事实说:诉讼视野中的证据概念新解》,载《法律科学》2010年第2期;陈瑞华:《证据的概念与法定种类》,载《法律适用》2012年第1期。

[3] 参见陈波:《"以事实为根据"还是"以证据为根据"——科学研究和司法审判中的哲学考量》,载《南国学术》2017年第1期。

[4] 舒国滢、宋旭光:《以证据为根据还是以事实为根据?——与陈波教授商榷》,载《政法论丛》2018年第1期。

法律为准绳"[1]。不久前,宋旭光又进行了再商榷,再次明确司法裁判语境中事实和证据的含义,认为不应混淆两者。[2]

虽然陈波自谦为"纯粹的法学外行"[3],但从作者所引文献看,其对于诉讼法学界的主流文献是熟悉的,所以这场跨学科的论战并不是"鸡同鸭讲"或"隔空打牛"。更为吊诡的是,陈波教授关于在司法裁判领域用证据的范畴去取代事实的范畴的主张,使他看起来比任何事都"讲证据"的法律人更像法律人。相反,两位法理学者则似乎更接近(传统的)哲学立场。当然,决定论点高下的并不是学科背景或结论本身,而是双方所使用的论据。本章将陈波的立场设为正方,而将舒国滢和宋旭光的立场设为反方。首先应当指出,在这场论战中,无论是正方还是反方,在使用的术语和表达的立场方面都有一些不连贯和不清晰之处。本章将忽略掉这些瑕疵,而聚焦双方的主立场,并围绕主立场展示双方的论据。

## 一、核心争议点与反思起点

### (一)跨学科论战的核心争议点

正反双方的交锋至少涉及三个不同但相关的论题,即关于事实与证据的概念及其关系,关于司法审判的多重目标和多重限制,关于如何去实现"追求客观真相"的司法理想。这三个论题所使用的论据具有不同性质:证据与事实的概念及其关系主要涉及分析性论据,司

---

[1] 参见陈波:《以审判程序为中心,以证据为依据,以法律为准绳——答舒国滢、宋旭光的商榷》,载《政法论丛》2018年第2期。
[2] 参见宋旭光:《如何认识司法审判语境中的事实与证据?——再与陈波教授商榷》,载《河南大学学报(社会科学版)》2021年第4期。
[3] 陈波:《以审判程序为中心,以证据为依据,以法律为准绳——答舒国滢、宋旭光的商榷》,载《政法论丛》2018年第2期。

审判的多重目标和多重限制主要涉及规范性论据,而实现"追求客观真相"的司法理想的途径主要涉及经验性论据。笔者将聚焦于分析性层面,因为这一层面构成了其他两个层面的前提。同时,在笔者看来,澄清司法裁判中事实的概念及其与证据的关系,亦足以确保我们对"以事实为依据"和"以证据为依据"这两种主张何者更为恰当作出判断。在第一个论题上,可以将正反双方的核心争点及其论据归纳为三个方面。

1. 核心争点一:事实的概念

正方论据:事实是个认识论概念,是认知主体带着特定的意图和目标,利用特定的认知手段,对外部世界中的状况和事情所做的有意义的剪裁、提取和搜集,因而是主观性和客观性的混合物。[1]

反方论据:要区分本体论的事实概念与认识论的事实概念,司法裁判中实际被认定的事实是认识论上被确信为真的事实,但它暗含、预设或承诺了本体论意义上的客观事实。[2]

虽然陈波否认双方关于事实的分歧只是语词之争,但应该看到,双方的分歧其实主要在于对"事实"这一语词之外延宽窄的认定不同。正方坚持认知主义事实观,认为根本不存在所谓的"本体论意义上的事实",它实际上只是"实际发生的情况""真实发生的情形""事情的本来面目""客观真相"等说法的简缩而已。[3] 换言之,陈波并不否认客观外部世界的存在,他反对的只是用"事实"来指称客观外部世界的本体,而认为应该用"情形""事件""客观真相"这类词来指称。所以他所称作为认识论概念的事实并非纯粹的主观构造物,而是认知

---

[1] 参见陈波:《"以事实为根据"还是"以证据为根据"——科学研究和司法审判中的哲学考量》,载《南国学术》2017年第1期。
[2] 参见舒国滢、宋旭光:《以证据为根据还是以事实为根据?——与陈波教授商榷》,载《政法论丛》2018年第1期;宋旭光:《如何认识司法审判语境中的事实与证据?——再与陈波教授商榷》,载《河南大学学报(社会科学版)》2021年第4期。
[3] 参见陈波:《以审判程序为中心,以证据为依据,以法律为准绳——答舒国滢、宋旭光的商榷》,载《政法论丛》2018年第2期。

主体"从世界母体上一片片'撕扯'下来的"[1]。当然,撕扯什么、如何撕扯,取决于认知主体的认知意图和目的、认知能力、认知手段和方法等。这是事实的主观面向。但无论如何,他并不否认事实的客观面向以及客观实在的存在。反方则认为"事实"一词既可以用来指涉陈波所主张的认识论事实,也可以用来指涉客观世界中的事态、真相,并将后者称为本体论上的事实。并且,本体论上的事实虽然不能直接被用于法律论证活动,但它必须被事实认定活动预设:在法律领域中,实际被认定的事实是认识论上被确信为真的事实,但应当以寻找客观事实(本体论事实)为目标,认识论上的事实表达的就是主体相信事实命题符合作为参照物的客观事实的确信。[2] 所以,认识论上的事实预设和承诺了本体论上的事实。笔者称这一点为有关事实命题的"真实性宣称"[3]或"真之承诺"[4]。

2. 核心争点二:证据的概念

正方论据:所有的证据都是命题性的,严格意义上的证据是指法官作出司法裁决的依据,是经过法庭辩论环节而被法庭认可和接受的一组事实性陈述。[5]

反方论据:材料与事实是证据的两个面向,证据命题(事实)的真实性最终依赖可被直接感知的证据材料("硬邦邦的"证据)。因此,司法裁判语境中的证据不仅指支持裁判结论的事实命题,更包括

---

[1] 陈波:《"以事实为根据"还是"以证据为根据"——科学研究和司法审判中的哲学考量》,载《南国学术》2017年第1期。
[2] 参见舒国滢、宋旭光:《以证据为根据还是以事实为根据?——与陈波教授商榷》,载《政法论丛》2018年第1期。
[3] 舒国滢、宋旭光:《以证据为根据还是以事实为根据?——与陈波教授商榷》,载《政法论丛》2018年第1期。
[4] 宋旭光:《如何认识司法审判语境中的事实与证据?——再与陈波教授商榷》,载《河南大学学报(社会科学版)》2021年第4期。
[5] 参见陈波:《以审判程序为中心,以证据为依据,以法律为准绳——答舒国滢、宋旭光的商榷》,载《政法论丛》2018年第2期。

作为真实性依赖者的证据材料。[1]

在证据的概念上,正反双方的立论体现了事实说与材料说之别。正方明确主张事实说,认为证据是经过法庭辩论环节被法庭认可和接受(采信)的事实陈述。简言之,法律证据就是经法定程序认定的事实。[2] 陈波区分了"证据"的三种意义:第一种是"证据材料",是指在法庭上被当作"证据"展示或呈现,但可采性尚待法庭的检验和采信;第二种是被法庭认可和接受(采信)的证据材料,它们是三个要素的合取:在法庭上出示的证据材料 + 具有可采性(真实性、相关性、合法性等) + 得到法庭或陪审团的认可和接纳;第三种是最严格意义上的"证据",它是四个要素的合取:在法庭上出示的证据材料 + 具有可采性 + 得到法庭或陪审团的接纳和认可 + 展开为一组事实性命题。在此,他只承认第二种和第三种意义上的"证据"为"法律证据"。[3] 反方坚持认为,证据的功能是证明事实命题的真实性的根据,事实说与材料说只是分别强调了证据作为证明根据的两个面向而已。但是,其一,反对将可采信的和法庭的认定作为证据概念的内在要素,因为如果只将被法庭采信的证据(也即定案依据)视为证据,就会造成"以证据为根据"="以定案根据为根据"这种无意义的同义反复。也就是说,证据与被认定(被采信)的证据是两回事,只有后者才能作为认定案件事实的根据。其二,证据材料支持证据事实(只有证据材料的内容,即证据事实才有真实性、合法性、关联性),证据事实支持案件

---

[1] 参见宋旭光:《如何认识司法审判语境中的事实与证据?——再与陈波教授商榷》,载《河南大学学报(社会科学版)》2021年第4期。
[2] 参见陈波:《"以事实为根据"还是"以证据为根据"——科学研究和司法审判中的哲学考量》,载《南国学术》2017年第1期。
[3] 参见陈波:《以审判程序为中心,以证据为依据,以法律为准绳——答舒国滢、宋旭光的商榷》,载《政法论丛》2018年第2期。但这里的逻辑出现了不连贯。因为陈波明确坚持事实说,也即"展开为一组事实性命题"是其证据概念的必要要素。但承认第二种意义的证据,事实上是有条件地承认了"材料说"。其与反方所主张之"材料说"的唯一区别,是可采信和法庭的认可这些附加的程序性条件。所以,为了维系其概念的连贯性,陈波应当将其证据概念限于第三种意义。

事实认定,事实认定应以个别的、直接的感知作为确定一切经验真实的最终根据。真正"硬邦邦"的并不是案件事实,而只能是能为我们所感所闻所知的证据材料。[1] 所以,证据材料才是终极意义上的"证据"。

3. 核心争点三:事实与证据的关系

正方论据:能够作为法律推理小前提的是经法定程序认定的事实,也就是法律证据或证据事实。所以审判程序视野下的事实就是证据(证据事实)。[2]

反方论据:能够作为法律推理小前提的是案件事实[3],它是根据证据以及相关规则认定为真的事实陈述,本身并非证据(证据事实)。[4]

第三个分歧其实是前两个分歧的理论后果。正方提出两方面的论据来支持用"以证据为依据"来替代"以事实为根据"的做法:一是歧义论据,即"事实"概念的歧义;二是准绳论据,即根据现有法律体系的要求,法官只能基于得到法庭认定的"事实"或"证据"来定案。[5] 在此背景下,"事实"与"证据"(证据事实、法律证据)这两个范畴无甚区别。因为在陈波看来,事实的恰当概念是认识论意义上的事实,而在司法裁判的语境中,认识论意义上的事实指的就是被法庭采信和认定的事实,这也就是上述第三种意义上的(也即他所支持的)证据的概念。换言之,不是说事实和证据在一般的意义上处处等同,而是说至少在司法裁判或者说"以审判为中心"的制度环境和程序条件下,法律

---

[1] 参见宋旭光:《如何认识司法审判语境中的事实与证据?——再与陈波教授商榷》,载《河南大学学报(社会科学版)》2021年第4期。
[2] 参见陈波:《以审判程序为中心,以证据为依据,以法律为准绳——答舒国滢、宋旭光的商榷》,载《政法论丛》2018年第2期。
[3] 宋旭光用的是"裁判事实"的称呼,而法学界更常用的称呼是"案件事实",为了与后文的衔接方便,本章统一使用"案件事实"的称呼。
[4] 参见舒国滢、宋旭光:《以证据为根据还是以事实为根据?——与陈波教授商榷》,载《政法论丛》2018年第1期;宋旭光:《如何认识司法审判语境中的事实与证据?——再与陈波教授商榷》,载《河南大学学报(社会科学版)》2021年第4期。
[5] 参见陈波:《"以事实为根据"还是"以证据为根据"——科学研究和司法审判中的哲学考量》,载《南国学术》2017年第1期。

事实等同于法律证据。相反,反方主张,即便在司法裁判的语境中,并且将"证据"定性为证据事实,它也不同于作为法律推理小前提的案件事实:其一,案件事实不仅包括根据证据证明的事实,也包括法官认知、推定或免证的事实。也即存在着"无需证据证明"的事实。其二,对事实的认定虽然应当建立在充分的证据基础之上,但认知者求真的欲望和动机也不可避免地在其中发挥作用。在司法裁判中,这就是裁判者追求"客观真相"的动机,动机背后其实就预设了本体论意义上的客观事实。其三,事实认定不仅依赖证据,认定者的心理因素、认知因素以及法律规定等多重原因都可能会影响这种认定,只是强调以证据为根据往往并不能反映事实认定和司法裁判的真实过程。[1] 可见,分歧的关键依然在于对司法裁判中"事实"与"证据"概念的界定:如果司法裁判语境中的事实指的就是证据(证据事实),那么"以证据为依据"的说法就是有道理的,甚至比"以事实为根据"更有清晰所指;而如果司法裁判语境中的事实并不能为证据(证据事实)所囊括,那么就不能用"以证据为依据"来替代"以事实为根据"。

本章的主旨在于以这场论战为切入口,反思司法裁判语境中"事实"这一复杂概念,此间的关键当然在于厘定它与证据之间的关系。反思的起点在于司法裁判的论证结构这一理解框架(第二部分)。在此基础上,基于论述的方便将首先从证据的概念入手,引出其与事实的关联和界分(第三部分),接着再从正面阐明司法裁判中事实的含义(第四部分),并补充论述一个论战双方都忽略了的相关问题(第五部分)。在此过程中,顺带为案件事实的客观性提供一种新的辩护思路。

## (二)反思的起点:司法裁判的论证结构

要对证据与事实进行准确理解,必须具备理解的框架。这个理解

---

[1] 参见舒国滢、宋旭光:《以证据为根据还是以事实为根据?——与陈波教授商榷》,载《政法论丛》2018年第1期;宋旭光:《如何认识司法审判语境中的事实与证据?——再与陈波教授商榷》,载《河南大学学报(社会科学版)》2021年第4期。

的框架,就是司法裁判的论证结构。只有将这两个范畴放到整个司法裁判的论证模式中,才能明确它们对于司法裁判的意义。司法裁判的过程可以从发现的脉络和证立的脉络两个维度进行研究。发现的脉络指作出正确裁决的实际过程,它是一种法官的心理过程,其中充斥着前见、法感、"目光的往返流盼"等各种诠释学上复杂因素的交融互动,属于描述性的范畴。而证立的脉络则关涉判断的证立以及在评价判断中所使用的评价标准,只涉及对裁决证立过程中提出的论述的相关要件而不考虑大量的现实因素,更多地具有规范性的作用。[1] 前者涉及心理学、社会学等因素及其对与裁判之间的因果关系的考察,后者则致力于从前提到结论的理由支持关系,涉及逻辑学、价值论等层面的探究。法律论证仅仅关涉证立的脉络而不考虑发现的脉络,其旨趣在于:无论裁决作出的现实过程受多么复杂的因素的影响,它都必须合乎某些理性标准。证据就是这些理性标准的一种。

在法律论证的视野中,裁判结论的得出需要两方面的前提:一是规范前提或法律前提,二是事实前提(或称为"事实基础")。只有具备有效的法律前提与可靠的事实前提,并将两者相结合得出的裁判结论才具有合法性和正当性。如果立足于裁判结论,将裁判结论视为一种关于处理个案的规范性命题,那么可以说法律前提与事实前提就是提出这一命题的依据。很多时候也将前者称为"裁判依据",后者称为"事实依据"。所谓"以事实为根据,以法律为准绳"就是对事实和规范两者与裁判结论间的直接推导关系的描述。"准绳"只是"依据"的另一个说法而已。

应当看到的是,正是与裁判结论的这种直接推导关系决定了"事实依据"中的"事实"指的并不是与裁判有关的任意事实,而是被法官认定了的可直接作为裁判基础的"案件事实"。一方面,案件事实与裁

---

[1] 参见〔荷〕伊芙琳·T. 菲特丽丝:《法律论证原理——司法裁决之证立理论概览》,张其山等译,商务印书馆2005年版,第6—7页。

判要处理的个案密切相关,是对个案的直接描述(如"张三出于报复杀害了李四""王五欠了赵六一笔钱"),而非相关描述(如"在杀害李四的刀上存有张三的指纹""赵六手中欠条的立字据人是张三")。另一方面,这样的事实必须与裁判依据(特定法律规范)的构成要件相符,如此两者才可以合乎逻辑地结合起来推出裁判结论。因此它也被称为"要件事实"。[1] 所以,"以事实为根据"中的"事实"指的就是这种案件事实或要件事实。适用于案件的法律规范与符合法律规范之构成要件的案件事实,就成为证立裁判结论的最为基础的两大前提。在法律逻辑学中,前者被称为大前提,后者被称为小前提。在法律论证中,这种处理判断是否从为了证立而引述的前提中合乎逻辑地推导出来的问题的层面被称为"内部证成"。[2] 当然,对于整个法律论证活动而言,内部证成只是它的一个层面。因为它只是处理了前提与结论之间的论证关系,而没有处理前提本身的正确性问题。围绕大前提需要进一步展开的论证活动包括:应当去哪里寻找裁判的大前提,即规范命题？大前提本身含义不明,无法直接与小前提对接怎么办？找不到可直接适用的恰当大前提怎么办？它们分别涉及法的渊源、法律解释和法的续造问题。[3] 围绕小前提需要进一步展开的论证活动,就是案件事实的建构,也就是根据证据法、程序法和实体法,运用证据对用语言描述的事件(生活事件)进行剪裁和加工,以形成裁判文书中的"案情"的过程。大、小前提本身的正确性是"外部证成"的对象。内部证成与外部证成构成了司法裁判之论证结构的两个层面,司法裁判的结论要得到充分的证立,就必须将通过外部证成得出的正确的大小前提相结合,并在内部证成中被合乎逻辑地推导出来。所

---

[1] 参见舒国滢、王夏昊、雷磊:《法学方法论前沿问题研究》,中国政法大学出版社2020年版,第269页。

[2] 参见[德]罗伯特·阿列克西:《法律论证理论——作为法律证立理论的理性论辩论》,舒国滢译,商务印书馆2019年版,第270页。

[3] 参见舒国滢、王夏昊、雷磊:《法学方法论前沿问题研究》,中国政法大学出版社2020年版,第216—219页。

以,陈波的观点,即"证据是法官作出司法裁决的依据,其司法裁决就是由适用的法律条文加法律证据(或证据事实)演绎得到的"[1],并不准确。它混淆了内部证成与外部证成两个层面。

为了更直观地展现这两个层面的关系,可以将司法裁判的论证结构绘图如图 3-1 所示:[2]

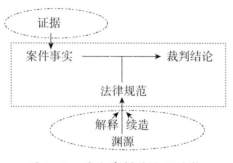

图 3-1 司法裁判的论证结构

图 3-1 中,长方形虚线框内的部分是内部证成,两个椭圆形虚线框内的部分是外部证成,其中小椭圆形虚线框内是围绕小前提,即案件事实(事实依据)展开的外部证成活动,而大椭圆形虚线框内是围绕大前提,即法律规范(裁判依据)展开的外部证成活动。两个论证层面的关系为:外部证成的结果就是内部证成的前提。两个证成层面的划分也清晰地表明,案件事实与证据并不是一回事。其中,"案件事实"位于内部证成的层面,而"证据"位于外部证成的层面。运用证据(及构成要件等)进行论证的结果是案件事实,但证据本身并不等同于案件事实。除非我们不将"以事实为根据"中的"事实"理解为案件事

---

[1] 陈波:《以审判程序为中心,以证据为依据,以法律为准绳——答舒国滢、宋旭光的商榷》,载《政法论丛》2018 年第 2 期。
[2] 本图借鉴了图尔敏模型,并在此基础上进行了合乎本章需要的改造。关于图尔敏模型,参见 Stephen E. Toulmin, *The Uses of Argument*, Cambridge: Cambridge University Press, updated edition, 2003, p. 96.

实,而是在"终极"的意义上理解为证据或证据事实。但这么做并不可取,一方面是因为正如后文将阐明的,证据或证据事实并非建构案件事实的唯一依据,所以不可以偏概全地用证据或证据事实去替代案件事实。另一方面也是因为,正如前文所说明的,"以证据为依据"的说法不符合法学方法论中对"依据"也即"裁判结论之前提"的定位。如果要用"以证据为依据"来替代"以事实为根据",相当于用外部证成层面上的理由来替代内部证成层面上的前提,那么相应地,也应当用"以法的渊源为准绳""以法律解释为准绳""以法的续造为准绳"来替代"以法律为准绳",这无疑是不可取的。因为无论是围绕案件事实还是围绕法律规范展开的外部证成活动中用到的理由或论据,都不是被这些理由或论据所证立的对象本身。依据的依据并不是依据本身。当然,图3-1还稍显粗略,尤其是图3-1中小椭圆形虚线框内的部分未能完全展现出从证据到案件事实的所有环节。而要表现出这些环节,就要具体阐明司法裁判中的证据及其与案件事实之间的关系。

## 二、证据及其与事实的关系

证据与案件事实并不是一回事。不仅证据材料与案件事实不是一回事,而且证据事实与案件事实也不是一回事。案件事实的建构是一件复杂的事,被查证属实的证据所支持的事实命题(证据事实)可以用来证明案件事实,但它本身并非案件事实的组成部分。案件事实也并非完全由证据事实决定。

### (一)从证据材料到证据事实

在这场跨学科的论战中,正反双方围绕"证据"概念产生的争议是,证据究竟指的是在被法庭所采信之证据材料基础上被接纳和认可的事实命题,还是也可指一切可用于证明案件事实的材料。前者是证据材料,后者是证据事实。很显然,两者不是一回事:证据材料属于客观世界中的存在物,也即本体论的范畴,是可被人直接感知的"硬邦邦"的客观实体;证据事实则属于认知论的范畴,是通过命题的方式表现出来的思维—语言的构造物,表现为事实命题。当然,两者之间也存在关联,证据事实必须建立在证据材料的基础上,证据材料被用来证明相关的证据事实。例如,在罪案现场找到了被告人的指纹、脚印、毛发和血迹等,从描述这些事实的命题可以合理地推知"被告人到过犯罪现场"。[1] 在此,被告人的指纹、脚印、毛发和血迹是证据材料,而"被告人到过犯罪现场"是证据事实。对此,要注意以下两点:

一方面,证据材料、关于证据材料的事实命题与证据事实各不相同。根据我国《刑事诉讼法》的规定,证据(材料)包括物证,书证,证人证言,被害人陈述,犯罪嫌疑人、被告人供述和辩解,鉴定意见,勘验、检查、辨认、侦查实验等笔录,视听资料、电子数据。这些都是以不同形式存在于特定时空中的客观实体。作为客观实体,证据材料本身并不是事实,但特定证据材料(客观实体)的存在却是事实,我们可以用事实陈述或事实命题将其表述出来。所以在上例中,被告人的指纹、脚印、毛发和血迹是作为客观实体的证据材料,但"在罪案现场找到了被告人的指纹、脚印、毛发和血迹"是一个事实命题。虽然关于证据材料(或其存在)的事实命题与证据事实在性质上都属于事实命题,但两者并不等同。"在罪案现场找到了被告人的指纹、脚印、毛发和血迹"与"被告人到过犯罪现场"并不是同一种事实命题,后一个事实命题是从前一个命题推导出来的,或者说是由前者证明的。

在语言层面上,关于证据材料的事实命题与证据事实分别涉及论证活动中的第一性语言游戏和第二性语言游戏。第一性语言游戏涉及体验—表述,如我感觉疼痛并用某种语言(包括身体语言)表达出

---

[1] 这个例子,参见陈波:《以审判程序为中心,以证据为依据,以法律为准绳——答舒国滢、宋旭光的商榷》,载《政法论丛》2018年第2期。

米。第二性语言游戏涉及怀疑、追问、证立,如假如有人怀疑我在假装疼痛,那么他就会提出疑问,而我则要用论据为自己进行辩护,如此展开攻防论辩。第一性语言游戏是一种对个人经验的纵向连接,关键词是"对应"或者说"符合"[1];而第二性语言游戏则是个人之间价值判断的横向关系,关键词是"支持"或者说"融贯"。[2] 关于证据材料的事实命题通常是独白式的语言活动,源于对与世界直接接触之经验的表达;而证据事实通常是主体间的语言活动,是在主张—质疑—反驳的过程中被确认的。在上例中,从"在罪案现场找到了被告人的指纹、脚印、毛发和血迹"到"被告人到过犯罪现场"的推导或证明并非自然而然的过程,它其实缺省了一个隐含前提:通常情况下,只有到过犯罪现场,才会留下指纹、脚印、毛发和血迹。这属于常识或者说一般规律。同时也可看到,从关于证据材料的事实命题到证据事实的推理并非总是必然的,很多时候取决于隐含前提的可靠性。如果有相反的证据证明被告人并未到过现场(如有证人证言证明被告人当时在另一地点),那么上例中的推导或证明就可能被推翻。所以,从关于证据材料的事实命题到证据事实的推理是可废止的(defeasible)。

另一方面,从证据材料到证据事实存在着认知性推论的空间。证据(材料)的属性包括要素属性与结构属性。要素属性是证据评价的基本要素,包括证据对待证要件事实是否具有证明作用的相关性(关联性),证据本身及其来源是否真实可信或真实可靠的真实性(可信性),以及证据是否符合法律相关要求的合法性。结构属性是程序结

---

[1] 关于证据材料之事实命题的真假取决于它是否与体验的对象相符,这其实又绕回"符合论"上了。陈波提出的真之符合论所遭遇的理论困境(参见陈波:《"以事实为根据"还是"以证据为根据"——科学研究和司法审判中的哲学考量》,载《南国学术》2017年第1期),在这里会再次遇见。所以,关键问题不在于是否将人类所体验的对象称为"事实"(也可以称之为"实情""情形""实在")等,只要承认这种外在于人的客观世界的存在,就会产生符合论的理论困境。
[2] See Aulis Aarnio, Why Coherence—A Philosophical Point of View, in: Aulis Aarnio (et.), *On Coherence Theory of Law*, Lund: Lund University Press, 1998, pp. 36-39.

构进程的体现,包括作为证据准入资格的证据能力(可采性),以及获得证据准入资格之后判断证明作用大小的证明力(证明价值)。同时,各要素属性在不同程度上影响着结构属性的判断:相关性是证据能力的必要条件,相关的证据一般是可采的,不相关的证据不可采;真实性是证据能力(可采性)的重要影响因素,不具有真实性或真实性较弱的证据,有可能被相应的证据规则排除;合法性是证据能力的重要影响因素,典型例子是非法证据排除规则。[1] 由此,不相关的材料就不是证据(材料),而不真实或不合法的材料却可能是证据(材料)——伪造的证据或非法证据。[2] 非证据和伪造的证据不一样,证据与定案根据也不同。宋旭光曾举一例说明这个问题:对于甲欠乙5万元到期未还这一事实主张而言,甲、乙的"合影"不是证据,"欠条"是证据。若签章被认定是伪造的,那么"欠条"就是伪证,若"欠条"被查证属实,便会成为定案根据。[3] 伪造的证据并不是不存在的,作为客观实体,无论是真实的证据还是伪造的证据,都存在于客观的时空之中。与之相应,关于证据材料(伪造的证据)的事实命题只要陈述出这种证据材料(伪造的证据)的存在,它就是真的。但是,从关于伪造的证据的事实命题推导出或证明的事实主张却是假的。因为真实存在的伪造的证据本身不具有证据能力(或者说可采性),在此基础上推导出的事实主张不能作为定案根据。这样的事实主张,不能被视为证据事实。证据材料可能是虚假的、伪造的,但证据事实必须是真的。证据事实作为事实,本身就蕴含着真的属性——只有假的证据,没有假的事实。"虚构的事实"与"伪造的事实"的说法本身就是自相矛

---

[1] 参见郑飞:《证据属性层次论——基于证据规则结构体系的理论反思》,载《法学研究》2021年第2期。
[2] 非法证据的排除涉及评价性推论,而非认知性推论。从证据材料到证据事实的推导主要涉及认知性推论,而从证据事实到案件事实的推导则主要涉及评价性推论。对此参见下文"(二)事实认定的本体论承诺与规范性诉求"部分。
[3] 参见宋旭光:《如何认识司法审判语境中的事实与证据?——再与陈波教授商榷》,载《河南大学学报(社会科学版)》2021年第4期。

盾的。

由此可见,从不知真假的相关证据材料到必然为真的证据事实之间,存在着认知性推论的空间。在此空间里,认知者求真的欲望、动机、认知能力和法律规定等因素都在发挥着作用。法律上为事实认定设计了特定的程序结构,将事实认定分成若干审查判断阶段,每个阶段针对证据评价设置了不同规则,以确保证据材料具有可采性,这样做就是为了保证这种认知性推论的准确性;通过审查和筛选排除伪证,从而确保作为定案根据之证据事实为真。所以《刑事诉讼法》第50条第2款才规定,证据必须经过查证属实,才能作为定案的根据。

当然,问题到此并没有解决。陈波完全可以在承认证据材料(以及关于证据材料的事实命题)与证据事实间存在上述差异的同时,依然仅将"证据"的称呼留给证据事实。事实上他也是这么做的。这里涉及名义定义与实际定义的问题:前者涉及对该符号的规定,而后者涉及对相应对象的陈述。例如,"鱼是一种永久在水中生活的动物"通常是一种实际定义,它是对鱼这种对象的描述;而"'渔业水域',是指中华人民共和国管辖水域中鱼、虾、蟹、贝类的产卵场、索饵场、越冬场、洄游通道和鱼、虾、蟹、贝、藻类及其他水生动植物的养殖场所"[《中华人民共和国渔业法实施细则》第2条第(三)项,以下简称《渔业法实施细则》]就是一种名义定义,它是对"渔业水域"的法律规定。[1] 实际定义有真假之别,这取决于它与客观实际是否相符。例如我们可以通过指出有的鱼也可以(暂时)上岸生活来证明"鱼是一种永久在水中生活的动物"的定义为假。而这里的前提在于,我们对于鱼这种对象拥有前定义的共识,定义只不过是要将这种有共识的对象准确地描述出来。但名义定义只有是否与其目的相符的问题(合乎目的或不合乎目的),而没有真假的问题。它无法在事实领域被证

---

[1] 参见雷磊:《定义论及其在法典编纂中的应用》,载《财经法学》2019年第1期。

伪，只可能是不合目的的。[1] 所以我们不能用"公海上的相关场所难道不属于渔业场所"或渔民群体中既有的不同语言用法来反驳《渔业法实施细则》该条的规定，从而证明其是假的。"证据"一词更接近上例中的"渔业场所"而非"鱼"。不同学者之所以对其所指的是证据事实还是也包括证据材料发生分歧，就是因为对于其所指涉的对象并没有达成共识。所以，"证据"的界定不是一个对固定的客观对象的陈述问题，而是一个使用者的规定问题，它没有真假，而只有是否合乎目的，或者哪个更合乎目的。

从两个方面看，将证据材料包含进"证据"的概念之中更加合乎目的。一是法学界长久以来的语言习惯，即已经习惯将包括带有被告人指纹的刀在内的材料直接称为"证据"（物证）。二是为了便于将从证据材料到证据事实的整个推导过程纳入证据（证明）活动的范围。否则，如果只有证据事实才是证据的话，那么非证据和伪造的证据（还有非法证据）之间的差别就无法显现，从不知真假的证据材料到必然为真的证据事实之间的认知性推论（可采性证明）的过程也无法得到恰当的说明。作为裁判结论之依据的事实，其本身依然是需要其他证据来证明的，这些证据的内容又可能需要证据的进一步支持。为了截断这样不断递归的证明链，最终只能依靠那些能够直接（或借助科学工具）为人类的五官所感知的证据材料。[2] 正因如此，《刑事诉讼法》第50条第1款规定，"可以用于证明案件事实的材料，都是证据"。在法律已有明文规定的情况下，虽然不必将"证据"限于证据材料，但不能将证据材料排除于"证据"的概念之外。

---

[1] Vgl. Konrad Kinderhäuser, Zur Definition qualitativer und komparativer Begriffe, *Rechtstheorie* 12 (1981), S. 226.
[2] 参见舒国滢、宋旭光：《法学与历史学中的事实、证据与证明》，载《国家检察官学院学报》2020年第6期。

## (二）从证据事实到案件事实

证据事实是以证据材料为基础,依循诉讼程序及相关证据法规则等证明和确认的与案件事实有关的真实情况。在司法裁判中,证据事实是独立的一环,它决定了可适用的规范的范围,但它本身并不是案件事实,而是证明或推导案件事实的基础。例如,在陈波所举的例子中,从"被告人到过犯罪现场"可以合理地推知"被告人可能卷入罪案"。[1] 这里,"被告人到过犯罪现场"是证据事实,而"被告人可能卷入罪案"则是案件事实。这两者在性质上都属于事实命题,但依然不一样,后者是由前者推导或证明而来的。而在这种推导的过程中,既存在着认知性推论的空间,也存在着评价性推论的空间。认知性推论主要来自证据或证据法的要求,评价性推论则同时来自证据法、实体法和程序法。

### 1. 根据证据法进行的认知性/评价性推论

根据证据法进行的认知性推论体现在两个方面:其一,从证据事实到案件事实的推导具有认知上的可废止性。这一点与从证据材料到证据事实的推导并无不同。例如,从"被告人到过犯罪现场"到"被告人可能卷入罪案"的推导或证明,可能因为相关证人证言(如"被告人的确到过犯罪现场,但他并没有杀人")而被推翻。其二,司法过程中存在无须运用证据事实来证明而只需直接认定的案件事实(或其组成部分)。这一点已为论战的反方所指明。例如,《最高人民法院关于民事诉讼证据的若干规定》第10条列出了当事人无须举证证明的事实:(一)自然规律以及定理、定律;(二)众所周知的事实;(三)根据法律规定推定的事实;(四)根据已知的事实和日常生活经验法则推定出的另一事实;(五)已为仲裁机构的生效裁决所确认的事实;(六)已为

---

[1] 参见陈波:《以审判程序为中心,以证据为依据,以法律为准绳——答舒国滢、宋旭光的商榷》,载《政法论丛》2018年第2期。

人民法院发生法律效力的裁判所确认的基本事实；（七）已为有效公证文书所证明的事实。这些事实可直接被认定为案件事实的组成部分（除非存在足以反驳或足以推翻的例外），无待也无须用证据材料及证据事实来证明。[1]

根据证据法进行的评价性推论则体现为，查证属实的证据材料及其支持的事实命题仍需经受证据法上的合法性和证明力检验，才能作为证明案件事实的基础。一是证据的合法性评价。与证据的相关性和真实性不同，合法性审查的是证据是否符合法律相关要求（这些要求包括公正、人权、和谐和效率等方面）。非法证据并非不相关和不真实，而是不合法，非法证据排除规则就是旨在排除特定类型的真实证据材料（和证据事实）作为案件事实之认定依据的地位。所以，从"被告人到过犯罪现场"到"被告人可能卷入罪案"的推导，除了因为相反的证据可被推翻，还可能因为"被告人到过犯罪现场"的判断是通过非法证据获得的（如刑讯逼供）而不具有合法性（尽管可能是真的），从而无法证明"被告人可能卷入罪案"。二是证据的证明力评价。证明力就是证据与待证要件事实的关联程度，即关联性的大小。证据的证明力主要是价值权衡的法律问题，具有法律属性。合法性也影响着证明力的判断，典型例子就是瑕疵证据规则。轻微违法取证获取的证据属于瑕疵证据，虽经过补正或合理解释后仍然可以采纳，但在法官对瑕疵证据进行证据评价时，其程序违法总会或多或少影响到对证据证明力的判断。[2] 证据证明力的不足会影响对它所支持的案件事实的认定。这两个方面的评价说明，从证据事实到案件事实的推导过程具有法律评价上的可废止性。

---

[1] 当然，陈波可能会将这些被认定的事实也称为"法律证据"。但是，证据之所以为证据，就是因为它与被证明的事实之间具有证明关系。然而，这些被认定的事实可直接成为案件事实的组成部分，它们与案件事实之间并非"证明"与"被证明"的关系。
[2] 参见郑飞：《证据属性层次论——基于证据规则结构体系的理论反思》，载《法学研究》2021年第2期。

## 2. 根据实体法进行的评价性推论

根据实体法对证据事实进行评价性推论,主要是判断证据事实的法律相关性。如前所述,案件事实必须具有法律(实体法)上的相关性[1],以成为符合相关法律规范之构成要件的要件事实。这又表现为正反两个方面。

从正面而言,证据事实所证明的事实命题只有符合实体法构成要件才能成为案件事实(的组成部分)。这种"符合"性判断往往涉及对法律规范本身的解释,充斥着价值判断。当法律规范中包含"疏忽大意""恶意串通""善意第三人""显失公平"等评价开放的概念时,这种评价性色彩体现得尤为明显。与歧义、模糊等描述性不确定概念不同,评价开放的概念属于规范性不确定概念。[2] 描述性不确定概念可以通过认知标准的清晰化来明确自身内涵,属于认知的对象。而规范性不确定概念不属于认知的对象,而是评价的对象,该对象内在地缺乏统一标准。证据事实仅证明了其所能证明的事实命题(如"张三以极低的价格从李四那里购得一珍贵的古董花瓶"),但法律论证却要结合事实命题和法律规范进行合乎逻辑的推理,于此,从事实层面(张三以极低的价格从李四那里购得一珍贵的古董花瓶)到包含法律评价的层面(张三与李四的交易显失公平)的"跃升"不可避免。无论包含法律评价的事实命题(张三与李四的交易显失公平)是仍停留于事实问题的领域,还是已进入法律问题的领域[3],在判断案件事实是

---

[1] 要注意的是,这里的"相关性"指的是法律上的相关性,而非作为证据之要素属性的相关性,后者是(证据材料与证据事实)事实上的相关性。

[2] 关于不确定概念的划分,参见 Hans-Joachim Koch, Einleitung: Über juristische-dogmatisches Argumentieren im Staatsrecht, in: der (Hrsg.), *Seminar: Die juristische Methode im Staatsrecht*, Frankfurt a.M.: Suhrkamp Verlag, 1977, S. 44 f.。

[3] 拉伦茨认为,事实问题与法律问题可作此原则性区分:如果只是提出特定事实是否存在的问题,而该特定事实又是以日常用语来描述,则属于事实问题;如果只能通过法秩序,特别是类型的归属、衡量不同的观点以及在须具体化的标准界定之范围内的法律评价,才能确定其特殊意义内涵的事件,属于法律问题[参见〔德〕卡尔·拉伦茨:《法学方法论》(全本·第六版),黄家镇译,商务印书馆2020年版,第390页]。

否符合可能被适用的法律规范的构成要件时,价值判断无论如何是必要的。这显然不是证据事实本身所能"证明"的,而主要依赖法教义学上的类型化处理。

从反面而言,证据材料虽具备真实性和合法性(合乎证据法),但如果基于此的证据事实所证明的事实命题与实体法构成要件无关,则依然不能用来证明案件事实。例如,张三饲养的藏獒咬伤了李四,尽管张三通过证据材料证明自己已尽到了饲养人的注意义务(如将藏獒锁在笼子里,劝告李四不要去喂它食物),但仍不能免责。这是因为《民法典》第1247条规定,禁止饲养的烈性犬等危险动物造成他人损害的,动物饲养人或者管理人应当承担侵权责任。换言之,法律并不要求以危险动物的饲养人具有过错为承担责任的前提。所以,即便张三有证据材料证明自己没有过错,这种证据材料和证据事实也不是案件事实的组成部分或认定依据,因为它们不符合《民法典》第1247条的构成要件。因此,要件事实的产生,是将证据事实与法律规范构成要件所指陈的事实予以关联判断后的结果。具体而言,法官要把已确定的证据事实归属于有关法律规范的调整范围,通过对证据事实进行法律上的评价和断定,形成一种获得了法律定性的案件事实,即要件事实。[1]

根据实体法对证据事实进行评价性推论,也体现为对相关案件事实的直接推定。推定(presumption)指的是从A事实的存在推导出B事实的存在。推定可分为可推翻的推定与不可推翻的推定。纯粹的事实推定(根据常识进行的事实推定)往往是可推翻的,如上例中从"被告人到过犯罪现场"到"被告人可能卷入罪案"的推定就可因反证而被推翻。法律推定(根据法律进行的事实推定)则往往是不可推翻的,除非法律自身规定其可以被推翻。[2] 不可推翻的推定相当于确

---

[1] 参见杨知文:《类案适用的司法论证》,载《法学研究》2022年第5期。
[2] 如《最高人民法院关于民事诉讼证据的若干规定》第10条第1款第(三)项:"根据法律规定推定的事实",根据该条第2款的规定,如果当事人有相反证据足以反驳的,可以被推翻。

立了一条以 A 为前件,以 B 为后件的规则。进而,这条规则又与一条以 B 为前件、以特定法律后果为后件的规则联结起来,从而将该法律后果赋予 A。在此,虽然没有证据能直接证明 B,但法律规范却将 A 和 B 不可推翻地联系在一起。例如,美国佛罗里达州的一部禁止非法销售和传播毒品的法律规定,凡拥有 28 克以上可卡因的人都被不可推翻地推定在从事非法毒品交易,因而有罪。[1] 换句话说,只要被告人拥有的可卡因被认定超过了 28 克,就会被推定在贩卖可卡因,尽管并没有证据证明这一点,甚至有相反证据表明被告人持有这些可卡因只是为了自己吸食。这里的证据事实是"被告人拥有 28 克以上可卡因",而案件事实是"被告人在从事非法的可卡因交易",这两者之间并不存在证明关系(前者无法直接证明后者),而是法律上的推定关系。是法律而非证据事实本身的证明力,建立起了这种评价性关联。之所以说这是一种"评价性关联",是因为推定特定案件事实的目的在于对证据事实赋予法律上的评价(违法、犯罪),进而将其与相应的法律后果(处罚、刑罚)联系起来。

所以,并不是证据所能证明的所有事实都具有法律意义,与实体法构成要件无关的事实不能作为裁判的依据。所有经法律判断的事实都不仅是单纯的事实陈述,而且是考量法律上的重要性后,对事实所作的某些选择、解释及联结的结果。只有考虑可能作为裁判依据的法条,关于案件事实的陈述才能获得最终的形式。[2] 因为司法裁判的过程,就是裁判者"目光在大前提和生活事实间往返流转"[3] 的过程,这一过程要在构成要件与生活事实之间找到恰当的均衡点,才能最终形成案件事实。陈波其实也不否认这一点,因为他在界定法律证

---

[1] 这一例子参见〔美〕弗里德里克·肖尔:《像法律人那样思考:法律推理新论》,雷磊译,中国法制出版社 2016 年版,第 247 页。
[2] 参见〔德〕卡尔·拉伦茨:《法学方法论》(全本·第六版),黄家镇译,商务印书馆 2020 年版,第 355、356 页。
[3] Karl Engisch, *Logische Studien zur Gesetzesanwendung*, 2.Aufl., Heidelberg: Heidelberg Universität Verlag, 1960, S. 15.

据时,同样将"以现有法律条文为准绳"[1]或"被法律规范剪裁过"[2]作为条件。

3. 根据程序法进行的评价性推论

最后,还要根据程序法对证据事实进行评价。经实体法评价的要件事实可能是复数的,因为适用于个案的法律规范及其构成要件可能看上去是复数的。原告和被告、检察官和犯罪嫌疑人(及其辩护人)都可能从自己对案件的理解出发,选择特定的法律规范及其构成要件,重述和剪裁出特定的要件事实。所以,还必须在此基础上将要件事实进一步重构为唯一的案件事实。在诉讼当事人陈述的诸要件事实的基础上,只有经过程序法(诉讼法)规定的举证、质证等程序,由裁判者通过法定程序所认定的事实才能最终成为案件事实。由于它是司法裁判的基础,也可被称为裁判事实。[3]

当然,上述三个维度的认知性和评价性推论并非彼此孤立,往往是交错进行的。案件事实的形成不是一个从证据事实出发的单向和线性的过程,证据材料可能要经过合法性和证明力检验,规范可能需要被解释,要件事实可能需要经剪裁而成,而这一切又都需要以符合程序法规定的方式来进行,其间充斥着诸多的互动和循环。

(三)小结:从证据到案件事实的认定过程

即便我们同时在广义上理解"证据"和"事实"的概念,它们之间也至多存在部分叠合关系:广义上的证据包括证据材料和证据事实,而广

---

[1] 陈波:《"以事实为根据"还是"以证据为根据"——科学研究和司法审判中的哲学考量》,载《南国学术》2017年第1期。
[2] 陈波:《以审判程序为中心,以证据为依据,以法律为准绳——答舒国滢、宋旭光的商榷》,载《政法论丛》2018年第2期。
[3] 所以,裁判事实是依据证据法、实体法和程序法对证据事实进行评价后的产物。杨贝将其区分为程序性裁判事实与实体性裁判事实,认为其追求的是逻辑学上的客观性和论证学上的证成(参见杨贝:《论案件事实的层次与建构》,载《法制与社会发展》2019年第3期)。

义上的事实包括证据事实(被证明的事实)、被认定的事实和被推定的事实,以及案件事实。即便是证据事实也不等于案件事实。因为证据事实未必能证明案件事实,没有证据事实也未必不能推导(认定或推定)出案件事实。即便是经证据证明的案件事实也是经受了证据法、实体法和程序法检验后的事实,而非有待检验的证据事实,当然更不等于初始的证据材料。所以,案件事实是认识论与价值论共同作用的产物,而非从证据(证据材料/证据事实)出发进行单向推论和自然推理的产物。当然,证据的确可以成为用以证明案件事实的依据或出发点(之一)。为了更加清晰地展现从证据到案件事实的认定过程,可以将图3-1中小椭圆形虚线框内的部分更详细地绘制如图3-2所示:

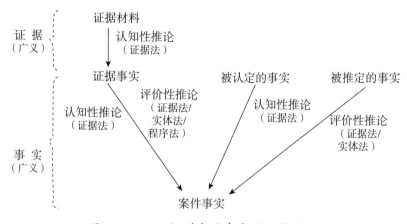

图3-2 从证据到案件事实的认定过程

可见,无论如何,证据与事实是不同的,而用"以证据为依据"来取代"以事实为根据"是不准确的,至少是以偏概全的。因为这里的"事实"主要指的是"案件事实"。

### 三、事实及其客观性

如果"以事实为根据"中的"事实"主要指的是"案件事实",那么这种事实是本体论意义上的事实还是认识论意义上的事实？它与客观真相的关系为何？它的客观性又如何得到确保？

### （一）案件事实作为认识论意义上的事实

事实的性质问题涉及复杂的哲学争议。迄今为止学界的主要立场可以分为三种：第一种是实在主义事实观，主张世界包含事实，事实存在于外部世界中。这一立场的代表人物罗素（Russell）就认为，"世界包含事实，而事实是不论我们对之持有什么样的看法而该是怎么样就是怎么样的东西"，"事实是……那种使一个命题真或者假的事物，那种当它是这样时你的陈述是真的，当它不是这样时你的陈述是假的事物"[1]。这也是传统上对事实的理解，这种意义上的事实不依赖人的主观认识，反而是判断人的主观认识是否正确（陈述是否为真）的标准，是"使真者"。在此意义上，事实是客观的。就像陈嘉映所说，"事实都是客观事实，'客观事实'只是事实的强调提法"，"没有主观的事实；心理事实……也是客观事实"，"事实（实情情况）总是从静态着眼的，事实摆在那里"[2]。这也是论战中的反方所说的本体论意义上的事实。

第二种是认知主义事实观，主张事实是认知主体在感觉材料的基础上所做的一种认知建构，兼具客观性和主观性。这一立场的代表人物金岳霖认为，"事实是一种混合物，它是意念与所与底混合物，我们既可以说它是套上意念的所与，也可以说填入所与的意念"[3]。这里的"所与"指的是客观外物作用于我们的感官系统后被我们感知到而

---

[1] ［英］伯特兰·罗素：《逻辑与知识》，苑莉均译，张家龙校，商务印书馆1996年版，第219、231页。关于罗素的事实观，具体参见陈波：《客观事实抑或认知建构：罗素和金岳霖论事实》，载《学术月刊》2018年第10期。
[2] 陈嘉映：《说理》，华夏出版社2011年版，第239、240页。
[3] 金岳霖：《知识论》，中国人民大学出版社2010年版，第543页。关于金岳霖的事实观，具体参见陈波：《客观事实抑或认知建构：罗素和金岳霖论事实》，载《学术月刊》2018年第10期。

留存下来的东西,是认知的出发点和形成知识的材料。这种事实观并不否认事实的客观性面向(事实是从世界母体上"撕扯"下来的),但也强调其主观性面向,也即事实牵扯到判断,含有认知主体的判断性成分。陈波依循的就是金岳霖的见解,强调一种认知主义或建构主义的事实观。

第三种就是舒国滢和宋旭光所代表的双重事实观,也就是同时主张本体论的事实概念和认识论的事实概念。其一方面认为,"在法律领域中,事实认定所应当寻找的是客观事实,但实际被认定的事实却是认识论上被确信为真的事实","在应然的层面上,司法裁判以客观事实为依据是理想状态下的最佳化要求,而以证据所能证明的事实为依据是在法律可能性和现实可能性的限制下的次佳要求",另一方面则主张事实认定(建构认识论事实)的过程必然预设本体论意义上的事实,即认知主体"相信事实命题符合作为参照物的客观事实"。[1]

可见,争论的焦点就在于本体论意义上的客观实在(实情情况)能否被叫作"事实"。这一争议涉及艰深的哲学论证,非本章所能容纳,也超出了作者的能力。[2] 这里只是要指明:与"证据"语词的使用一样,"事实"也只能下名义定义,而无法下实际定义,因为并不存在可能与"事实"一词相对应的固定的、前定义的实际或实在。所以,"事实"的概念具有"世界对于语言的适应指向",而非"语言对于世界的适应指向"[3],它是对世界的规定,而非对世界的描述。因此,它只有是否合乎目的的问题,没有真假的问题。而从合目的性的角度看,将

---

[1] 参见舒国滢、宋旭光:《以证据为根据还是以事实为根据?——与陈波教授商榷》,载《政法论丛》2018年第1期。
[2] 最近哲学界的争议参见陈波:《没有"事实"概念的新符合论(上、下)》,载《江淮论坛》2019年第5、6期;陈嘉明:《事实与符合——陈波〈没有"事实"概念的新符合论〉之我见》,载《江淮论坛》2020年第3期;苏德超:《没有"事实"概念的新符合论不符合事实》,载《江淮论坛》2020年第3期;陈波:《"事实"概念是一个本体论赘物——答陈嘉明、苏德超》,载《江淮论坛》2021年第1期。
[3] 这一区分参见 G. E. M. Anscombe, *Intention*, Boston: Harvard University Press, 1963, p. 56。

事实的概念限缩于认识论的领域更为恰当。这是因为:其一,正如陈波在阐述罗素的事实观时所令人信服地证明的,事实的本体论概念存在一系列难以解决的困境。[1] 另外要再次强调的是,虽然他认为本体论的"事实"概念是一个赘物,但并不反对符合论的核心洞见,即不是我们语言中的东西,也不是我们心智中的东西,而是外部世界中的东西,使我们描述这个世界状况的命题为真或为假。[2] 他只是反对使用"事实"概念来指称外部世界中的对象而已,而代之以"对象"来作为相符的标准。其二,即便抛开普遍哲学的语境不论,回到司法裁判的语境中,法律论证中作为裁判结论之依据的案件事实,指的也是认识论意义上的事实。原因在前一个部分中已经揭明:案件事实(乃至最终的裁判事实)是从证据材料(或者说从关于证据材料的事实命题)出发,经过复杂的认知性推论和评价性推论得到的产物,是法庭根据认知能力、手段、方法和法律规定所确信的事实命题。从证据材料开始的整个事实认定的活动,是第一性语言游戏与第二性语言游戏的结合,最终证成的结论位于认知—语言层面。

### (二)事实认定的本体论承诺与规范性诉求

当然,这不是说案件事实的认定活动就与外部世界中的实在或实情无关。恰恰相反,正如论战中双方都赞成的,司法裁判必须以追求"客观真相"为目标(之一)。而一旦以此为目标(之一),那么就必须在事实认定活动中预设或承诺本体论意义上的"客观真相"的存在。或者说,参与事实认定的主体必须作出一种本体论承诺。当然,作出本体论承诺不必然以赞同本体论的事实概念为前提,因为我们也完全

---

[1] 参见陈波:《客观事实抑或认知建构:罗素和金岳霖论事实》,载《学术月刊》2018年第10期;陈波:《"以事实为根据"还是"以证据为根据"——科学研究和司法审判中的哲学考量》,载《南国学术》2017年第1期。

[2] 参见陈波:《没有"事实"概念的新符合论(上)》,载《江淮论坛》2019年第5期;陈波:《"事实"概念是一个本体论赘物——答陈嘉明、苏德超》,载《江淮论坛》2021年第1期。

可以将这种本体称为"实情""实在"或"真相"。所以,这种本体论承诺可以被表达为司法裁判"追求真相"的努力。事实上,当陈波承认事实的客观面向,认为事实是认知主体从"世界的母体"上一片片"撕扯"下来时,也已隐蔽地作出了这种本体论承诺(世界母体是存在的/要揭示出世界母体的本来面目)。但需说明的是,本体论承诺依然是司法裁判这种认识论活动中的主体所作的承诺,本身依然属于认识论的范畴,它是裁判者和裁判活动的其他参与者在事实认定过程中所追寻的"调整性理念"。它并不能担保特定实在的本体性存在,也不能担保认识论意义上的案件事实与这种特定实在相符。因为(认识论意义上的)事实毕竟有主观建构的一面,毕竟是根据人的认知能力、手段、方法建构出来的。但本体论承诺的确指明了司法裁判应当努力的方向,它提醒裁判者:司法审判有犯错的可能,因此要有一整套"事前防错"和"事后纠错"的机制来保证向"客观真相"不断趋近。[1]

这种本体论承诺隐含着一种不同于实在本体论思维的"聚合论"模式。这种模式认为,每个认识中的主观因素出自其他的源泉,相反,每个客观的因素都源于自身的存在。客观因素所指向存在的同一点,就是商谈的对象。有关规范性的知识的确是认知者的产品,然而也不仅仅是认知者的产品,实践的、规范的商谈也必须有自己的"对象"。这种对象在程序开始之前作为程序对象并未完全确定,而是作为具有法律关系特征的历史事件预先摆在那里,只有通过程序才能获得其详细和具体的轮廓。同时,这种对象也不是实体,而是关系、关联。[2]"客观真相"正是这种意义上裁判程序的对象,对这种对象存在的本体论承诺引导着事实认定的过程。

---

[1] 参见陈波:《"以事实为根据"还是"以证据为根据"——科学研究和司法审判中的哲学考量》,载《南国学术》2017 年第 1 期。
[2] 参见〔德〕温弗里德·哈斯默尔、〔德〕乌尔弗里德·诺伊曼、〔德〕弗兰克·萨利格主编:《当代法哲学和法律理论导论(第九版)》,郑永流译,商务印书馆 2021 年版,第 210 页。本书将这种模式译为"趋同论"模式。

在此基础上,再回过头来看"以事实为根据"的主张,就会获得更深的认识。这里的"事实"既可以被理解为认识论意义上的案件事实,也可以被理解为本体论意义上的"客观真相"("事实"只是它的另一种未必准确的说法)。采取不同的理解将导致对"以事实为根据"这一主张的不同定性。如果采取认识论意义上的理解,那么"以事实为根据"就是一种描述性的主张,因为它只不过是描述了在司法裁判或法律论证活动中实际发生之事。裁判者正是以通过证据或其他方式来证成的案件事实(事实命题)为依据(小前提),结合法律规范(规范命题)得出了裁判结论。采取认识论的理解虽然在逻辑上并无问题,却不合乎目的,因为此时"以事实为根据"就成为言之无物的同义反复。而一旦我们要将"以事实为根据,以法律为准绳"作为司法裁判的准则,也就意味着它要提出源于实际之事而又高于实际之事的要求。这种要求包含着特定的规范性诉求或价值诉求。

相反,如果采取本体论意义上的理解,那么"以事实为根据"这一主张就不是在描述实情,而是提出了一种规范性诉求或者说价值诉求,那就是要不断趋近客观真相,要以建立在客观真相基础上的案件事实为裁判的依据。它提出了一种与判决或法律的"正确性宣称"(Anspruch auf Richtigkeit)[1]并立的、关于案件事实的"真实性宣称"(Anspruch auf Wahrheit)。真实性宣称首先意味着正确性断言,也就是说,事实陈述者自己必须确信自己提出的事实命题是真的。任何事实陈述者不得断言和主张自己不相信其为真实之事。其次,真实性宣称蕴含着对可证立性的担保。真实性意味着可证明性,因此,事实陈述者在提出真实性宣称的同时也提出了可证明的宣称。事实陈述者一方面宣称自己主张的事实命题为真,另一方面又拒绝向他人证明其为真。这是因为,司法裁判不是一个独白式的表达信念的活动,而是

---

[1] 参见[德]罗伯特·阿列克西:《法与正确性》,王晖译,载《比较法研究》2010年第4期。

一种多主体的交流活动。对可证立性的担保不仅是司法裁判中普遍的证立义务的体现,它还要求事实陈述者尽最大可能实现或履行该义务。再次,真实性宣称还蕴含着对可接受性的期待。也就是说,事实陈述者不仅要提出关于事实命题真实性的断言并予以证明,而且证明也达到符合裁判活动的所有参与者乃至整个法律人共同体都可接受的程度,或者说必须以满足这种可接受性的期待为目标。正确性断言、对可证立性的担保和对可接受性的期待组成了真实性宣称的内容,而"客观真相"则是这种三合一的真实性宣称所指向的鹄的。

### (三)案件事实的客观性保障

尽管案件事实的认定预设了追求真相的本体论承诺,但这并不等于案件事实本身就天然具有客观性。事实上,在那场论战中,无论是正方还是反方都将"客观性"的称呼留给了本体论意义上的实在。正方在强调"事实是人对外部世界中的状况和事情所做的有意识的'剪裁'和'提取',而这种'剪裁'和'提取'常常近似'重新塑造'"[1]时,似乎将事实的客观性面向完全留给了外部世界,而"人的意识的剪裁和提取"就只剩下了主观性的面向。反方更是时常交替使用"客观事实"和"本体论意义上的事实"这两个概念。案件事实的客观性真的只能通过对客观真相/客体世界的预设来确保吗?这种客观性不是显得太弱了吗?

事实上,主观性和客观性争论的背后是视角问题。在司法裁判中,事实认定或案件事实的客观性并不取决于,甚至主要不取决于它与客观世界的关联,而很大程度上取决于它是一种法律规则(证据法、实体法、程序法)导控的活动,或者是这种规则导控活动的产物。舒国

---

[1] 陈波:《"以事实为根据"还是"以证据为根据"——科学研究和司法审判中的哲学考量》,载《南国学术》2017年第1期。

滢和宋旭光在谈及比较法学和历史学中的事实时就指出,两者最大的不同在于法学中的事实具有制度约束性,例如,在审判中事实应当与构成要件相一致,证据的收集、审查和判断受到法律规范与时空场景的约束等。[1] 法律的视角之所以是客观的,是因为案件在司法系统的流转逐渐促使人员与判决之间产生了一种距离感和超然性,这种距离感和超然性也产生了法律的客观性。换言之,案件事实虽然是裁判活动的参与者,尤其是裁判者主观建构的产物,但由于它是参与者和裁判者在对他们保有距离感和超然性法律规则的导控下产生的,所以也就具有了法律意义上的客观性。

法律意义上的客观性与科学意义上的客观性形成了鲜明的对比。根据拉图尔(Latour)的研究,法律与科学生产的是两种不同的客观性。法律的"客观性"(objectivity)从属于主体及其内在状态,从本质上说就是主观性的一种特定形式(距离感、超然性、价值无涉);而科学的客观性最好被称为"客体性"(objectity),它是主体化的一种非常具体的形式,在其中,研究者使其自身服从于某一实验的目标客体。科学的客观性是"去主观化"的,因为它已经克服了所有种类的精神状态。科学家们谈论的是具体现象的真实,因为他们可以用数千种办法来操控、转化、测试这些东西,也可以运用各种实验技术使他们自身深入这些物质存在的最深处的细节。在这里,真实性是看得见、摸得着的,它和认识论所想象出的"事实"毫无关联。相反,法律有自身的抗力,有自己的稳固性、严苛性和实证性,法律的客观性完全是被精神方面的产品所支撑的,无法通过诉诸无可争议之事的方式来摆脱其"判断性的角色"。在作出判决的过程中,法官并没有所谓的目标客体,或者说没有客体性可供处理,他们只能通过构建一套错综复杂的制度来让自己变得"客观",这套制度拆卸了他们的良心,并使其与最终的解决方案保持

---

[1] 参见舒国滢、宋旭光:《法学与历史学中的事实、证据与证明》,载《国家检察官学院学报》2020年第6期。

距离。[1] 简言之,法律的客观性在于其没有客体,只能依靠主观去塑造;而科学的客体性在于它缺少主体,客体对象决定了它的成败。

当然,"法律的视角"或许只是一种拟人的说法。准确地说,应该是参与事实认定的众多主体受法律规则导控的主体间视角。在裁判活动中,参与者和裁判者对外部世界中的状况和事情所做的有意识的"剪裁"和"提取"("能"从世界的母体上撕扯什么、"怎么"撕扯),他们的认知能力、认知手段和方法,都受到规则的制约和引导。这种客观性并不是要消灭参与者和裁判者个人的主观性,而是一方面要在法律规则之下将诸多的主观性导向被预设的"客观真相",另一方面要以在裁判程序中达成共识为目标。如前所述,前者隐含着一种真理的"聚合论"模式;后者则预示着一种真理的"共识论"模式。如果说聚合论重在外在指涉性(客体要素),主张多个彼此独立的主体面对相同(无歧义的)对象得出事实上相聚合的认识,那么共识论就具有完全的内在指涉性(主体要素),它认为真取决于命题间的关系。[2] 仅遵从前者,会使事实认定成为纯粹客体导向的活动;仅遵从后者,则会使事实认定成为纯粹主体间的语言游戏。司法裁判中的事实认定既有外在对象的指涉性,又有内在主体间的指涉性,是聚合论和共识论的结合,它们共同确保着案件事实的客观性。在此意义上,案件事实就是从这种法律—主体间视角出发的聚合性—共识性事实,它也在这种法律的视角下或者说规则导控之主体间的意义上具有了客观性。[3]

---

[1] See Bruno Latour, Scientific objects and legal objectivity, in: Alain Pottage and Martha Mundy (eds.), *Law, Anthropology and the Constitution of the Social: Making Persons and Things*, Cambridge: Cambridge University Press, 2004, pp. 106-111.

[2] 参见[德]阿图尔·考夫曼:《法律获取的程序:一种理性分析》,雷磊译,中国政法大学出版社2015年版。

[3] 要指出的是,聚合和共识都只是司法裁判中事实认定的理论模型。在真实的活动中,既可能没有发现客观真相,也可能没有取得共识。事实认定过程中认知性推论,尤其是评价性推论的空间,也说明了分歧存在的可能性。面对分歧,最终只能由法官凭借制度性角色作出决断。从这个角度看,必须承认案件事实的客观性是相对的和有瑕疵的。

## 四、案件事实的两个层面

行文至此已澄清了笔者的基本立场。但在结束论述之前,笔者还是想花费简短的篇幅来论述一个被论战双方都忽略的问题,那就是,无论是正方还是反方,在论述认识论意义上的事实时,都直接将其等同于事实命题。[1] 笔者在前文中,为了论述的便宜,也没有对其进行清晰的区分。但事实上,事实命题属于语言的层面,语言与认知虽然密切关联,但并不完全相同。[2] 在哲学史上,如果我们将哲学的第一次转向(从本体论到认识论的转向)视为根本性转向,而将第二次转向(语言转向)视为认识论内部转向的话,那么就可以认为,(在与本体论相对的)广义认识论范畴就包含了认知与语言这两个层面。在司法裁判的语境中,这两个层面其实就对应于前文所说的发现的脉络与证立的脉络。

由此,作为认识论意义上之事实的案件事实,既可以指裁判活动的参与者,尤其是裁判者对于外部世界所发生的、与法律相关之事的主观(间)认识,也可以指裁判活动的参与者,尤其是裁判者对于这种主观认知的语言表述(体现为主张、断言、陈述等)。前者可称为"案件事实认知"或"案件事实发现",后者可称为"案件事实命题"或"案件事实陈述"。事实上,论战的反方在关于事实概念的论述中已经隐含了这一区分。两位作者一方面说,"我们所认定的事实实际上是我们内心的确信或者是基于确信的一种共识";另一方

---

[1] 就像正反双方都将客观事实(真相)等同于本体论意义上的事实(真相)一样。
[2] 当然,这不是否认语言与认知的密切关系。如认知语言学就认为,语言是一种独特的人类认知能力,但使用语言的过程与语言之外的认知能力没有根本性不同(参见〔美〕威廉·克罗夫特、〔美〕D. 艾伦·克鲁斯:《认知语言学》,邵军航译,商务印书馆2022年版,第2—3页)。但无论语言是否是认知能力,它与意识、心理层面的认知都是两个不同层面。

面义认为,在法律推理中,作为前提的"事实"必然以事实命题的形式出现,是根据证据以及相关规则而认定为真的事实陈述。[1] 很显然,确信/共识与事实陈述不是一回事。在此,真理符合论就将在认识论的内部获得一种新的形式:不再是语言(描述世界状况命题)或认知(反映世界状况的意识)与客观世界(本体意义上的实情、实在)是否相符,而是语言(描述世界状况命题)与认知(反映世界状况的意识)是否相符。

之所以可以提出这种认识论内部的符合论问题,是因为语言与认知不总是相符。虽然在一切论证(包括法律论证)活动中,任何一个言谈者只许主张其本人所相信的东西[2],但"只许"并不意味着"能够"。言谈者能否将本人所确信之事在话语层面准确主张,取决于各种主客观原因。词不达意或言过其实的现象在日常语言活动和法律语言活动中都所在多有。"知"与"行"(语言行为)未必总是合一。此外,在从证据材料到案件事实的认定过程中,认知性推论(真实性)固然发生于事实认知的层面,但评价性推论(合法性)却只发生在事实陈述的层面。提供合法性检验标准的法律规则导控的只是以语言为媒介的论证活动,只在证立的脉络中作用,但不影响发现的脉络。例如,法官可以在认知层面认为,其通过刑讯逼供获取的口供证明的事实是真实的(事实命题为真),但在证立的层面,决不能将其作为案件事实,进而作为裁判结论的依据来对待。所以,在司法裁判中,案件事实认知与案件事实陈述并非一一对应,尽管后者必须以前者为基础。由此,认识论内部的符合论,只是一种部分符合论,而非完全符合论:它只要求案件事实陈述必须符合(得

---

[1] 参见舒国滢、宋旭光:《以证据为根据还是以事实为根据?——与陈波教授商榷》,载《政法论丛》2018年第1期。
[2] 参见阿列克西提出的普遍实践论辩的基本规则(1.2)(参见[德]罗伯特·阿列克西:《法律论证理论——作为法律证立理论的理性论辩理论》,舒国滢译,商务印书馆2019年版,第234页)。

到证据事实支持的)案件事实认知,但并不要求凡是符合(得到证据事实支持的)案件事实认知的事实命题都成为案件事实陈述。换句话说,符合案件事实认知只是案件事实陈述形成的必要不充分条件,因为除了符合案件事实认知,还需要符合法律(证据法、实体法、程序法)的要求和评价。但无论如何,在"符合案件事实认知"构成案件事实命题形成之必要前提的意义上,为了确保案件事实的客观性,除了聚合论和共识论,尚需加上(认识论内部之)符合论的维度。

据此,我们可以将图3-2中关于从证据材料到案件事实的推导过程进行进一步精确化(如下图3-3),以求得对案件事实之认定活动。[1]

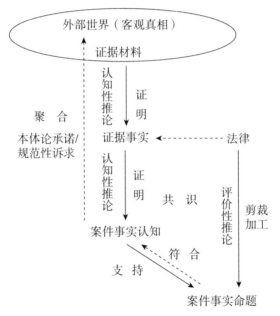

图3-3 案件事实命题的形成及其客观性确保

---

[1] 说明:(1)出于本部分论述的需要,省去"被认定的事实"和"被推定的事实"部分,以及"证据"和"事实"的范围界示;(2)出于本部分论证的目的,加上外部世界(客观真相)的部分。

总结一下。其一,与司法裁判的论证结构(图3-1)只刻画了法律证立的层面(司法裁判的证立脉络)不同,图3-3同时刻画出了法律发现的层面(发现的脉络)和法律证立的层面(证立的脉络)。其中,从证据材料经由证据事实到案件事实认知的认知性推论过程属于发现的层面,或者说属于认知的层面;而从证据事实到案件事实命题的评价性推论属于证立的层面,发生于语言活动之中。其二,图3-3反映出,在整个事实认定过程中,存在确保案件事实客观性(案件事实命题真)的三重维度:一是存在于认识论与本体论之间的聚合论维度,它主张众多主体的事实认知趋向共同点,即(被预设的)外部世界(客观真相)[1],这是事实认定活动的本体论承诺和规范性诉求的必然要求;二是存在于认识论内部,甚至语言活动内部的共识论维度,它要求在法律规则的导控下就案件事实命题达成主体间的共识;三是存在于认识论内部的认知层面与语言层面之间的符合论维度,它主张案件事实命题要与案件事实认知相符。

## 五、本章结语

司法裁判中的事实概念及其与证据的关系,一直以来是学者们争论不休的问题。哲学家的视角与法学学者的视角未必完全一致,但这并不意味着双方不可以对话,更不意味着双方不可以通过对话乃至争辩,通过"我看人看我"(费孝通语),来推动彼此深化对相关概念和既有理解的理解。通过对这场关于"以事实为根据"还是"以证据为依据"的跨学科论战的观察和剖析,也可以弄清哪些属于哲学和法学在理论预设和理解方面的真正差异,哪些又仅属于表

---

[1] 陈波称之为"新符合论"。关于这种符合论的形而上学假定和认识论假定,参见陈波:《没有"事实"概念的新符合论(上)》,载《江淮论坛》2019年第5期;陈波:《没有"事实"概念的新符合论(下)》,载《江淮论坛》2019年第6期。

述方面的不同,由此至少可以进一步(从认识和表述上)厘清自己的立场及其真正所指。

这场论战也触发了笔者对这个熟悉(因为时常遇到)而又陌生(因为未曾深究)的主题的反思。反思的起点在于司法裁判的论证结构,即其关于内部证成和外部证成的层次区分。在这一前提框架下作进一步的探究可以发现,裁判活动中的事实认定是一个从证据材料到证据事实,再到案件事实的过程,而案件事实本身又包括了案件事实认知和案件事实命题两个层面。在这个复杂的过程中存在着多种认知性推论和评价性推论,证据法、实体法和程序法都参与了案件事实的塑造。有时即便不存在证据,也可基于法律规定直接进行案件事实的认定和推定。司法裁判中的证据既包括存在于外部世界中的证据材料,也可指认知和语言活动中的证据事实(事实命题),事实虽然也可容纳事实证据(因而与证据的概念有部分重合),但主要指的还是以命题的形式表述出来的案件事实。因为只有案件事实(最终是案件事实命题)才是裁判结论得以作出的依据,尽管事实认定活动必须作出关于客观真相存在的本体论承诺,"以事实为根据"也提出了一种向客观真相不断靠近的规范性诉求。案件事实本身又可分为位于思维认识层面的案件事实认知与以语言为媒介的案件事实命题两个层面。可见,司法裁判中的"事实"的概念具有多重性。但无论如何,司法裁判中的事实不等同于证据,用"以证据为依据"来替代"以事实为根据"的说法并不妥当。

在这场论战的背后,其实还隐含着一个已露端倪,但未被双方充分展开的理论问题:在法律或司法裁判中,"一个命题是真的"意味着什么? 如果我们赞成帕特森(Patterson)的观点,即法理学的任务是"为'一个法律命题是真的或者假的'意义提供一种哲学说明"[1],那

---

[1] 〔美〕丹尼斯·M. 帕特森:《法律与真理》,陈锐译,中国法制出版社 2007 年版,第 3 页。

么关于司法裁判中"事实"(案件事实命题)之性质的理解就将触及哲学和法理学的深层议题。如果说"真"是客观性的代名词,那么本章对此也附带进行了一些思考,提出和论证了确保案件事实命题为真的三重维度,从而试图为案件事实的客观性辩护。当然,这种思考只是初步的,还有待未来作更为深入的研究。

# 第四章　定义论及其在法典编纂中的应用

定义无疑在法学中扮演着重要的角色。在法律推理中,只有对前提中出现的表述进行精确定义才能推导出可验证的结论。对于某些重要的基础性概念,立法者甚至会在法律条款中直接陈述出其意义。因此,无论是对于研究法学基本概念、基本结构及其一般基础的一般法学说(Allgemeine Rechtslehre)而言[1],还是对于以阐明法律规范及其所包含之表述的含义为主要任务的法律解释理论来说,一种恰当的定义论(Definitionslehre)都是必不可少的。本章旨在阐明定义论的基本内涵、规则及其在法律领域的运用。但这里首先要作一点限定:从主体的角度而言,法律中的定义可以由立法者给出,也可以由法官或法学家给出,由此形成立法定义、司法定义与法学定义(教义学定义)。本章仅关注定义论在立法领域,尤其是在法典编纂中的应用,而不涉及司法裁判与教义学说,尽管立法定义与后两种定义之间无疑也存在联系。本章将首先阐明什么是定义论(第一部分),接着分述定义类型理论、定义规则理论及其在法典编纂中的应用(第二、第三部分),最后予以小结(第四部分)。

## 一、什么是定义论?

要弄清楚定义论的确切所指,就必须厘清三个问题:其一,定义无

---

[1] 参见雷磊:《法理论及其对部门法学的意义》,载《中国法律评论》2018年第3期。

疑属于语言的层面,而语言是符号的一种,所以首先要弄明白定义论与符号论的关系。其二,在法学研究中,我们经常使用法律"概念"而非这里所讲的法律"定义"这一表述,那么定义论与概念论的关系为何？其三,定义论的范式在学说史上经历过变迁,可以区分出古典的定义论与现代的定义论,两者各自的内容和区别何在？这三个问题分别涉及定义论的学科定位、定义论与相邻学科的关系以及定义论的内部构造。

## (一)定义论与符号论

符号论(Semiotik)是一般性的符号理论。一方面,人类在日常生活中会使用各式各样的符号,为的是用它们来指涉符号之外的事物。这些符号不仅包括文字、图像、声音,也包括语言。因此,符号具有对象关联性,也就是说,符号与现实中被符号所指的对象之间存在着关联性。在符号学的术语中,这种关联性被称作"指称"(reference),被指称对象被称作"所指称者"(referent)。正如维特根斯坦(Wittgenstein)所言,当我们去研究某个符号的对象关联性时,我们就是从这一角度去观察符号,即它代表着某个对象。[1] 另一方面,在借助符号来理解世界时,又不能以任意或偶然的方式,而要依据特定的规则来使用符号。这种规则就是符号的使用规则。所谓使用规则,指的是某个对象必然具有的属性,借此与使用规则相关的符号被正确用于这一对象。[2] 因此,符号也具有使用规则相关性。也可以说,符号具有意义(meaning),这种意义就是由使用规则来确定的(符号所指称之对象具有符合意义要素的属性)。在这一意义上,索绪尔(Saussure)分别称符号和其意义所指称的对象为"能指"(signifiant)与"所指"

---

[1] Vgl. Ludwig Wittgenstein, *Tractatus logico-philosophicus*, Frankfurt a. M.: Suhrkamp, 1984, S. 211.

[2] Vgl. Maximilian Herberger und Dieter Simon, *Wissenschaftstheorie für Juristen*, Frankfurt a. M.: Alfred Metzner Verlag, 1980, S. 209.

(signifié)。由此,符号一方面与现实中的对象相关联,另一方面又与意义(使用规则)产生了关联。我们可以以三角图示的形式(如下图4-1)来展现三者的关系,是为"符号学三角"(semiotische Dreieck)。

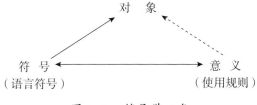

图4-1 符号学三角

在这个三角图中,从符号到对象的箭头是单向的,它代表符号指向或代表着对象,而不是相反。符号与意义之间的箭头是双向的,这代表着两者有等值关系,箭头两边是可以交换的。当符号的使用不成问题时,意义不需要被言明,这种可交换性也不起作用。但当有人质疑符号的使用方式且人们指明其意义时,就同样可以用意义来指称对象。在这一情形中就形成了意义对于对象的指称关系(所以用虚线箭头来表示)。

由于语言符号是符号的一种,所以这一三角也适用于语言符号理论,只要把这里的"符号"替换为"语言符号"或者"表述"(Ausdruck)而已[由此称为"语义三角"(semantische Dreieck)[1]]。当然,对(语言)符号之双重关联性的这种展示需要一系列的认识论前提。[2] 但囿于篇幅,这里不再展开,而是直接采纳了通说。只是要说明的是,顾名思义,"语义三角"只涉及语义学(Semantik),而没有涉及语言符号理论的全部,因为后者还包括句法学(Syntaktik)与语用学(Pragmatik)。句法学涉及语言符号系统中各符号间关系的构造规则,语用学涉及符号的使用及其与使用目标之间的关系,两者分别涉

---

[1] Vgl. Rolf Wank, *Die juristische Begriffsbildung*, München: C.H.Beck'sche Verlagsbuchhandlung, 1985, S. 10.
[2] 对此,参见 Jürgen Trabant, *Elemente der Semiotik*, München: Beck, 1976, S. 15-47。

及"符号 符号"和"符号—使用者"之间的关系。关于语义学的研究对象则存在指涉理论(theory of reference,符号—对象)和意义理论(theory of meaning,符号—意义)之间的争议。[1] 本章支持的是同时包含这两者的、可用上述语义三角来呈现的语义学理论。在此基础上,如果我们将这里的语言符号理解为一般表述而非专名(只指称一个特定对象,如太阳),那么就可以区分出这种表述的外延(Extension)与内涵(Intension)。外延是特定表述适用情形的集合,它由相关谓述所涉及的那些个体的集合组成,或者说由具有被这一谓述所指称之属性的个体组成。[2] 理解某个对象所具有的现实品质(即"属性")并在语言构造的层面指涉这些属性,就形成了"特征"。[3] 对必然适用于某个对象的特征(从而将某个一般性表述正确适用于对象)的列举就是内涵。可见,一般性表述的内涵与外延其实指的就是符号的意义与对象(的集合)。这对于法律表述而言有重要意义。只是要指明的是,正如后文所述,定义论不仅涉及包含界定内涵和外延的语义学,也在一定程度上涉及句法学。所以,定义论是(语言)符号论的一部分,是确定某个语言符号之意义或者其句法结构的理论。

另外要说明的是,以上所处理的符号只具有描述的性质。因为这些符号代表或指称着现实中的对象或事实,它以独立于语言符号之对象或事实的存在为前提。但在生活中(尤其是在法律领域),我们还会使用另一类符号,即规定性的符号。规定性的符号的作用在于作出某种规定或指示,它并不涉及和指涉任何既存的对象或事实,而是规定

---

[1] Vgl. Maximilian Herberger und Dieter Simon, *Wissenschaftstheorie für Juristen,* Frankfurt a. M.: Alfred Metzner Verlag, 1980, S. 222-223.
[2] Rudolf Carnap, *Einführung in die symbolische Logik*, 3.Aufl., Wien [u.a.]: Springer, 1968, S. 40 f. 人们可以将一般表述适用于大量的对象,由此就会在每个具体的适用情形中出现例如这种形式的陈述:公司 A 是一个法人(在《民法典》第 57 条的意义上)。这里的"是一个法人"就是谓述(Prädikat),"是一个"表明被指称之个体(公司 A)是一般表述(法人)的一种情形。
[3] 关于属性与特征的不同及其关系,参见 Günther Patzig, *Sprache und Logik*, 2.Aufl, Göttingen: Vandenhoeck & Ruprecht, 1981, S. 86 f.。

了要去建立某种(尚未)存在的状态。这种状态是根据符号的使用规则来建立的,因而不同于描述性符号的使用规则,规定性符号的使用规则指定的是有待实施之行为应当具有的属性,而非对既有对象或事实之事实属性的描摹。[1] 当然,如果作进一步考察,规定性符号之意义可以区分出两种要素,一种是描述性的,一种是指令性的。例如,我国《道路交通安全法》第 26 条规定,红灯表示禁止通行。在此,"(亮)红灯"这一规定性符号所包含的两个要素就可以被解析为:(1) x 是一项行为,它可以被描述为在停止线前停住(不通行)。(2)去做 x! 当然,这是一种为了更清晰地呈现规定性符号被使用的不同方面而作的人为划分。规定性符号的特点在于它将这两种要素联结在了一起。所以,如果综合考虑语言符号包括描述性与规定性符号这两类的话,那么可以说定义论无疑更偏重对符号的意义或使用规则的确定。

### (二)定义论与概念论

定义(Definition)与概念(Begriff)有时被混同使用,因而定义论常常与概念论混同。但两者是不同的,主要的区别在于:其一,定义属于语言的层面,而概念属于观念的层面。定义是阐明某个语言符号的内涵、外延或句法结构,是语言层面的活动;而概念是对象的内在或外在属性在个人的精神中的呈现,是思维层面的活动。语言的主要功能在于交流,而思维的主要功能在于理解世界,构造精神呈现之复杂秩序。[2] 思维可以独立于语言而存在,所以概念作为一种观念可以在不借助语言表达的前提下存在。

其二,定义的范围要超出确定概念的内容。虽然观念可以脱离语

---

[1] Vgl. Maximilian Herberger und Dieter Simon, *Wissenschaftstheorie für Juristen*, Frankfurt a. M.: Alfred Metzner Verlag, 1980, S. 214-215.
[2] 关于两个层面的区别可参见雷磊:《法律概念是重要的吗》,载《法学研究》2017 年第 4 期。

言存在,但为了与他人交流观念,概念很多时候需要用语言表达。此时就涉及对概念内容的确定,即定义。[1] 然而,虽然对概念内容的确定属于定义,但定义不限于确定概念的内容。前已述及,定义论既包括确定语言符号的内涵和外延(语义学定义),还可能包括确证它的句法构造(句法学定义)。所以,(1)语义学定义不限于确定概念的内容,也包括确定概念的对象。概念是一种观念或意义,而语言符号是对概念(内容)的表达形式。如果我们以"意义"(概念)为中心来看待语义三角的话,那么就可以获得新的认识:语言符号的内涵(意义)其实就是概念,语言符号其实就是概念的表达形式,而语言符号的外延其实就是概念的对象范围。这样一来就可以看到,概念论关注的只是语言符号的意义本身,而定义论不仅要将语言符号与其意义(概念内容)联系起来,也要将语言符号与其对象(概念对象)联系起来。(2)句法学定义与概念无关,却是定义论的一部分,也可能在法律领域有应用的余地。

其三,定义论属于语言符号理论,而概念论位于逻辑学与语言哲学之间。定义论属于符号论和语言符号论的一个分支,而概念论的定位则更为复杂。一方面,它是思维论(Denklehre)的组成部分,因此要服从逻辑规则。另一方面,它又有属于语言理论的部分,由于今日之语言理论的扩张,无法为逻辑学所完全容纳。所以,概念论由于同时与逻辑学和语言哲学存在紧密关联而在这两门学科之间持中间性立场。[2]

其四,定义论与概念论研究的重点并不一致。概念论主要研究概念的性质、概念间的关系以及概念的类型。[3] 在法学领域,尤其关注不同类型之法律概念的研究,如描述性概念、评价性概念与论断性概

---

[1] Vgl. Egon Schneider, *Logik für Juristen*, München: Verlag Franz Vahlen, 2006, S. 45.

[2] Vgl. Maximilian Herberger und Dieter Simon, *Wissenschaftstheorie für Juristen*, Frankfurt a. M.: Alfred Metzner Verlag, 1980, S. 244.

[3] Vgl. Maximilian Herberger und Dieter Simon, *Wissenschaftstheorie für Juristen*, Frankfurt a. M.: Alfred Metzner Verlag, 1980, S. 277 ff.

念,描述性不确定的法律概念与规范性不确定的法律规范,分类概念与类型概念等。[1] 与此不同,定义论关注的是确定语言符号之意义、对象或句法构造的方式有哪些,以及下定义时要遵守哪些科学的要求。前者属于定义类型理论,后者属于定义规则理论。并且,有的法律概念,如类型概念,是无法被定义的。

当然,也不能否认概念论与定义论之间的关联。仅就语义学定义而言,它与概念论之间就存在紧密的联系。一方面,语义学定义指的就是针对某个给定之表达和某个给定之对象,从多种可能之意义中选出一个,即确定某个表达的内涵(概念内容)。[2] 另一方面,只有当人们精确地理解和认识到了某对象时,才能下(语义学)定义。[3] 所以,在此意义上概念论又构成了定义论的前提。[4] 尽管如此,下文只关注定义论,而不关注概念论。

### (三)古典与现代的定义论

定义论从古希腊诞生起到现代同样经历了变迁。我们大体可以区分出古典定义论与现代定义论:前者以亚里士多德(Aristotele)为高峰,后者以帕斯卡尔(Pascal)为开端。现代定义论与古典定义论相比具有两个特征:一是将定义视为规则;二是将定义作为命题来对待。[5] 另外,前者并不区分本体论与认识论,而后者将定义作为认识论层面的活动。

古典定义论认为定义由被定义项(Definiendum)与定义项(Definiens)组成,两者可以用等值符号"$=_{df}$"连接起来,等式的两边必须是

---

[1] 参见舒国滢、王夏昊、雷磊:《法学方法论》,中国政法大学出版社2018年版,第82—99页。
[2] Vgl. Rolf Wank, *Die juristische Begriffsbildung*, München: C. H. Beck'sche Verlagsbuchhandlung, 1985, S. 51.
[3] Vgl. Egon Schneider, *Logik für Juristen*, München: Verlag Franz Vahlen, 2006, S. 46.
[4] 但这只适用于实际定义,不适用于名义定义,对此请参见下文。
[5] Vgl. Maximilian Herberger und Dieter Simon, *Wissenschaftstheorie für Juristen*, Frankfurt a. M.: Alfred Metzner Verlag, 1980, S. 303.

可交换的。比如,"股份有限公司是具有独立人格的公司""作者是作品的创造者"。古典定义论最著名的构造方式被表达为:定义就是最接近的属加上种差(Definitio fiat per genus proximum et differentias specificas),简述为:定义 = 属 + 种差(以下简称"标准公式")。这一公式有形式—技术和形式—内容两个面向。就形式—技术面向而言,它给出了下定义的方法,即上一级更高的属概念加上特殊的种特征。例如,人被定义为"有理性的生物",在这里,"生物"就是属,而"有理性的"就是种差。再如,根据《民法典》第 57 条,法人是具有民事权利能力和民事行为能力,依法独立享有民事权利和承担民事义务的组织。这里,"组织"就是属,而"具有民事权利能力和民事行为能力,依法独立享有民事权利和承担民事义务"就是种差。就内容面向而言,在古代学者(如亚里士多德)看来,真正的定义必须是本质定义。也就是说,定义不仅说出了关于被定义项的某些东西,它还必须是本质性的东西,定义项所包含的种特征必须涉及对象的本质,且必须将对于确定此一本质而言所有必要的种特征以正确的顺序列举出来。所以,按照"标准公式"构造出的是真正的定义。[1] 可见,对于古代思想家而言,认识论与本体论是一体的,思维的结构与存在者的结构没有被区分开。

现代定义论与古典定义论对上述两个方面都进行了商榷。就形式面向而言,"标准公式"至少不足以应对这样几类定义/概念:(1)关系式或比较式定义。某些定义没有列举特征,而是与其他对象进行了比较。如"钢比铁硬"(钢是一种比铁硬的金属)。严格地说,"比铁硬"并非钢的准确特征(种差),因为它并没有提出区别于其他种(铁)的客观标准(根据这一定义,离开了铁,我们就无法知晓钢)。

---

[1] Vgl. Rolf Wank, *Die juristische Begriffsbildung*, München: C.H.Beck'sche Verlagsbuchhandlung, 1985, S. 51-52. 事实上,这已经涉及后文将提到的对"名义定义"和"实际定义"的区分,只不过亚里士多德认为"真正的"定义就是实际定义,而不包括名义定义。

(2)功能概念。如物理学中,物质 x 的平均密度被定义为:x 的质量(克)除以 x 的体积(立方厘米)。这就没法用"标准公式"来把握。(3)列举式的定义。例如,我们可以将"东亚人"定义为"中国人、日本人、朝鲜人或韩国人"。这其实是列举出了语言符号之外延所包括的所有对象,所以也可被称为"外延式的定义"或"目录式的定义"。它在法典中被频繁地适用。例如根据我国《刑法》第 91 条,刑法中的"公共财产"是指"国有财产、劳动群众集体所有的财产和用于扶贫和其他公益事业的社会捐助或者专项基金的财产"。"标准公式"没有考虑到这种定义。(4)部分定义。"标准公式"以等式的形式存在,即从两个方向去读都可以。但对于人文社会科学而言,通常不会下严格的定义,即部分定义就足敷使用了。[1] 尤其是当立法者尚未透彻地明了哪些特征具有决定性时,陈述哪些特征可以作为必要特征本身就是有助益的。就内容面向而言,"标准公式"本身必须与本体论假定割裂开。在现代哲学的视野中,假定存在既有之"本质"和同样既有之概念本身就是高度可疑的。当然,将定义与事物的本质切割开并不意味着就一定要将定义与意义(及其根本特征)切割开。定义时选择任意的指称显然是没有意义的,相反,定义项应使有可能作出关于被定义项的尽可能多和尽可能重要的陈述。[2] 而哪些特征是重要的则取决于下定义的目的,在不同类型的定义那里有所不同。

在建立起演算化的逻辑系统后,现代定义论发展出了一套更精致和具有区分度的定义理论。简言之,现代定义论将定义分为两大组:第一组是原本的定义(或真正的定义)。它包括[3]:(1)广义上的明确定义。这是对有待使用之符号的约定,采取的就是前述等式的形式

---

[1] Vgl. Tadeusz Pawlowski, *Begriffsbildung und Definition*, Berlin [u.a.]: de Gruyter, 1980, S. 125 ff.
[2] Vgl. Franz von Kutschera, *Elementare Logik*, Wien [u.a.]: Springer, 1967, S. 354 ff.
[3] 参见〔德〕乌尔里希·克卢格:《法律逻辑》,雷磊译,法律出版社 2016 年版,第 123—127 页。

"X=$_{df}$Y"。它又可以被进一步区分为狭义上的明确定义和操作性定义。前者是指被定义项仅由新符号或新符号组合组成的定义,后者则指被定义项除新符号或新符号组合外还包括其他要素。换言之,操作性定义是关于一个新符号的约定,这个新符号本身并没有意义。(2)隐含定义。这种定义并未明确界定符号的意义或对象,但可以从它所处的体系,根据它与其他符号的逻辑关系来得出。(3)通过抽象化的定义。指的是可以通过不同对象之相等性关系抽象出抽象化之类后产生的定义。(4)归类定义。它将对象归于特定的符号或符号组合。第二组是非原本的定义(伪定义),它包括两类:(1)实质说明,也就是对某个事物或对象的科学陈述。(2)符号说明,也即对既有符号之使用规则的正确查明。当然,并非所有这些类型的定义都适用于法律和法典编纂的领域,对此下文将会阐明。

可见,现代定义论要比古典定义论更加丰富。当然,这并不意味着我们就必须完全否定古典定义论。抛开其内容面向的混淆,"标准公式"迄今仍在法典中被使用,尤其被用于构造概念体系(明确上下位概念的关系、进行概念分类等)。所以,采用何种定义理论,很大程度上取决于立法的合目的性考量和立法的技术。下文在阐述定义类型理论,尤其是定义规则理论时,将主要但不限于借助现代定义论的成果。

## 二、定义类型理论及其应用

### (一)名义定义与实际定义

对于定义类型理论而言具有基础性的分类是名义定义(Nominaldefinitionen)与实际定义(Realdefinitionen)。[1] 名义定义涉及对某

---

[1] 名义定义/实际定义与原本的定义/非原本的定义之间并不存在严格的对应关系,至少符号说明(分析性定义)就属于名义定义。

个符号的讨论,而实际定义涉及对某个对象的陈述。为了便于说明两者的区别,我们先来举两个例子:

例1:"渔业水域",是指中华人民共和国管辖水域中鱼、虾、蟹、贝类的产卵场、索饵场、越冬场、洄游通道和鱼、虾、蟹、贝、藻类及其他水生动植物的养殖场所。[1]（名义定义）

例2:鱼是一种永久在水中生活的动物。（实际定义）

可以发现,名义定义与实际定义可以从三个角度进行区分:其一,通常情况下,名义定义属于元语言层面的表达,而实际定义属于对象语言层面。[2] 后者是在特定语言中所作的关于某个对象的陈述,而前者则是关于语言本身的陈述。[3] 在上例中,例2是在中文中所作的关于鱼这种对象的陈述,而例1则是关于"渔业水域"这一语言符号在特定语境（《渔业法实施细则》）中的陈述（这里所用的引号本身就表明了其语言符号的性质）。当然,从语言层面进行区分有时是困难的,因为很多时候名义定义并没有明确表明自身是在元语言的层面上表述。[4] 当都属于元语言层面时,也无法区分这两种定义。因此还需要别的区分标准。

其二,名义定义的目的在于确证（Festsetzung）,而实际定义的目的仅在于确认（Feststellung）。[5] 实际定义意在对实际存在的事物予以确认,名义定义意在对事物应当为何进行确证。可以确认的是自然发生之事,即客观事实。可以确证的是有待建立的某种语言用法（A

---

[1]《中华人民共和国渔业法实施细则》（2020年第二次修订）第2条第（三）项。

[2] 关于对法学中对象语言与元语言的一般区分,参见 Rolf Wank, Objektsprache und Metasprache, Geltungsprobleme bei Verfassungen und Rechtsgeschäften, *Rechtstheorie* 13 (1982), S. 465, 471 ff.。

[3] Vgl. Eike von Savigny, *Grundkurs im wissenschaftlichen Definieren*, 5. Aufl., München: Deutscher Taschenbuch-Verlag, S. 12 ff.

[4] Vgl. Paul Weingartner, *Wissenschaftstheorie (2.1): Grundlagenprobleme der Logik und Mathematik*, Stuttgart-Bad Cannstatt: Frommann-Holzboog, 1976, S. 238-240.

[5] 关于确证与确认的区别,参见 Hans-Joachim Koch und Helmut Rüßmann, *Juristische Begründungslehre*, München: C.H.Beck'sche Verlagsbuchhandlung, 1982, S. 15, 24。

在未来被命名为B)或其他行动(X是要去做的),它的目的在于对语言表述的简化和标记。所以,实际定义的兴趣在于认知(X是什么),而名义定义的兴趣在于行动(X应当是什么?)。[1] 实际定义的目的仅在于认识和描述实际存在的事物,所以例2的目的在于认识现实世界中的对象(鱼)究竟是什么。相反,名义定义的目的在于作出规定,如例1的目的就在于建立某种语言用法,即规定《渔业法实施细则》中使用的"渔业水域"一词所称呼或指代的内容。借用哲学家安斯康姆(Anscombe)的话来说,实际定义具有"语言对于世界的适应指向",而名义定义具有"世界对于语言的适应指向"。[2]

其三,名义定义只有合乎目的和不合乎目的之分,而实际定义有真假之别。人们可以依据实际定义是否与现实(的观念)相符来检验它的真假。[3] 例如,对例2中的定义表示怀疑的人可以通过指出龙虾也永久生活在水中,来反驳将鱼定义为"一种永久在水中生活的动物"的观点。由此,下定义者可能会因为这一"错误"而修正其定义(如"鱼是一种永久在水中生活的、能游泳的动物"),这恰恰表明他的定义是有真值能力且能被反驳的。[4] 相反,名义定义只有是否与其

---

[1] Vgl. Rolf Wank, *Die juristische Begriffsbildung*, München: C. H. Beck'sche Verlagsbuchhandlung, 1985, S. 60.
[2] 这一区别参见 G. E. M. Anscombe, *Intention*, Boston: Harvard University Press, 1963, p. 56。
[3] 这里可能会引起误解,认为实际定义一定与某种特定的概念观,即唯实论相联系。但实际并非如此,定义属于语言的层面,语言与现实对象之间的联系是人自己建立起来的。因而在这两者之间,以人的观念为中介。所以更准确的说法是,实际定义是对涉及现实对象之观念的语言表达。如果实际定义能准确表达出这种观念,它就是真的;如果不能,它就是假的。前面说实际定义取向于对实际存在事物的确认,同样以观念为中介,只是无论如何,它都是为了认识现实对象。
[4] 这也表明,必须可以提供某种关于特定对象之适用方式的信息来检验实际定义。之所以举出龙虾的例子能反驳对鱼的实际定义,是因为人们很确定龙虾不是鱼。这意味着,人们必须提供其他的方法来识别鱼,否则可能无法确信龙虾究竟是否可算作鱼了。对于不熟悉"鱼"这个字的人,必须向其提供关于其适用方式的信息。判断某个实际定义的真假以这种信息为前提。而对于名义定义而言,则不存在这种独立于定义的信息。当然,这是另一个层次的问题了。

目的相符的问题(合乎目的或不合乎目的),而没有真假的问题。所以,它无法在事实领域被证伪,只可能是不合目的的。[1] 例如对于例1,我们就不能用"公海上的相关场所难道不属于渔业场所"或渔民群体中既有的不同语言的用法来反驳《渔业法实施细则》的这个规定,并由此证明《渔业法实施细则》中的定义是假的。再如,假设例2是个名义定义,也就是对相关语言用法的建议(例如在制定相关渔业法规时)。此时,反对者依然可以举龙虾的例子提出对这一建议进行修正,但理由并不在于它是假的(与现实不符),而在于它是不合目的的甚或违背立法意图的,因为它会带来不可接受的后果(例如将龙虾也归入"鱼"的范畴将过度损害渔民的利益)。

对于法学讨论而言,名义定义与实际定义的区分具有重要意义。在涉及对定义的判断时,法律人首先要做的就是辨别它究竟属于何种定义。如果涉及的只是名义定义,那么去探讨其真假就没有意义,反对者只能主张它在文体上是不完善的或不合目的的。相反,如果涉及实际定义,那么实质的争论就是有意义的,人们可以去检验它的陈述是否与事实相符。由此,可以避免将名义定义当作具有真值能力的实际定义的风险,并引导讨论的方向。[2] 回到本章的语境:在法典编纂的过程中,立法者给出的定义只可能是名义定义。[3] 因为立法是一种意志行为,旨在规范而非描述特定的对象或行为,所以立法者在下定义时或多或少是自由的。

### (二)名义定义及其应用

名义定义可以被进一步区分为其他子类型。为了获得直观的印

---

[1] Vgl. Urs Konrad Kinderhäuser, Zur Definition qualitativer und komparativer Begriffe, *Rechtstheorie* 12 (1981), S. 226.
[2] Vgl. Maximilian Herberger, *Normstruktur und Normklarkeit*, Frankfurt a. M.: Metzner, 1983, S. 24 f.
[3] Vgl. Viktor Knapp, Einige Fragen der Legaldefinitionen, *ARSP* 66 (1980), S. 511.

象,我们可以用如下图示(图4-2)来表示[1]:

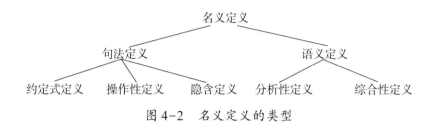

图4-2 名义定义的类型

句法定义指涉纯粹的规则,它允许用某个(通常更简短的)符号来取代另一个符号。[2] 语义定义则是将某种意义归于某个符号。换言之,句法定义并不意在确证某个表述或语言符号的内涵,而只是在特定体系中用它来替代其他更为冗长的表述;而语义定义则要去确证这种表述或语言符号的内涵,它之所以同样属于名义定义,是因为它不涉及事实本身,而只涉及语言用法。以下分述之:

一是约定式定义。这类定义具有明确的被定义项和定义项。如我国《民法典》第96条的规定:"本节规定的机关法人、农村集体经济组织法人、城镇农村的合作经济组织法人、基层群众性自治组织法人,为特别法人。"再如我国《刑事诉讼法》第108条第(六)项规定:"'近亲属'是指夫、妻、父、母、子、女、同胞兄弟姊妹。"从语义三角的图示看,它们基本属于外延式的定义。从功能上讲,它们都涉及立法

---

[1] 在此参照了 Joseph M.Bocheński, *Die zeitgenössischen Denkmethoden*, 10. Aufl., Tübingen [u.a.]: Francke, 1993, S. 91; Rolf Wank, *Die juristische Begriffsbildung*, München: C. H. Beck'sche Verlagsbuchhandlung, 1985, S. 56.。这里要说明三点:其一,通过抽象化的定义对于立法而言意义不大,因为它只适用于法学研究,所以在这里不列;其二,语义定义包括了前述真正的定义中的归类定义与非真正的定义中的符号说明,但它采用了分析性定义和综合性定义的新分法,因为后者更能体现语义的不同形成方式;其三,涉及法律领域的定义论通常会包括狭义上的明确定义,或者是立法定义(Legaldefinitionen),它其实包括了本章所说的约定式定义与综合性定义。

[2] Joseph M. Bocheński, *Die zeitgenössischen Denkmethoden*, 10. Aufl., Tübingen [u.a.]: Francke, 1993, S. 90.

者的确证,也即位于被定义项一侧的只是"特别法人""近亲属"这样的语词,它们所作的只是关于如何使用这些相关语词的约定。这种约定原则上可以任意地作出,只是要受到合目的性视角的约束,比如考虑到相关教义学的发展史,它们的可理解性、通俗性、与实践需求的相关性等。但这些都不是逻辑上的要求。[1] 使用它们只是为了简化文本,在各法典中出现它们之处都可以用相关定义项来"消除"。同时,这也说明了为什么将这类定义归为句法定义,而非语义定义。因为立法者只是要在特定体系或语境中(例如《民法典》第3章第4节或刑事诉讼活动中)约定某种表达的用法而已,而非去探求相关表达之固有的意义。

二是操作性定义。对于法典中的大多数表述而言,缺乏立法者对其用法的明确确证,但这些表述依然具有一种或多或少可以被确定的意义(至少对于法律人而言是如此)。在操作性定义中,相关表述不是通过单独的定义项来定义,而需要通过一组条文来界定。例如,刑罚这个基本概念在我国刑法中从未得到过明确的定义,但立法者依然不断地使用它。刑罚这一表述的意义需要通过它所出现于其中的语词组合和条文集合(如我国《刑法》第13条,以及第32—89条)的意义来阐明。当然,操作性定义相对来说不是那么精确和精致,也并非毫无疑问地被给予定义等式的形式。当立法者倾向采取操作性定义时,实际上要么是默示地以某个不证自明和众所周知被预设的、狭义上的明确定义作为前提(如《民法典》中的"自然人"),要么是因为立法者没有把握给出一个合理的定义。在后一种情形中,操作性定义相当于在很大程度上留待学说和实践去发展其内涵。尽管如此,在法典中使用这类表述不可能是任意的,既不能单纯诉诸日常语言,也不能完全放任解释者自身的理解,而是只能根据(表述被使用之)相关法条的语句

---

[1] 当然,从逻辑的角度看也存在某些条件,如下文要讲到的定义论的规则有一部分(只是部分!)就涉及逻辑的要求。

或整体来作理解。当然,立法者在塑造操作性定义时,也应当顾及法律语言的特性和迄今为止的教义发展。[1] 之所以仍将操作性定义归为句法定义,是因为立法者仍将它作为一种规定性符号,作为其调整世界之计划的一部分来对待。

三是隐含定义。严格说来,隐含定义与通过抽象化的定义一样只有在公理化体系之中才有意义。因此,拥有相关学科或子学科的公理体系是使用这类定义的前提。由于迄今为止法律体系尚未完全实现公理化,所以这类定义尚未被法学充分研究。但是,今日之人工智能与大数据技术的发展已使法律体系日益趋向于可精确操作和演算的公理体系,所以未来在法典编纂中使用隐含定义的可能性值得期待。事实上,早在九十年前,卡纳普(Carnap)就已借助关于人类亲属关系的公理化系统(也包括提出了一些法律概念)对隐含定义进行了说明。[2]

四是分析性定义。分析性定义的目的在于陈述出某个表达对于特定受众而言可从经验上加以确认的内涵。故而,在构造这样一类定义时,必须通过分析来查明"在一组人群中既有之符号的含义"[3]。分析性定义本身并无真假,只有与此相关的主张——分析性定义正确反映了既有的语言用法——有真假。例如,假设上述例2并非实际定义,而是一个反映既有语言用法的名义定义(根据特定语言体系,鱼是一种永久在水中生活的动物),那么它的目的就在于反映这个语言体系或生活在这个语言体系中的人对于"鱼"这个符号的理解,而不指涉鱼这种客观对象。以此为标准,一个普通人的相关主张有真假之分,端视它是否符合既有的语言用法。但是,由于立法是一种意志行

---

[1] Vgl. Peter Noll, *Gesetzgebungslehre*, Reinbek bei Hamburg: Rowohlt, 1973, S. 98 ff.
[2] Vgl. Rudolf Carnap, *Abriss der Logistik* mit besonderer Berücksichtigung der Relationstheorie und ihrer Anwendungen, Wien: Springer, 1929, S. 87-88.
[3] Joseph M. Bocheński, *Die zeitgenössischen Denkmethoden*, 10. Aufl., Tübingen [u. a.]: Francke, 1993, S. 90.

为,尽管法典中所采纳的分析性定义在内容上可能来自所在语言体系的习惯性用法,但在性质上依然是一种确证。所以,假如在一部渔业法中立法者采纳了这个关于"鱼"的既有语言用法(而不是像立法定义那般指明"鱼"在"本法中"所指代的内容),那它就是分析性定义。[1]

五是综合性定义。综合性定义是在不与既有语言用法相联系的前提下赋予某个表达以意义,被用于立法者创造概念的场合。[2] 也就是说,人们在进行这类定义时使用的是一种人为的、以综合的方式产生的结论。它包括这样几种情形:其一,立法者直接规定专业术语的定义或对日常用语中固有的表述作了不同于日常语言用法的定义。前者如,《刑法》第21条将"紧急避险"限定为"为了使国家、公共利益、本人或者他人的人身、财产和其他权利免受正在发生的危险,不得已采取的"。这一术语只出现于法律领域,只能采取综合性定义。后者如民事代理法律体系中的"本人"就被定义为"被代理人",而与日常语言用法中的"我自己"有别。再如《刑法》中的"告诉"(如第98条、第257条第3款)指的是向法院控告起诉,也不同于日常语言用法。其二,法典编纂中更常见的综合性定义是拟制定义。所谓拟制,指的是以反事实的方式将某个对象视为属于某表述之外延,从而将这一表述的法律后果赋予该对象。例如那个关于女浴室规章的著名的例子:这个规章在"只许女士进入"这个条文之后规定"浴室的男管理员也是本浴室规章意义上的女士"。[3] 又如我国《民法典》第18条第2款规定,十六周岁以上的未成年人,以自己的劳动收入为主要生活来源的,视为完全民事行为能力人。这就是将"十六周岁以上的未成年人,以自己的劳动收入为主要生活来源的人"拟制为"成年人"

---

[1] 立法者当然也可以不理会既有的语言用法而采用综合性定义或者立法定义,那是另一回事。
[2] 斯塔姆勒称规定立法定义的法条为"提出概念的法条"(Rudolf Stammler, *Lehrbuch der Rechtsphilosophie*, Berlin [u.a.]: De Gruyter, 1928, S. 362.)
[3] 此例参见[德]乌尔里希·克卢格:《法律逻辑》,雷磊译,法律出版社2016年版,第141页。

(完全民事行为能力人),赋予了"成年人"不同于一般理解的新意义。其三,立法者在对特定表述给出了明确定义之外,又将不属于相关外延之对象以该表述论。如我国《刑法》第93条第1款本已规定,本法所称国家工作人员,是指国家机关中从事公务的人员。但接着又在第2款规定,国有公司、企业、事业单位、人民团体中从事公务的人员和国家机关、国有公司、企业、事业单位委派到非国有公司、企业、事业单位、社会团体从事公务的人员,以及其他依照法律从事公务的人员,以国家工作人员论。这是在为了维系第1款中对于"国家工作人员"定义本身之准确性的同时,赋予两者同样的法律后果。

当然,以上对名义定义的划分只是理想的类型划分。在具体的法典编纂过程中,对于立法者究竟使用了哪种定义,抑或是哪几种定义类型的混合,可能会存在争议。但无论如何,理论上的清晰划分有助于认清立法者所使用之定义的性质,且有助于改善立法质量。另外仍要强调的是,无论属于何种类型,立法者的定义都是名义定义,因而只有合理与否的问题,而没有真假的问题。当然,这并不意味着法典编纂中下定义的活动不受任何规则的制约。

### 三、定义规则理论及其应用

定义规则理论包括定义论的基本原则与一般规则。前者包括可消除性(Elimierbarkeit)和非创造性(Nicht-Kreativität),后者至少包括八项形式规则和三项实质规则。[1] 其中,形式规则是对基本原则的

---

[1] 这里要说明两点:其一,之所以说"至少"包括,是因为笔者无法担保下文的列举是完整的或穷尽性的,有可能随着研究的深入会发展出更多的定义规则;其二,定义规则理论不应被理解为以这样的价值立场为前提,即立法者应尽可能多地去下定义。相反,笔者认为,法律中的许多表述或许留待司法实践或法学去定义(司法定义或教义学定义)更为合适。这里的主张只是表明:如果立法者要下定义,那么就应当遵守这些定义规则,否则就是不理性的。

具体展开。

(一)定义论的基本原则

一是可消除性。也被称为"可替代性"(Ersetzbarkeit),它说的是,被定义项必须在每一情形中都可以被定义项替代(从而被消除)。这是因为,定义项是被用来讨论需要讨论之被定义项的。而只有定义项在每一个被定义项的位置上都能出现时,这种讨论的目的才能达成。对此的例证是法律人在编纂法典时采用的"总则"技术,如果法典的这一部分包含着定义的话,按照立法者的目的,在这部分得到定义的被定义项在随后的部分(分则)中出现之初,应当都可以被所属的定义项取代。例如,我国《刑法》第 97 条将"首要分子"定义为"在犯罪集团或者聚众犯罪中起组织、策划、指挥作用的犯罪分子"。所以,例如当《刑法》第 103 条第 2 款规定"煽动分裂国家、破坏国家统一的,处五年以下有期徒刑、拘役、管制或者剥夺政治权利;首要分子或者罪行重大的,处五年以上有期徒刑"时,对于第 97 条被定义项指明的犯罪分子,就要处五年以上有期徒刑。

二是非创造性。如果人们给一组特定的命题附加某个定义(它在其定义项中包含着这些命题中出现的概念),那么就可以推导出新的命题,也即在引入定义前无法推导出的命题。举一个简单的例子:《德国民法典》第 182 条第 2 款规定,对于法律行为的同意不需要特定的形式(命题 1)。而我们知道,同意包括事前的同意与事后的同意。所以,事前的同意是一种同意(命题 2)。而从该法第 183 条可以提炼出这样一个定义:批准(Einwilligung) $=_{df}$ 事前的同意(定义 E)。所以,可以推导出,对法律行为的批准不需要特定的形式(命题 4)。命题 4 是新的,因为在离开定义 E 的情况下,它无法从命题 1 和命题 2 中推导出来。到那时为止的词汇中还没有"批准"这个词。但是,命题 4 没有揭示出任何关于现实的新信息。很清楚的是,如果我们用"事前的同意"去替代"批准",那么就会获得这个命题:对法律行为的事前同意不需要特定的形式(命题3)。而命题3可以在不借助定义E的情况下从命题1和命题2中推导出来。所以,将定义加入命题系统,尽管改变了既有词汇的用法,却没有改变在引入定义前命题所包含的关于现实的信息。因为立法者的定义是关于语言用法的建议,对此只能提出合目的性的考量(如简化术语)来进行支持或反对。它不能被法典的适用者用来省却甚至逃避个案中的论证负担。[1]

### (二)定义论的一般规则及其应用

定义论的一般规则既包括形式规则,也包括实质规则。形式规则是下一切定义时都要遵循的普遍规则,而实质规则则与定义的领域密切相关。[2] 根据相关著述,我们将定义论的形式规则概括为以下八项:

一是定义的清晰性。这又包括两项规则:其一,定义本身要尽可能地清晰。这似乎是当然之理,因为在法律推理过程中,大前提所包含之概念只有被清晰定义才能得到准确适用。但有疑问的乃是清晰性的标准是什么。强版本的标准认为,如果借助某个内涵可以确凿无疑地将出现之对象归属于某个概念,那么它就是清晰的。提出这一标准的是现代逻辑创始人弗雷格(Frege)。在他看来,"对概念的定义必须是充分的,也就是说它必须能清楚地确定每一个对象,看它是否落入概念之中。不能有任何这样的对象,依据定义它是否落入概念之中是有疑义的"[3]。也就是说,定义必须这样来下:当运用它时不会出

---

[1] Vgl. Maximilian Herberger und Dieter Simon, *Wissenschaftstheorie für Juristen*, Frankfurt a. M.: Alfred Metzner Verlag, 1980, S. 321-327.
[2] 之所以称它们为一般规则,主要是因为:就形式规则而言,它们的适用不限于立法(法律)领域,其实是一般意义上的定义规则在立法领域的应用;就实质规则而言,它们也是针对一切立法定义的,而没有区分不同的立法领域来作更细致的把握。
[3] Gottlob Frege, *Grundgesetze der Arithmetik*, Paderborn: mentis, 2009, S. 69.

现任何"中立候选项"[1]。定义项必须精确,它不能是模糊的。但这种高要求很难完全达成,尤其是在法律领域,总是会出现未预料到的新情形,通过下定义的方法永远无法穷尽这类情形。尤其是当使用不确定法律概念时就更是如此了。例如,什么是"重大过错"？什么是"诚实信用"？很多时候只有当出现了新的案件时才能结合个案来确定。立法者即便事前能给出一些标准,也必然是(过于)一般性的,而达不到上述清晰性标准。甚至可以说,运用不确定概念就是为了保持一定的开放性以应对未来的情形。所以对于立法中的定义,我们似乎只能要求一种弱版本的清晰性标准,即定义应当在尽可能少的情形中被证明是模糊的。[2] 其二,定义必须比有待确定之概念更清晰。或者说,定义项必须比被定义项更清晰。立法中使用语言符号只是为了简化表述,所以它们一般都是高度浓缩的,定义就是为了使这种高度浓缩的表述具体化和清晰化。如果定义项与被定义项一样,甚至更加模糊,就实现不了定义的功能。例如一本行政法教科书将"故事片"定义为"包含连续故事情节的影片(它就是为此被构造出来的)"。再如一位德国法学家将德国刑法上的"自主犯罪"定义为"具有非独立之构成要件的独立犯罪"。[3] 这些定义都只会使人更加困惑,或至少无助于概念的澄清。

二是定义的必要性。它要求:定义不得包含任何多余的特征且不能遗漏任何根本性的特征。例如,"陈述是陈述者之特定内心想法的表达"这个定义就违背了这一规则。如果被告人出席后,一位女证人在法庭上泣不成声或尖叫着晕厥过去,这应当算作"陈述"吗？这个定

---

[1] 关于中立候选项及其与肯定候选项、否定候选项的区别,参见 Hans-Joachim Koch und Helmut Rüßmann, *Juristische Begründungslehre*, München: C. H. Beck'sche Verlagsbuchhandlung, 1982, S. 195。
[2] Vgl. Maximilian Herberger und Dieter Simon, *Wissenschaftstheorie für Juristen*, Frankfurt a. M.: Alfred Metzner Verlag, 1980, S. 316-317。
[3] Vgl. Egon Schneider, *Logik für Juristen*, München: Verlag Franz Vahlen, 2006, S. 51-52。

义显然太宽了,因为它遗漏了根本性特征。有太多的情形(如上述这个女证人的例子)与之相匹配,因而它是无用的。有时它甚至是危险的,如果适用者咬文嚼字地、抠字眼式地运用它的话。而这种情形在法律的场合并不罕见,甚至有相应的价值考量在内。[1] 由此会造成个别情形中的不公正的结果。同样,"行政是国家为满足其目的的活动"这个广为流行的定义也过宽了,因为它将立法也囊括进了行政之中,而这么做对于现代法治国家而言是不合目的的。[2]

三是定义要素的无混淆性。被定义项不得包含任何命题联结词。包含命题联结词的被定义项被称为"分子式被定义项"(molekulares Definiendum),它的定义式例如为:$Ax \wedge Bx =_{df} Cx$。在定义式中,被定义项是需要讨论的表述,而定义项是服务于讨论的表述。如果需要讨论的表述是一种分子式被定义项 $Ax \wedge Bx$,那么 $Ax$ 和 $Bx$ 各自都需要被讨论。但如果定义被表达为 $Ax \wedge Bx =_{df} Cx$,人们只知道服务于讨论的 $Cx$ 是用来讨论 $Ax \wedge Bx$ 整体的。被定义项中需要各自被讨论的组成部分 $Ax$ 和 $Bx$ 并不能分别直接从 $Cx$ 中获得信息。因为我们不知道 $Cx$ 中哪部分是适用于 $Ax$ 的,哪部分是适用于 $Bx$ 的,甚或是否需要额外的内容。这无疑是不经济的。另外,也会有混淆的风险,因为有人可能会将定义项 $Cx$ 视为给出了单独关于 $Ax$ 的信息,但实际上并非如此。例如,《德国基本法》第18、21条使用了"自由民主之基本秩序"的表述。德国联邦宪法法院曾对此进行定义(BVerGE 2, S. 12 f.)。但是,这个被定义项其实包含着"自由之基本秩序"($Ax$)和"民主之基本秩序"($Bx$)两部分。如果对这一分子式表述下定义,我们并不知道定义项中哪些部分涉及基本秩序的自由要素,哪些部分又

---

[1] 法律本身就具有形式性,它说出来的东西本身就很重要,对此参见 Frederick Schauer, *Thinking like a Lawyer*, Harvard: Harvard University Press, 2009, pp. 17-18。斯卡利亚甚至认为正是形式主义"使得政府成为一个法治的政府,而不是一个人治的政府"(参见〔美〕安东宁·斯卡利亚:《联邦法院如何解释法律》,蒋惠岭、黄斌译,中国法制出版社2017年版,第35页)。

[2] Vgl. Egon Schneider, *Logik für Juristen*, München: Verlag Franz Vahlen, 2006, S. 52.

涉及民主要素,它们是否有混淆的风险,又是否需要为这两个要素分别引入新的定义项。[1] 又比如德国宪法学中常用的"社会法治国"的表述也面临相似甚至更严重的问题,因为"社会国"和"法治国"这两个要素之间可能存在高度紧张。[2]

四是定义变量的相异性。某些定义涉及二阶关系,此时被定义项中只能出现彼此不同的变量。如果某个二阶的语言符号 $Fxy$ 用表述 A 来定义,那么定义项 A 除可以来替代 $Fab$、$Fcd$ 外,也可以被用来替代 $Faa$、$Fbb$、$Fcc$、$Fdd$ 等情形(此处的 a、b、c、d 指个体常量)。因为不同的变量可以用相同的常量来填入。相反,如果用相同的变量来标示语言符号,即 $Fxx$,那么就不能替之以不同的常量。所以,$Fxx =_{df} A$ 这一定义只能处理 $Faa$,但不能处理 $Fab$ 的情形。一旦采取这种定义,如果出现 $Fab$ 的情形,就必须引入一个别的定义项。假如这个定义项仍是 A,即 $Fxy =_{df} A$,那么 $Fxx =_{df} A$ 就是多余的,因为前者已经包含了后者(上文说过不同的变量可用不同常量来代入)。假如新的定义项是 B(B 不等同于 A),即 $Fxy =_{df} B$,那么对于 $Faa$ 这样的情形就有双重定义的风险(见下文)。例如,在刑法学中有"包庇"的概念(涉及包庇者和被包庇者的二阶关系)。如果用 $Bxx$ 来定义,那么就只能来指代自我包庇的情形。由此还要引入 $Bxy$ 的定义来指代包庇他人的情形。这是不经济的,甚至如果定义不同的话是有危险的。在由舍恩克(Schönke)创立,并由施罗德(Schröder)续写的《德国刑法典评注》中,撰写者就分别给出了"包庇"和"自我包庇"的定义,"包庇是犯罪之后对犯罪者的支持","自我包庇不受刑罚,它指的是先前的犯罪者确保或尝试确保已获得之利益不被夺走的行为"[3]。从逻辑上讲,包

---

[1] Vgl. Maximilian Herberger und Dieter Simon, *Wissenschaftstheorie für Juristen*, Frankfurt a. M.: Alfred Metzner Verlag, 1980, S. 328-329.
[2] 参见刘刚:《德国"法治国"的历史由来》,载《交大法学》2014 年第 4 期。
[3] Adolf Schönke (Begr.), Horst Schröder (Forts), *Strafgesetzbuch: Kommentar*, 29. Aufl., München: Beck, 2014, § 257, Rn. 3, Rn. 29.

庇包括了自我包庇。所以根据前一个定义(对犯罪者的支持)得出的结果，自我包庇者就是可罚的，这就与根据后一个定义得出的结果发生了冲突。[1]

五是禁止循环定义。它说的是，被定义项不得出现在它自己以及先前的某个定义项之中。也即不仅不得出现在它本身的定义项之中，也不得出现在同一法律体系的定义链条中的在前的定义之中。只有这样才能防止一个语词直接或间接地给自己下定义。[2] 循环定义具有 $Ax =_{df} Ax \wedge Bx$ 的形式。禁止循环定义的规则既是为了保障定义的可消除性，也是为了避免可能发生的矛盾。如果被定义项出现在定义项中，人们就无法通过过渡到定义项来消除被定义项。如果被定义项出现在定义项中，定义项中除被定义项外的其他要素($Bx$)与被定义项($Ax$)合取在一起相当于限缩了被定义项($Ax$)自身的内涵，从而产生矛盾。如，"铁路是被用以在其上运输对象的铁路"，相当于一方面认为铁路(在逻辑上)包括了"被用以在其上运输对象的"和"不致力于在其上运输对象的"的两种情形，另一方面又限定在"致力于在其上运输对象的"这一情形。就像"人是男人"一样。此外，循环定义也无法实现定义本身的功能。大多数时候定义是为了澄清被定义项，也就是消除被定义项适用方式的不清晰性。但如果在定义项中再次出现了需要被澄清的被定义项，就无法实现这一功能。法律领域的循环定义可能是明确的，也可能是隐蔽的。[3] 前者例如，"某块地产的利用方式是'当地通行的'，指的是它据其使用方式是'当地通行

---

[1] 之所以在实践中还没有产生严重问题，是因为根据《德国刑法典》第257条第1款，包庇被限定为非反身关系，也即包庇他人，从而避免了与自我包庇矛盾。Vgl. Maximilian Herberger und Dieter Simon, *Wissenschaftstheorie für Juristen*, Frankfurt a.M.: Alfred Metzner Verlag, 1980, S. 330-331.
[2] 参见[德]乌尔里希·克卢格：《法律逻辑》，雷磊译，法律出版社2016年版，第144页。
[3] Vgl. Maximilian Herberger und Dieter Simon, *Wissenschaftstheorie für Juristen*, Frankfurt a. M.: Alfred Metzner Verlag, 1980, S. 313, 332-333.

的'……"[1]。后者更为常见,它的一个例子是《德国联邦传染病防治法》第 1 条:"本法所说的传染病指的是由病原体引发的疾病,它们可以直接或间接地传染给人。"这里的被定义项"传染病"中的"传染(可传染的)"的含义与定义项中"可以……传染"的意思是一样的,尽管进行了一定改述。[2]

六是尽量不下否定式定义。与其他定义规则不同,这一要求是相对的。它说的是:一般而言,定义不得在其定义项中仅以否定的方式来把握。换言之,定义当以肯定的方式来作出。[3] 理由在于,定义应当说出某个对象是什么或在使用某个语词时哪些特征是关键的,而对象的属性或语词的特征无法完全通过它缺乏什么来澄清。完全以否定的方式下定义无法实现定义的功能。例如,"盗窃不是窝赃"就不能作为盗窃的充分定义。因为还有大量的其他行为"不是窝赃",但同时也不是盗窃,例如抢劫、强奸、贪污等。所以,这种类型的消极定义无法满足被定义项与定义项可相互交换的要求。当然,前面说过,这一规则在逻辑上不是绝对的,它以一个条件为前提,那就是,被定义项与定义项中被否定的选项合起来未穷尽上位概念之全集。对于比较简单的二分法而言,这就不是问题。比如,"人"可以分为"成年人"和"未成年人",所以"成年人"就是"不是未成年人的人",而"未成年人"就是"不是成年人的人"。同理,之所以上述关于盗窃的说法不是充分的定义,是因为盗窃和窝赃合起来没法穷尽所有的犯罪行为。如果将除这两者之外的其他犯罪行为类型(抢劫、强奸、贪污等)都作为定义项中被否定的选项,那么还是可以通过否定的方式告诉我们关于盗窃

---

[1] Wagner, NJW 1971, S. 596. 转引自 Maximilian Herberger und Dieter Simon, *Wissenschaftstheorie für Juristen*, Frankfurt a.M.: Alfred Metzner Verlag, 1980, S. 313。
[2] 之所以这个定义看上去似乎不成问题,是因为"传染(可传染的)"在医学中得到了相对精确的定义,而一般语言用法与此接近。但这不能改变这一定义属于循环定义,因而比较糟糕的事实。
[3] Vgl. Egon Schneider, *Logik für Juristen*, München: Verlag Franz Vahlen, 2006, S. 53.

的信息的。但在上位概念被区分为数个下位概念的情况下，很多时候我们无法一目了然地判断，这些下位概念合起来是否已穷尽上位概念之全集。它对于与被定义项相关的体系性认识有很高的要求，也无法防止上位概念下会产生新的子类型。例如，《德国民法典》第1939条规定，立遗嘱人可以通过遗嘱将其财产利益赠予他人但不指定其为继承人（遗赠）。这一条款相当于在"通过遗嘱赠予财产利益"这一上位概念之下，通过否定的方式（不指定其为继承人）来界定"遗赠"。它的前提在于，"通过遗嘱赠予财产利益"仅由"指定继承人"和"遗赠"这两类情形构成。但事实上，第1940条还规定了"遗嘱负担"这第三种类型，所以第1939条就不能视为对"遗赠"的充分定义。[1] 当然，我们并不一概排斥立法者采取否定列举法明确将某些对象排除在一个表述的适用范围之外。这在法律适用上是有实益的，但很难说这种做法是对这一表述的定义（甚至似乎连部分定义都谈不上）。

七是禁止重复定义。它说的是，在同一个法律体系中，被定义项不得被多次定义，即一会儿这样，一会儿又那样来定义。违背这一规则的情形有时是这样的：立法者一开始不加定义地使用了某个表述X，但其实预设了X的某种默示地被接受的意义，随后又明确地给X下了一个不同的定义。也可能是这样的：立法者在相关法律体系中没有给X下一个一般性定义，而在运用X的各个场合分别假设了不同的默认定义。所以，尽管使用了同一个表述，事实上却在指涉不同的对象或意义。这会给法律适用和法律推理带来困惑。[2] 除非可由此推导出的命题即便离开这个重复定义也可以被推导出来[3]，但这

---

[1] Vgl. Maximilian Herberger und Dieter Simon, *Wissenschaftstheorie für Juristen*, Frankfurt a. M.: Alfred Metzner Verlag, 1980, S. 314-315.

[2] 推理领域所谓的"四词谬误"就涉及这种情形（关于这一谬误，参见〔德〕阿图尔·考夫曼：《法律获取的程序：一种理性分析》，雷磊译，中国政法大学出版社2015年版，第92—93页）。

[3] Vgl. Maximilian Herberger und Dieter Simon, *Wissenschaftstheorie für Juristen*, Frankfurt a. M.: Alfred Metzner Verlag, 1980, S. 334.

样一来定义本身就是多余的。将一个被定义项与不同的定义项相联系可能会导致不同后果。如果定义项是内涵，那么不同的内涵有可能对应相同的外延，也有可能对应不同的外延。如果是前一种情形，尽管不会产生大问题，却是适用者必须去证明的，这无疑加重了他的负担；如果是后一种情形就会产生矛盾。如果定义项是外延，那么不同的外延只可能对应不同的内涵，这同样会产生矛盾。另外要指出的是，禁止重复定义仅限于"同一法律体系"。如果对同一个被定义项的不同定义出现在不同国家或地区的法律体系之中，或者不同部门法体系之中，则不在禁止之列。后者的一个例子是前面提到过的"近亲属"。刑事诉讼法中的近亲属指的是"夫、妻、父、母、子、女、同胞兄弟姊妹"。而根据相关司法解释，民事诉讼法中的近亲属指的是"配偶、父母、子女、兄弟姐妹、祖父母、外祖父母、孙子女、外孙子女"，行政诉讼法中的近亲属指的则是"配偶、父母、子女、兄弟姐妹、祖父母、外祖父母、孙子女、外孙子女和其他具有扶养、赡养关系的亲属"。三者虽然不同，但在各自的体系中都只出现了一次，也没有默示地预设其他不同的定义，所以并不违反本规则。

八是禁止嗣后解释。嗣后解释的情形与重复定义类似，区别只在于，在这里被定义项 X 出现在法律体系在前的位置上，但既没有明示也没有默示地作出界定。所以，禁止嗣后解释说的是，在同一个法律体系中，不得对某个被定义项嗣后作出与先前不同的定义。换言之，关于 X 的定义必须能从这个体系中推导出来，同时在前的主张嗣后不得作不同于先前的解释。[1] 这种情形多发生在司法解释的场合，即嗣后的司法曲解。[2] 在我国法律的语境中，这种情形理论上也可能发生在嗣后进行立法解释的场合，但对于法典编纂而言基本不会

---

[1] 参见〔德〕乌尔里希·克卢格：《法律逻辑》，雷磊译，法律出版社 2016 年版，第 145 页。
[2] 相关解说及例证，参见 Maximilian Herberger und Dieter Simon, *Wissenschaftstheorie für Juristen*, Frankfurt a.M.: Alfred Metzner Verlag, 1980, S. 336, 275—276。

出现。

定义论的实质规则依赖相关学科领域的科学标准。在法律领域（包括法典编纂领域），立法者虽然有权任意下定义，但从合目的性的角度而言不能随意为之。他在下定义时至少要考虑这样三个规则：

第一，下定义时要顾及事实及其后果。法律旨在调整现实世界中的行为或事实，所以立法者必须顾及客观事实及其在事实世界中的后果。[1] 例如，我国《继承法》（已失效）第31条规定了"遗赠扶养协议"，假如立法者在给它下定义时仅将协议的主体限于个人，则既违反了既有的事实，也会带来不利的后果。因为遗赠扶养协议就是在农村"五保户"和供给制度长期实践的基础上发展起来的。在实践中，对于缺乏劳动能力又缺乏生活来源的老人，一种有效的赡养方法就是由集体组织"五保"（吃、穿、住、医疗、丧葬），老人死后的遗产归集体组织所有。[2]

第二，下定义时要顾及相关条款的体系性关联。任何立法条款，包括定义性条款都必须加入其余法律体系，所以立法者同样要受到体系性关联的拘束。[3] 这种体系性关联，最典型的体现是一国宪法的要求。宪法构成了一个国家法秩序中的最高层级，也构成了法律体系的其余部分都不能违背的"客观价值秩序"。例如，我国《刑法修正案（九）》规定了"扰乱国家机关工作秩序罪"，如果被立法者定义为包括批评、控告和检举特定国家机关工作人员在内，那就违背了宪法第41条及其体现的人民主权原则和人民参与国家事务的精神。

第三，下定义时要顾及既有的教义学发展。立法要受到教义学的拘束，并不意味着要取消立法的形成空间，而只是意味着要对立法者的权力进行理性限制。因为如果缺乏法教义学上的预备工作和体系

---

[1] Vgl. Rolf Wank, *Grenzen richterlicher Rechtsfortbildung*, Berlin: Duncker & Humblot, 1978, S. 154 ff.
[2] 参见王作堂：《试论遗赠抚养协议》，载《政治与法律》1985年第6期。
[3] Vgl. Rolf Wank, *Grenzen richterlicher Rechtsfortbildung*, Berlin: Duncker & Humblot, 1978, S. 187 ff.

化,立法在法律文化上就会处于较低的层次,也不合乎清晰易懂性和可靠性这些法治的要求。[1] 立法者在下定义时,同样要考虑到长久以来发展起来的教义学说,尤其是"通说"(herrschende Meinung)的主张。这既是为了满足已经形成的交往预期,也是为了获得法律人共同体的支持。

## 四、本章结语

本章并不意在运用定义论对现有的立法进行批判,亦不意在建构一套定义论的理性法则。它的目标毋宁是较为有限的,那就是:结合法典编纂(立法)的语境,较为体系化地梳理定义论既有的研究成果并予以印证。据此,定义论是(语言)符号论的一部分,是确定某个语言符号之意义或者其句法结构的理论。它与概念论在诸多方面皆不相同。古典定义论提出了属加种差的"标准公式",但在形式—技术方面和内容面向方面都存在缺陷。因此在改进这些缺陷的基础上发展出了现代定义论,即以演算化逻辑系统为基础的、更精致和具有区分度的定义理论。两者对于法典编纂活动均具有意义。定义论包括定义类型理论与定义规则理论两部分。定义类型理论的基础在于区分名义定义与实际定义,立法活动涉及的主要是名义定义。它可以分为句法定义与语义定义两大类,包括约定式定义、操作性定义、隐含定义、分析性定义、综合性定义五小类。定义规则理论包括定义论的基本原则与基本规则。前者包括可消除性和非创造性,后者至少包括八项形式规则和三项实质规则。不同类型的定义和规则都可以在法典编纂活动中得到检验。

最后要指明的是,本章只是将符号论和法律逻辑理论应用于法律领域的一个初步尝试。与其说它解决了什么难题,不如说它只是开放

---

[1] 参见雷磊:《法教义学能为立法贡献什么?》,载《现代法学》2018年第2期。

出了问题域并提供了思考的线索。它也留下了许多尚待深究的问题。比如,能不能在适用于所有领域的一般定义规则之外,归纳出只适用于立法领域的特殊规则。再如,定义谬误的表现及其对于立法的影响。[1] 所以,本章最多只能算作抛砖引玉之作,它所期待的,是未来能出现更多对于定义论及其在法律领域之应用的进一步研究。

---

[1] 对此可参见〔德〕乌尔里希·克卢格:《法律逻辑》,雷磊译,法律出版社2016年版,第228—230页。

## 第五章　同案同判及其裁判论价值

近年来,"同案同判"已成为中国司法改革的重要目标和司法公正的代名词。无论是 2010 年 9 月发布的《人民法院量刑指导意见(试行)》(已失效)、同年 11 月发布的《关于案例指导工作的规定》,还是 2019 年 10 月发布的《关于建立法律适用分歧解决机制的实施办法》,都或明或暗地将同案同判作为不可动摇的诉求。近年来,同案同判又被视为人工智能审判的价值目标。如 2017 年 4 月发布的《最高人民法院关于加快建设智慧法院的意见》就提出,要运用大数据和人工智能技术,促进法官类案同判和量刑规范化。与实践形成鲜明对比的则是,学界关于这一原则远未达成共识。争议主要发生在三个层面:一是概念争议,即"同案同判"究竟意味着什么? 是"同样案件同样处理"还是"同类案件同样处理(类似案件类似处理)"?[1] 二是性质争议,即"同案同判"在司法裁判中具有何种地位? 最经典的表述是,它究竟是司法裁判不可放弃的法律义务抑或只是一种道德要求?[2]

---

[1] 前一种观点,参见张志铭:《中国法院案例指导制度价值功能之认知》,载《学习与探索》2012 年第 3 期;周少华:《同案同判:一个虚构的法治神话》,载《法学》2015 年第 11 期。后一种观点,参见张骐:《论类似案件应当类似审判》,载《环球法律评论》2014 年第 3 期;孙海波:《类似案件应类似审判吗?》,载《法制与社会发展》2019 年第 3 期;孙海波:《"同案同判":并非虚构的法治神话》,载《法学家》2019 年第 5 期。

[2] 支持道德要求论的代表,参见陈景辉:《同案同判:法律义务还是道德要求》,载《中国法学》2013 年第 3 期;支持法律义务论的代表,参见孙海波:《"同案同判":并非虚构的法治神话》,载《法学家》2019 年第 5 期。也有学者认为,同案同判既是法律原则,也是道德义务(参见张骐:《论类似案件应当类似审判》,载《环球法律评论》2014 年第 3 期)。

三是方法争议,即"同案同判"的具体操作方式是什么?究竟有没有程序或方法标准可以确保这一原则得到落实?[1]

本章旨在对司法裁判领域中同案同判原则的性质进行理论反思。要强调的是,这种反思一开始就要与特定的司法制度脱钩。例如,在英美法系的语境下,同案同判经常与先例制度(遵循先例的要求)纠缠不清。[2] 而在中国当下,同案同判则在很多时候被用来为案例指导制度提供辩护。[3] 尽管不可否认,同案同判在一定程度上可用来为这些司法制度的正当性提供说明,但我们却不能反过来用这些制度来证明同案同判本身的性质。因为对同案同判的讨论涉及对司法裁判之性质的普遍理解,而对制度论的考察则可能限于特定法域或特定国家。概言之,本章属于司法裁判**理论**,而非司法**制度**的论域。因此,它并不涉及同案同判原则的"法制基础"[4]或"保障机制"[5]问题,而是要来回答这个司法裁判理论上的一般性问题:同案同判在司法裁判过程中究竟扮演着什么样的角色?具体说就是,它对于法官而言构成什么样的义务或要求?又具有什么样的价值?本章将要证明的是,无论是法律义务还是道德要求的定位都无法准确说明同案同判的性质,它属于依法裁判的衍生性义务,拥有司法公正的表征性价值。而这就首先必须来阐明同案同判的含义和定位以及司法裁判本身的性

---

[1] 在程序标准方面,否定论观点参见陈杭平:《论"同案不同判"的产生与识别》,载《当代法学》2012年第5期;肯定论观点参见段文波:《民事程序视角下的"同案不同判"》,载《当代法学》2012年第5期。对方法方面标准的讨论主要围绕类比推理中对同案的判断展开。另有学者试图通过实证方法来为刑事领域的同案同判(等量等罚)提供支持,参见白建军:《同案同判的宪政意义及其实证研究》,载《中国法学》2003年第3期。
[2] 例如,参见 David Lyons, Formal Justice and Judicial Precedent, *Vanderbilt Law Review* 38 (1985), p. 495。
[3] 例如,参见刘作翔:《案例指导制度的定位及相关问题》,载《苏州大学学报(哲学社会科学版)》2011年第4期。
[4] 参见张骐:《论类似案件应当类似审判》,载《环球法律评论》2014年第3期。
[5] 例如,参见刘树德:《刑事司法语境下的"同案同判"》,载《中国法学》2011年第1期。

质。[1] 它们构成了准确理解同案同判之性质的两个前提。

## 一、同案同判的含义与定位

### (一)"同案"与"同判"

要对同案同判在司法裁判中的性质作准确理解,首先要弄清它的含义。"同案同判"的英文表达是"like cases be treated alike",含义相对明确,即"类似案件类似处理";它的德语表达是"gleiche Streitfälle gleich entschieden werden",而"gleich"既有"相同的"这一含义,也有"(极)相似"的含义。而在中文世界中,则如前所述存在着"同样案件同样处理"与"同类案件同样处理(类似案件类似处理)"(以下简称"严格说"与"宽泛说")的争议。

1."同案":同样案件抑或同类案件?

什么是"同案"? 严格说认为"同案"只能指"同样案件"或"相同案件"。这是因为,其一,从语义学的角度出发,"同样案件"与"同类案件"存在表述重心的差异:"同样"或"相同"所表达的重点在"同"不在"异",而"同类"或"类似"所意指的形式为"同"、实质为"异"。从定性和定量的角度来分析,"同样"或"相同"既有性质上的肯定,也有数量上的肯定,而"同类"或"类似"则属于性质上的肯定、量化分析上的否定。因此,说"同类案件同样判决",就如同说两个不完全相同的案件要采取完全相同的判决,这在逻辑上不通。[2] 其二,由于在法律适用和事实认定过程中很难避免决断者个人价值观念的影响,所以实质上相同的案件可能不会被评价为法律上的"同案",而实质上不同的

---

[1] 这说明,对性质论的讨论同样不可避免以概念论层面的澄清为前提。
[2] 参见张志铭:《对"同案同判"的法理分析》,载《法制日报》2012年3月7日,第11版。最后一点其实涉及对"同判"的看法,留待在紧接着的下文中再述。

案件却有可能被评价为法律上的"同案",如此将陷入"'同案'是'异案'"或"'异案'是'同案'"的悖论。[1] 进而,由于任何具体个案都是依赖不同的人、手段和时间,根本就没有真正相同的案件,所以"同案同判"只是一个虚妄的想法而已。[2] 与此不同,宽泛说认为,一方面,"同样案件"才应同判的观点缩小了该命题映射的范围,严重背离了类似案件类似处理的客观实践;另一方面,价值判断虽不可避免,但它既不能否认简单的同类案件的成立,本身也要受到形式规则的拘束。[3]

笔者的立场比较接近宽泛说,但理由有所不同。无论是严格说还是宽泛说,对于"同案"的理解都采取了一种实质主义的进路,也即脱离法律规范本身的判定方法。严格说采取的是两步法:首先将"同案"限定于严格意义上的"同样案件",接着运用"世界上没有两片相同的树叶"或/及"法官个别化价值判断的不可避免"来彻底否定同案同判的可能。宽泛说则在扩大"同案"理解的同时,限定或化解价值判断可能带来的不确定性。两者都没有清晰地认识到,司法裁判领域中的"同案"并不是一种前法律的概念或者说"自然类型的概念"。[4] 严格说区分了"实质上的同案"与"法律上的同案",以后者与前者未必一致来攻击对"同案"判断的准确性。其预设的是一种实质主义的本体论观点,也就是认为案件事实就好比自然客体那样拥有自己"固有"的要素和物理结构或生物学结构(有自己的 DNA),只有具有相同要素和结构的两个案件事实才是相同的。法官的任务就是去识别两个案件的 DNA 是否一样,但由于个案价值判断的"干扰",很多时候会发生错误。但事实上,司法裁判关注的"同案"只是**法律视野中的同**

---

[1] 参见周少华:《同案同判:一个虚构的法治神话》,载《法学》2015 年第 11 期。
[2] See Larry Alexander and Emily Sherwin, *Demystifying Legal Reasoning*, Cambridge: Cambridge University Press, 2008, pp. 37–38.
[3] 参见孙海波:《"同案同判":并非虚构的法治神话》,载《法学家》2019 年第 5 期。
[4] 这一类概念参见〔美〕罗纳德·德沃金:《身披法袍的正义》,周林刚、翟志勇译,北京大学出版社 2010 年版,第 10—11 页。

案。法律世界是一个规范的世界,而规范的世界是一个意义的世界。在建构规范时,人类只是择取了无穷之具体事实要素中的被其认为有意义的一部分,使之与相应的法律后果联结在一起。[1] 两个实质上相同的案件事实(假如真的存在"实质上相同"这回事的话)可能被建构为法律上的不同案件,实质上不同的案件事实也可能被建构为法律上的相同案件。[2] 因为司法裁判并不需要去探求两个案件的绝对异同问题,而只要判断它们是否具有"相关相似性",而这里的"相关"指的就是在法律上是否相关,也即与"是否应将特定规范之法律后果归结于其上"这一点相关。所以,相似性与差异性的标准是由法律本身来提供的。[3] 对于法律目的而言,对案件事实之可能描述的多样性要受此控制,即将为识别案件而进行的相关描述限于既有法律中已经包含的那些描述。任何案件都是法律所规定之类的成员,只要法律所包含的描述对它可以成立。"同案"就是可被涵摄于相同法律规则之下的案件,也即满足了同一法律描述的案件。[4]

当然,这并不意味着"同案"的标准就一定为立法所穷尽。事实上,由于法律规则"开放结构"的存在,法律相关性的判断要素往往需要额外评价。为了更好地说明问题,在此可引入科赫(Koch)和吕斯曼(Rüßmann)的学说。这两位学者曾将一个法律概念所指涉的对象

---

[1] 这被称为"归结原则"[Vgl. Hans Kelsen, *Reine Rechtslehre* (Studienausgabe der 2.Auflage 1960), hrsg.v. Matthias Jestaedt, Mohr Siebeck: Verlag Österreich, 2017, S. 153]。
[2] 站在一个反本质主义者的立场,甚至可以说,事物本就没有什么固有的要素和结构,而只有从某种"观点"(point of view)出发才会产生这些要素和结构。或者说,事物的"要素"和结构原本就是认识论的产物,它们取决于我们所采取的观点。而法律观点就是其中的一种。
[3] 所以,在判例法的语境中,肖尔指出,一般意义上的先例制度和特殊意义上的遵循先例**压制了**差异,先例**分配**和**归属**相似性,而非发现和揭示相似性。参见 Frederick Schauer, On Treating Unlike Cases Alike, *Constitutional Commentary* 33 (2018), pp. 446-447。
[4] See Kenneth I. Winston, On Treating Like Cases Alike, *California Law Review* 62 (1974), pp. 16, 18.

领域划分为肯定域、否定域和中立域。[1] 肯定域是确凿无疑地属于某个概念之外延的领域(核心领域),否定域是确凿无疑地不属于某个概念之外延的领域。比如,在"机动车禁止驶入公园内"这一规则的情形中,汽车无疑属于"机动车"的肯定域,玩具车无疑属于"机动车"的否定域,这只需要通过语义(解释)就可确定。相反,中立域则既可能属于,也可能不属于某个概念之外延,因为其既有符合肯定域标准的特征,亦有不同于肯定域对象的特征,如电动自行车就是"机动车"的中立域。在中立域中,裁判者需要运用文义解释之外的其他论据(包括类比解释)。假如解释的结果为电动自行车也"是"机动车,那么"禁止驶入公园内"的后果也适用于电动自行车。而在否定域中,也不意味着相关法律后果就一定不可适用,而只是意味着可能需要运用法律续造,而非解释的方法。如法官可能运用类比推理来认定,一辆小孩所开的超大玩具车虽然不属于"机动车",但由于同样会对游人产生人身危险,所以也要被禁止驶入公园。运用这种三分法就可以发现:假如两个案件都属于相关法律规则的肯定域(如涉及的都是汽车,或者一个涉及汽车,另一个涉及卡车),那么它们就是"同样案件";假如两个案件一个属于相关法律规则的肯定域,一个属于中立域或否定域(如一个涉及汽车,另一个涉及电动自行车或超大玩具车),那么它们就是"同类案件"。重要的是,这相当于以汽车这种典型案型为中心划定了一个"相似性之圈"[2]:有的(如卡车)离它很近,有的(如电动自行车)离它稍远,还有的(如超大玩具车)则离它更远。所以,"同样"与"同类"只是一种程度性差别。借用严格说的话来说,无论是同样还是同类都在性质上进行了肯定(也即,应当在法律上作等同处理),而在数量上则呈现出多少的差别(电动自行车与汽车的相同点多,而玩

---

[1] Vgl. Hans-Joachim Koch und Helmut Rüßmann, *Juristische Begründungslehre*, München: C.H.Beck'sche Verlagsbuchhandlung, 1982, S. 195.
[2] 这一概念具体参见[德]乌尔里希·克卢格:《法律逻辑》,雷磊译,法律出版社 2016 年版,第 113 页。

具车与汽车的相同点少)。这也正是类比解释与类比推理的区别:前者位于文义范围内,而后者位于文义范围外,因而论证负担不同。但能否进行类推的关键在于对"相关相似性"的判断(定性),而非案件事实之相同特征数量的多少(定量),尽管这会有一定影响:相同特征越多,则距离典型案型越近,适用相同的法律后果就越正当。所以,"同样案件"抑或"同类案件"只是个语义表达问题,它们属于同一个类型化标尺之上。

至于价值判断的介入,也不会对同案的判断带来过多的干扰。这是因为:其一,同案的判断与价值判断相关,并不意味着这种价值判断就必然是高度个人化的。作为同案鉴别标准的法律规则不仅是语词的表述,也是意义的统一体。它不仅是立法的产物,也是学理(法教义学)的成果。所以,法官在进行同案判断时,要同时受到法律规则的规定本身与法教义学理解(尤其是通说)的双重制约。[1] 其二,即便在进行类比解释和推理时,不存在相关的通说,法官也不能以专断的方式进行价值判断,而要以相关法律规则背后的正当化依据(background justification)来限制普遍的道德和公共政策考量[2],这使判断同案的价值依据相对确定。其三,更重要的是,由于不存在什么"实质上的同案",而只有"法律上的同案",这种"同案"本身就是进行价值判断(法律上的相似性)的结果。即便存在个人价值判断的余地,从而不同法官对同样两个案件作了是否属于"同案"的不同判断,也不影响同案同判原则本身。因为此时通常支持同案的法官会主张同判,而否认同案的法官会主张异判,他们的分歧只在于"法律的要求"究竟是什么。在此意义上,价值判断构成了同案判断的前提。

---

[1] 例如,白建军也认为,(刑事类)同案的筛选机制由两个基本元素构成,一个是明文规定的法定情节,另一个是司法人员和学者根据自己的理解对法律作出的学理解释(参见白建军:《同案同判的宪政意义及其实证研究》,载《中国法学》2003年第3期)。

[2] 参见〔美〕史蒂文·J. 伯顿:《诚信裁判》,宋晨翔译,中国人民大学出版社2015年版,第47—49页。

2."同判":结果抑或理由?

那么,"同判"又是什么?严格说认为同案同判追求的是相同案件在最终结果上的一致性或完全相同[1],而宽泛说则认为同案同判只是要求对类似案件类似处理,并不要求结果完全相同。笔者同样倾向后一种观点,但同样不赞成这种简单的解说。因为无论是严格说还是宽泛说,都对"同判"在结果的意义上进行了理解。而这种理解的根源,则在于这样一种"决定论形式主义"(determinate-formlalism)[2]:它们都认为法律规定与判决结果之间存在着逻辑上的决定关系,无论判决结果是否唯一。换言之,"同案同判"被理解为:同样或同类案件在法律上受同一规则的调整,所以应当得出完全或大体一致的判决结果。

但是,这是对"同判"的深刻误解。实际上,同判既不要求同案的结果完全一致,甚至也不要求同案的结果大体一致。这里涉及对法律规则在司法裁判中之角色的重新理解:严格说与宽泛说都将法律视为结果的提供者,但很多时候,法律规则只是理由的提供者。当存在可适用于个案的规则时,只是意味着法官有司法义务将它作为裁判的理由。司法裁判的正当性在于尊重法律提供的理由,而不是赞同案件最后的结论。因为规则也只是以一种类似日常生活经验的方式提供了司法判决的一个理由。[3] 正如前文所说,法官除依法裁判外,还负有追求个案正义的道德义务。为此,在司法裁判的过程中,法律规则及

---

[1] 参见周少华:《同案同判:一个虚构的法治神话》,载《法学》2015年第11期。
[2] See Thomas Grey, Langdell's Orthodoxy, *University of Pittsburgh Law Review* 45 (1983), p. 1.
[3] 参见[美]史蒂文·J. 伯顿:《诚信裁判》,宋晨翔译,中国人民大学出版社2015年版,第2、22、25、57页。刘树德同样指出:对于同判,要区分是指同样的审判过程还是指同样的审判结果,区分"判"是动态的过程还是静态的状态(参见刘树德:《刑事司法语境下的"同案同判"》,载《中国法学》2011年第1期)。这一区分极富洞见,但该文是在管辖权等司法制度的意义上而没有在裁判理由的意义上来理解"过程"。正如本章一开始说的,对同案同判性质的讨论不能与任何制度挂钩。

其背后的正当化依据、法律体系内在的法律原则和所有其他相关规则,都必须被事先识别并且衡量其分量。案件的结论必须建立在通盘考量之理由的重要程度之上。换言之,法律规则并不是在所有情形中都能决定裁判的结果(尽管在很多情况下如此),而只是判决的重要理由。这种理由一方面不具有结果决定性,另一方面也不具有排他性和终局性。这种非决定性并不会剥夺法律规则的法律地位,而法官的司法义务也只是要求尊重法律规则的存在及其初始的优先地位。

这意味着,即便两个案件从法律的角度被视为同案,但由于后案的特殊性使适用同一规则的法律后果会在该案中产生极端不正义,因而出于个案正义的考虑需要在该案中偏离规则,也即作出差异化判决。这里稍作说明:或许有论者会认为,假如出现这种"特殊性",那么就说明后案与前案不再属于同案,所以作出差异化判决并不违背同案同判原则,进而将该原则中的"同判"理解为完全或大体一致的判决结果也没有问题。但正如前文所说,对"同案"与"异案"的判断必须从法律规则本身的角度来进行。假如法律文本和相关的教义学说所确定的前案的事实特征在后案中都出现了,那么它们就属于法律上的同案。但是对"同案"的判断并不能完全决定"同判"的结果。如果后案的特殊情形导致存在支持差异化判决的实质理由(有别于法律规则背后的正当化依据),那么法官就要将这些理由与基于规则进行裁判的理由(同案同判)进行衡量,以决定是同案同判还是同案异判。虽然在这一过程中支持同判的理由具有初始的优先性,但亦有可能由于反对同判的实质理由的分量是如此之大,以至于个案正义的要求可以压倒一切。在方法论上,后者的典型情形就是基于一般法律原则的法律修正。[1] 由于不同理由所占分量的比例可能随着情境而调整,而理由的组合也是可变和不可预见的,所以理论上无法给出一个决定性的

---

[1] 参见雷磊:《论依据一般法律原则的法律修正——以台湾地区"司法院大法官会议"释字 362 号为例》,载《华东政法大学学报》2014 年第 6 期。

计算方式,来判断何时同判、何时异判。但是,当法官通过被更强法律理由支持的观点来作出判决时,司法裁判的义务就得到了实现。[1]

因此,同案同判只是意味着:如果两个案件在法律上相同或相似,那么就**有理由**处以相同的法律后果。但这种理由并不是终局性的,因此同案同判的规范性要求与同案异判的实际结果在概念上并不矛盾。同案同判本身只是一项形式原则。

### (二)方法论原则抑或一般性要求?

同案同判是一件与司法裁判相关的事情。那么,它在司法裁判中如何被定位?一种观点认为,同案同判是与司法裁判中的裁量相伴生的现象。由于司法裁判最为重要的任务就是将抽象的法律与具体的案件事实结合起来,其中就要求裁判者依据案件事实对法律加以具体化,由此法官必然掌握了一定的裁量空间,而同案同判其实就是限制自由裁量的重要工具。[2] 马莫尔(Marmor)就曾提出"同案同判"可能会发生作用的三种场合:(1)裁决部分地建立在任意选择的基础上;(2)司法裁决在不可通约的价值之间进行选择;(3)涉及道德模糊性或不确定性的案件。[3] 这些情形其实都涉及法官裁量权的行使。其基本逻辑在于:法律有规定的要严格依照法律规定,法律没有规定的(也即存在裁量空间之处)则应按照先例来处理案件。于此,同案同判就成为法律规则具体化过程中限制裁量权的方法性要求。至于这种要求是司法裁判的局部性要求还是普遍性要求,则取决于对"裁量空间的存在在司法裁判中有多普遍"的判断。但至少目前大部分学者都

---

[1] 类似观点参见〔美〕史蒂文·J.伯顿:《诚信裁判》,宋晨翔译,中国人民大学出版社2015年版。
[2] 参见陈景辉:《同案同判:法律义务还是道德要求》,载《中国法学》2013年第3期。也可参见 David A. Strauss, Must Like Cases Be Treated Alike?, *University of Chicago Public Law & Legal Theory Working Paper* 24 (2002), pp. 4-11。
[3] See Andrei Marmor, Should Like Cases Be Treated Alike?, *Legal Theory* 11 (2005), pp. 28-31.

主张它还是一种相对普遍的要求。[1] 无论如何,在这种观点中,同案同判被视为一种方法论原则。正因为如此,它与依法裁判和个案正义的道德义务无关。因为方法论原则位于法律适用,而非司法裁判之性质的层面。

但是,将同案同判定位为方法论原则是有问题的。理由有三:首先,这与限制法官裁量权的目标并不相称。同案同判既不是限制法官裁量权的必要条件,也不是后者的充分条件。之所以说它不是限制法官裁量权的必要条件,是因为它并不是达成目标的唯一手段,甚至也不是最佳的或最有效率的手段。因为除了同案同判(类比解释和推理),还有其他解释和推理方法同样服务于对法官裁量权的限制。这意味着,同案同判作为裁判方法并不是不可取代的。而这与一种普遍性要求的理解不符。之所以说它不是限制法官裁量权的充分条件,是因为:一方面,同案同判在具体运用的层面往往需要和"对先例的尊重"这一点结合在一起才能发挥作用。另一方面,同案同判作为形式原则,单凭自身无法真正达到限制裁量权的目的。如前所述,无论是对"同案"的判断还是对"同判"的处理都不可避免地存在价值判断,而使价值判断客观化的途径在于通过法教义学作业明确相关法律规则的标准,而非同案同判原则本身。而对于仍有可能存在的法官个人价值的判断余地,这一原则更无法起到约束作用。这就导致在解释和具体落实这一原则的过程中法官重新获得了一定的自由裁量权,从而陷入一种循环式的悖论。[2] 其次,作为方法的同案同判的运用具

---

[1] 例如,陈景辉尽管认为同案同判与裁量相伴而生,但因为司法裁判必然拥有裁量的空间,所以仍主张它是一种一般性要求(参见陈景辉:《同案同判:法律义务还是道德要求》,载《中国法学》2013年第3期)。有意思的是,孙海波一方面批评将同案同判视为局部性要求的观点,另一方面同样将重点放在"统一法律适用标准、限制自由裁量权"上(参见孙海波:《"同案同判":并非虚构的法治神话》,载《法学家》2019年第5期)。两者其实差别不大。但这一判断与本章论证关系不大,故留而不论。
[2] 支持者同样承认这一点,例如,参见孙海波:《类似案件应类似审判吗?》,载《法制与社会发展》2019年第3期。

有偶然性。如果将同案同判视为限制法官裁量权的方法,那么在具体运用时必须具备两个前提:(1)法律规则存在裁量空间且不存在共识;(2)存在相关的先例。第一个前提表明,假如待适用的法律规则不存在任何裁量的余地[如我国《刑法》第239条曾规定,致使被绑架人死亡或者杀害被绑架人的,处死刑,并处没收财产(该条款已被修正)],或者对于相关规则的理解存在教义学通说,那么此时就无运用同案同判的必要性。第二个前提则表明,即便存在裁量空间且没有教义学通说,法官实际上能否运用同案同判的方法还取决于是否存在相关的先例。而这两个前提是否会被满足都是偶然的事。最后,也是最重要的,将同案同判理解为方法论原则无法匹配对司法裁判性质的一般性说明。换言之,如果要将同案同判理解为司法裁判的普遍要求,那么就不能仅仅将它视为适用于特定场合的方法论原则,而是要将它理解为与司法裁判之性质相关的一般性要求。它不仅适用于存在裁量空间且存在先例的情形,也适用于不存在裁量空间或存在裁量空间但不存在先例的情形。

因此,同案同判并非与裁量这一特定情形相伴而生的现象,而是与司法裁判之性质相关的一般性要求。这就要求我们首先来澄清司法裁判的性质。

## 二、司法裁判的性质

### (一)依法裁判与个案正义

司法裁判的性质问题涉及的其实是司法裁判的必要特征问题。换言之,是司法裁判区别于其他活动的特征。谈起司法裁判,恐怕人们最直接想到的就是"解决纠纷"。的确,司法裁判天然地与纠纷的解决联系在一起。但是,在我们的社会中,除司法外还存在着其他解决纠纷的途径,如调解、仲裁等。与其他纠纷解决途径相比,司法的特征并不在于解决纠纷这一任务,而在于解决纠纷的方式。概言之,司法裁判在本质上是一种"说理"或"推理"的活动。推理是提供理由的过程,而法律推理就是为司法裁判的结论提供理由的过程。这个过程同样可以被称为法律论证。

当然,仅此依然无法说明司法裁判的特性。关键在于,司法裁判说理要运用什么样的理由?依照理由对主张的支持方式,我们可以将说理过程中可能运用的理由分为实质理由与权威理由(形式理由)。实质理由是一种通过其内容来支持某个法律命题的理由。它的支持力完全取决于内容而非其他条件。[1] 与此不同,权威理由是因其他条件而非其内容来支持某个法律命题。与实质理由相比,权威理由用以支持裁判结论的依据不在于其内容本身而在于其形式方面的条件。举个例子:为了证明"不得杀人"这个主张,一种理由在于它本身就是正当的要求或它是实现社会秩序的基本条件,而另一种理由或许在于"它可以从我国《刑法》第232条中推导出来"。前者属于实质理由,运用它的典型方式是说明特定主张是好的或对的,而后者属于权威理由,运用它的典型方式是指明特定主张的来源。司法裁判的特征在于它要同时运用这两种类型的理由。

一方面,司法裁判必须是基于来源的。这是它区别于道德论证的主要之处。道德论证是纯粹运用实质理由的过程,具体的道德主张要得以成立,就要满足两项条件:其一,它可以被证明是一般道德规范对于特定情形的运用;其二,这项一般道德规范在内容上是正确的。与此不同,法律论证尽管也要满足第一项条件,也即将裁判结论建立在一般法律规则的基础上,但通常却无须满足第二项条件,也即证明一般法律规则本身在内容上是正确的。相反,只要表明这个一般法律规则是有效的,它就可以成为裁判的基础。例如,通常情况下,只要指

---

[1] See Aleksander Peczenik, *On Law and Reason*, Kluwer Academic Publishers, 1989, p. 313.

明我国《刑法》第232条是由全国人民代表大会制定的,而全国人民代表大会制定的法律属于我国的法源即可。在此意义上,我们会将这种基于来源的权威理由称为裁判依据,它体现在裁判文书最后"依×法第××条,判决如下"这一部分。这一表述的意义就在于截断法官的论证。于此,法官无须也不应再去追问这个条款的内容本身是不是正确。因为在现代国家的分工格局中,这属于立法者的任务,而非司法者的任务,裁判者负有服从立法者之决定的义务。这种义务,就是依法裁判。法源理论的意义就在于划定依法裁判之"法"的范围。

但另一方面,司法裁判也要进行实质说理。因为法律论证并不是一个简单的逻辑演绎过程,很多时候它需要运用价值判断和实质论据,来增强裁判结论的可接受性。法律解释或法律续造的活动很多时候会涉及这样的实质理由。运用实质理由的目的,在于实现司法公正或者说个案正义。因为司法裁判要致力于"在具体的细节上,以逐步的工作来实现'更多的正义'"[1]。这里所谓的实质理由或道德考量是有一定范围的或受到限制的,它们应当是特定国家或地区中流行的或符合大多数人道德观念的主流价值观。也就是说,法官不能仅仅将裁判建立在自身独特的价值判断的基础上,他所援引的价值判断必须尽可能具备可普遍化的特征。而为一个共同体普遍接受且对共同体的生活具有意义的道德就是政治道德。这意味着,司法裁判也要尽量去满足政治道德的要求。

司法裁判不仅要具备合法性和有效性,也要具备合理性或说服力。就此而言,依法裁判与个案正义就成为司法裁判的构成性义务。所谓司法裁判的"构成性义务"(constitutive duty),是指在概念上构成司法裁判之必要前提的义务。换言之,只有履行这些义务,才能被认为是在进行司法裁判;反之则不属于司法裁判的范畴。或者说,正是

---

[1] 〔德〕卡尔·拉伦茨:《法学方法论》,陈爱娥译,商务印书馆2003年版,第77页。

它们定义了司法裁判活动的性质。[1] 司法裁判之所以是"司法"活动，是因为它首先必须依照法律本身设定的标准来进行案件的处理。换一个角度而言，司法裁判也是一种法律的适用活动。从正面讲，这要求裁判者将判决建立在因事先公布并生效的一般性法律规范的基础上，并合乎逻辑地证明前者与后者之间的推导关系。从反面讲，这意味着要尽量避免武断与肆意的裁判，意味着要尽可能约束法官裁量权。[2] 这正是司法裁判不同于其他纠纷解决活动，尤其是不同于纯粹道德论证之处：不依法裁判，就难谓"司法"。但是，仅有依法裁判尚不足以刻画司法裁判的全貌。因为相对于法官而言，"法"可被视为立法者向法官下达的权威指令。从这个角度说，依法裁判也就意味着尊重立法权威、尊重权威指令（法律规范），而不去追问背后的正当性。但如此一来，司法裁判思维就无以区别于命令思维（后者以军队中的情形为典型）。但是，法官并非绝对服从上级命令的军人。法官尽管要尊重立法者的权威，但并非完全听后者之命行事，而是"有思考的服从者"。司法裁判中的价值判断难以避免。法官需要在既有法律框架内，尽最大可能在个案中作出符合社会主流价值观的裁判。"司法"之"法"，并不仅仅指实在法，而在很多情况下是指符合个案正义要求的正确之法。有时个案裁判缺乏实在法依据（法律漏洞），有时表面上可作为裁判依据的实在法会导致个案极端不正义的结果，有时存在数个无法依照预设准则来解决的实在法间的冲突。在这些情形中，裁判者依然是在依照法定职权开展活动，这些活动仍然属于"司法"的范畴。所以，司法裁判不仅要运用实在法，也可以甚至必须运用实在法外的实质理由。当然，司法裁判对于个案正义的追求绝非简单的道德诉

---

[1] 这一界定参考了塞尔的"构成性规则"的概念，这一概念参见 John R. Searle, *Speech Acts: An Essay in the Philosophy of Language*, Cambridge: Cambridge University Press, 1969, p. 33。
[2] 参见舒国滢、王夏昊、雷磊：《法学方法论前沿问题研究》，中国政法大学出版社 2020 年版，第 170 页。

求,而只能在法律的框架内运用法学方法进行细致严谨的论证。所以,司法裁判就是追求依法裁判和个案正义的统一与平衡。缺乏这两种义务中的任何一个,都不足以说明司法裁判的性质。概言之,司法活动要辨法析理,既合法又合理。

## (二)司法义务的道德性与可凌驾性

有学者分别将依法裁判与个案正义定位为法官的司法义务(法律义务)与道德义务。司法义务要求法官在裁判中要受法律的拘束,不得任意改变或背离既有的法律性标准;而道德义务则要求法官服膺于更高层次的道德标准,所要求的是在任何案件中法官都必须作出一个公正的裁决。[1] 事实上,无论是同案同判的支持者还是反对者,都预设了这幅"法律义务—道德义务(要求)"的二元图景。所分歧处,只不过在于前者主张同案同判是一项不得随意放弃的法律义务(强主张)[2],而后者则认为它只是一种与司法活动相关的可被凌驾的道德要求(弱主张)。[3] 不过现在让我们先暂时搁置对同案同判问题的讨论,而聚焦于这幅二元图景本身。

正如上一部分所言,依法裁判与个案正义都属于司法裁判不可放弃的构成性义务。现在的问题在于,这两种义务的性质是什么?毫无疑问,追求个案正义具有明显的道德义务性质,关键在于依法裁判。的确,司法义务概念要求法官的行动要忠实于法律,忠实意味着法官应尽其所能地将适用既有法律视为其特殊的任务与使命,并以一种谦恭的或恭顺的态度来实现这一任务。[4] 但是这仅是司法义务的内容,而非其属性。要求法官依法裁判(捍卫法律、忠于法律)并不意味

---

[1] 参见孙海波:《司法义务理论之构造》,载《清华法学》2017年第3期。
[2] 参见孙海波:《类似案件应类似审判吗?》,载《法制与社会发展》2019年第3期。
[3] 参见陈景辉:《同案同判:法律义务还是道德要求》,载《中国法学》2013年第3期。
[4] See Jason E. Whitehead, *Judging Judges: Values and the Rule of Law*, Baylor University Press, 2014, p. 15.

着这项要求本身就具有法律义务的性质。法律义务是法律向我们提出的要求,说一个人有一项法律义务,就相当于说存在着一种向他提出要求的法律。但这只不过是一个道德上中立的事实,这一事实丝毫不意味着这个人的行为受到了某种道德限制。[1] 换言之,某种义务有没有被法律规定,从而成为法律义务,是一个偶然的事实,它本身并不能说明我们有没有义务去遵守这项规定(从而落实它所规定的法律义务)。例如,我国《宪法》第 56 条规定,中华人民共和国公民有依照法律纳税的义务。这是一项法律义务,但这项义务的实现取决于"我们有遵守《宪法》第 56 条(或整部宪法)的义务"这一点,而遵守宪法的义务却不是由任何法律包括宪法本身来决定的。尽管我国《宪法》第 33 条第 4 款的确规定任何公民"必须履行宪法和法律规定的义务",但这本身又有一个为何要遵守《宪法》第 33 条第 4 款的问题。所以,遵守宪法和法律的义务本身无法从宪法和法律的规定中得到说明,事实上也无法从任何实在法中得到说明。一国的宪法或法律中有没有规定"公民必须履行宪法和法律规定的义务"是个偶然的事实,但无论有没有规定,任何现代国家中的公民都负有这种义务。履行宪法和法律所规定之义务的义务,在性质上只能是道德性的。公民的守法义务源于道德要求。[2] 同样的道理,依法裁判在性质上并非法官的法律义务,而是其道德义务。也就是说,无论某个国家的法律中有没有规定"法官有依法裁判的义务",法官都负有该项义务。[3] 因为依法裁判属于司法裁判中法官的道德义务,它

---

[1] See A. John Simmons, *Moral Principles and Political Obligations*, Princeton University Press, 1979, p. 23.
[2] 这种道德不是公民的个人道德,而是共同体的政治道德,所以也可以说,服从法律的义务是公民的政治义务。至于这种政治义务(道德义务)的来源是什么,就涉及同意理论、公平原则理论、自然责任理论等复杂的政治哲学的争议了。对此参见毛兴贵编:《政治义务:证成与反驳》,江苏人民出版社 2007 年版,第 3—203 页。
[3] 我国法律的确有此规定,如《法官法》第 3 条规定,法官必须忠实执行宪法和法律。但我国法官所负有的依法裁判的义务并不取决于该条规定。当然,这也说明法律义务和道德义务**在内容**上可以是重合的。

与任何国家的任何法律有无此规定无关。在任何国家,只要法官在从事司法裁判,依法裁判就是其不可抛弃的构成性义务,否则他就不是在从事司法活动。司法裁判在本质上是一种德性的事业,这种德性最主要就体现为法官依法裁判,它本身是一项要求法官捍卫法律的道德义务。当然,与个案正义不同,这种义务(依法裁判)是一种形式的而非实质的道德,因为它并不对"法"的内容是什么提出特定要求。[1]

法官之所以有遵循法律的道德义务,是因为依法裁判并不是道德上中立的活动,相反,它蕴含着对法治的特定道德价值的追求,这些价值包括信赖、可预测性、确定性,其中最重要的是权力分立的政治美德。[2] 在一个法治国家,法官作为人民公仆有相应的满足公共理性需求的义务。与普通公民可以随意发表自己的观点不同,法官在作判决时负有一定的道德义务,不能随意妄为。法官遵循法律体现的就是法官被授予的维护正义的神圣义务。尤其是在一个多样化和多元化的社会,如果法官只根据个人的评价准则来选择适用法律,那么权力的分立很快就会瓦解。法律制度的核心思想要求法律在适用上达到高度的一致性,这样才能使法律在具体操作中达到统一。[3] 哪怕法律具有内在不正义,法官也负有(初始的)尊重义务。

正因为依法裁判同样是一种道德义务,所以它就有了与同属于道德义务的个案正义进行权衡的可能。因为如果两种道德义务发生冲突,其中一种义务就无法以类型(kind)的方式直接排除掉另一种义务,而必须诉诸各自的分量(weight),通过权衡或通盘考量(all things considered)来

---

[1] 它属于富勒所说的"法律的内在道德",即"官方行动与公布的规则之间的一致性"(参见〔美〕富勒:《法律的道德性》,商务印书馆2005年版,第96—107页)。
[2] See Frederick Schauer, Rules and the Rule of Law, *Harvard Journal of Law and Public Policy* 14 (1991), pp. 679-691.
[3] 参见〔美〕史蒂文·J. 伯顿:《诚信裁判》,宋晨翔译,中国人民大学出版社2015年版,第26、153页。

决定在具体情形中究竟优先实现哪一个。[1] 对于依法裁判和个案正义而言同样如此,假如两者并不冲突,则法官有义务在依法裁判的基础上最大限度地满足正义;但假如两者存在冲突(法律内在不正义),那么法官就必须通过权衡来决定,在具体案件中究竟是直接适用法律规则而不考虑个案后果,还是追求个案正义而为规则创制例外。因为维护法律的道德义务只具有道德上的强制力,它并非终局性的要求。一个法律体系中的法律并没有为法官在法律体系中的行动提供足够的道德理由。法律不总是能在个案中带来公正的结果,法官也没有义务在任何情况下都依照法律行事。当然,在这两种道德义务中,依法裁判相比于个案正义具有初始的优先地位,这是由法官在法律制度中的角色决定的:法官作为法官的制度性道德要初步地优先于法官作为普通人的一般道德。这就要求,当法官的确没有依照法律行事的时候,他们应该明白自己的权限,并应当知道这一不服从举动必须能够在最终意义上在道德层面被正当化,这一不服从必须建立在对所有相关的道德理由进行通盘考量的基础之上。[2] 要进行这种不对等的权衡,就要为道德理由寻找到规范基础,运用恰当的法律方法,承担论证负担及其风险。[3] 可见,它并不要求法官盲目听命于法律规则,而只是要求在为追求个案正义而偏离依法裁判时进行强有力的论证。因为在根本上,法律推理是道德推理的一种高度精致化的形式。[4]

由此也可以看出,不可放弃并不意味着不可被凌驾。[5] 作为构

---

[1] 它们最终属于拉兹所说的"初始性理由"(prima facie reason),参见 Joseph Raz, *Practical Reason and Norms*, Oxford University Press, 1999, p. 27.
[2] 参见〔美〕史蒂文·J. 伯顿:《诚信裁判》,宋晨翔译,中国人民大学出版社 2015 年版,第 26、154、155 页。
[3] 篇幅所限,在此不展开。具体可参见舒国滢、王夏昊、雷磊:《法学方法论前沿问题研究》,中国政法大学出版社 2020 年版,第 175—184 页。
[4] See Joseph William Singer, Normative Methods for Lawyers, *UCLA Law Review* 899 (2009), p. 906.
[5] 同样的观点参见孙海波:《"同案同判":并非虚构的法治神话》,载《法学家》2019 年第 5 期。

成性义务,依法裁判是不可放弃的,因为它构成司法裁判的必要条件,放弃了依法裁判,司法裁判也就不是司法活动了。所以依法裁判是司法裁判普遍的和一般的性质。但即使法官有忠于法律的一般义务,这种义务也存在着道德界限。以一种规则或者统一的方式处理案件,是正义的必要条件,而不是充分条件。[1] 如果在具体个案中,有待适用的法律规则可能带来严重不公,那么法官对法律规则的坚守就可能不存在道德论据。而司法职能的独特性质表明,在司法机关的活动之中应当凸显出(最为广义的)伦理因素,法官应当对好坏、对错这样的问题特别敏感。法官是公平的容器,司法德性不是私人道德,而是公共道德。[2] 换言之,依法裁判与个案正义都属于司法裁判不可放弃的构成性义务,这是从司法裁判的性质这一普遍的层面来说的;但在具体个案的层面,它们有可能发生冲突,这就需要通过权衡来决定继续适用规则还是偏离它。但这并不影响两者作为司法裁判之性质的地位。

综上,司法裁判具有依法裁判和个案正义的二元性质,它们都是司法活动不可放弃的构成性义务。作为司法义务的依法裁判同样构成法官的道德义务,因而在具体个案中有被其他道德要求凌驾的可能。所以,现在的问题就在于:同案同判是与这两种构成性义务中的哪一种相关的要求?如果我们将同案同判理解为方法论原则,那么看上去它就将与个案正义相关。正是因为法律文本本身不足以为案件的解决提供答案,所以才需要同案同判来限制法官的裁量权,而这么做就是为了实现个案中的司法公正。但一旦将同案同判理解为司法裁判的一般性要求而非具体方法,那么情形就有所不同:由于同案同判是一项形式原则,所以它只会与依法裁判发生关联。因为依法裁判

---

[1] See David Lyons, *Ethics and the Rule of Law*, Cambridge: Cambridge University Press, 1984, p. 83, 85.
[2] 参见[英]雷蒙德·瓦克斯:《读懂法理学》,杨天江译,广西师范大学出版社2016年版,第74—75页。

要求法官根据事前确立的一般性法律规则去作出裁判,而不问法律规则本身的内容得当与否,或法律规则在待决案件中被适用的结果是否公正。这同样是一项形式要求。形式要求具有普遍性,而同案同判与依法裁判都具有这种超越具体情形的普遍性。反观个案正义则不然。虽然法官个人可能信奉一套一般性的实质价值标准,并将其贯彻到他所处理的所有个案中,但个案正义可能在该案件中提出不同的要求。因为个案中要考虑的实质理由的分量及其关系具有高度情境依赖性,我们无法事先就知晓它们的所有组合,而只能取决于个案中的考量。所以个案正义具有个案依赖性和灵活性,它既可能要求后案与先例保持一致,也可能要求后案偏离先例的后果——因为适用先前判决在后案中会带来不正义的后果。因此,个案正义与同案同判在性质上不能兼容。当然,正如前文所说,依法裁判本身也是法官的道德要求(正义的要求),所以同案同判也将与道德义务发生关联。这也是同案同判通常被认为是形式正义之体现的原因。

## 三、依法裁判的衍生性义务

### (一)依法裁判与同案同判的关系

既然同案同判与依法裁判相关,那么它们之间的关系究竟是什么?换句话说,对于司法裁判来说,它们究竟哪一个更为基础?如果认为同案同判更为基础,那么依法裁判就只不过是同案同判的另一种表述,因为其实所有的依法裁判都是按照同案同判的方式来进行的。所以同案同判才是对司法裁判最精准的复述。相反,如果认为依法裁判更为基础,那么就可能会认为同案同判无法穷尽依法裁判的所有内涵,后者反过来要构成同案同判的前提。

持前一种观点的学者认为,依法裁判不外乎意味着对法律规则的适用,而司法裁判的本质不在于这一点,而在于法律规则在个案中被具体化的方式。司法活动不同于其他相似的纠纷解决活动,其特殊性就在于它在深层结构上与类型化的推理思维联系在一起,在个案中通过"范例式"或"案例式"的推理将抽象的法律具体化。[1] 而这种推理方式显然与同案同判相关。因此,"通过同案同判原则所标示出来的那种先例式推理的方法、程序和过程,就是司法裁判的本质性内容"[2]。假如这一观点能够成立,那么它不仅会支持同案同判比依法裁判更为基础的立场,甚至会对前文第一部分中关于司法裁判之性质的讨论构成根本挑战:因为如此一来,在依法裁判和个案正义这个层面去讨论司法裁判的性质本身就是错的。因为司法裁判的性质就不再是依法裁判(和个案正义)了,而是依法裁判(和实现个案正义)的特殊方式。与将同案同判理解为方法论原则不同的是,这里的观点会主张同案同判并不限于存在裁量权的情形,而是一种与先例推理相关联的普遍要求。

但是,基于三方面的原因,笔者认为这种观点无法成立。其一,先例推理实质上是一种类比推理,而对于法律领域而言,类比推理并不比演绎推理等其他法律适用方式更为特殊。事实上,先例推理或类比推理广泛存在于日常生活之中,并非法律推理的独特之处。[3] 其二,即便如此,有一种观点可能会认为在法律领域中类比推理特别"典型"。[4]

---

[1] 参见〔英〕雷蒙德·瓦克斯:《读懂法理学》,杨天江译,广西师范大学出版社 2016 年版,第 140 页。
[2] 泮伟江:《论指导性案例的效力》,载《清华法学》2016 年第 1 期。
[3] 许多法学家清晰地认识到这一点。关于日常生活中的类比推理的例子,参见 Lloyd. L. Weinreb, *Legal Reason: The Use of Analogy in Legal Argumentation*, 2nd. Ed., Cambridge: Cambridge University Press, 2006, p. 40;〔美〕弗里德里克·肖尔:《像法律人那样思考:法律推理新论》,雷磊译,中国法制出版社 2016 年版,第 94 页以下。
[4] 例如,伯顿认为,法律推理从根本上来看是一种类比式的推理,因为作为演绎性推理之大前提的规则时时处于难以避免的不确定状态,所以演绎性推理难以占据支配性地位。参见 Steven J. Burton, Comment on "Empty Ideas": Logical Positivist Analyses of Equality and Rules, *The Yale Law Journal* 91 (1982), pp. 1142-1146。

进而,这种立场可能会诉诸一种独特的本体论立场,即主张法"并非规范的统一体,而是关系的统一性。(而)关系统一性,对应,便意味着类推。"[1] 换言之,法原本就带有类推的形式。因此,法律适用的典型方式就是以类比为核心的等置模式,而非传统理解的演绎模式。[2] 如此一来,传统上包括演绎在内的其他推理形式要么只是改头换面或特别形式的类推,要么只是围绕类推而展开的部分步骤。一句话说,所有的法律推理活动归根结底都可被还原为类推。但是,这种论证显然必须预设特定的哲学诠释学前提,而这种前提本身并不是毫无争议的。进而,即便接受这一前提,也与依法裁判并不矛盾:因为运用类推同样意味着在依法裁判(只是此时的"法"是一种关系性范畴而已)。反过来说,依法裁判则不需要预设特定的法概念,也即,即便不接受这种诠释学的法概念,也不影响依法裁判本身的成立。与此不同,将同案同判视为司法裁判的本质性要求则一定要有这种诠释学预设。所以,依法裁判可以容纳带有这种预设的同案同判的情形,反之则未必可以。但是,关于司法裁判之性质的理解与对于法的本体论承诺越少越好。其三,将先例推理视为司法裁判的性质错置了讨论的层次。司法裁判的理论可以分为三个层次,即具体方法的层次、基本模式的层次和司法哲学的层次。[3] 具体方法的层次涉及各种法律方法的运用,如各种法律解释方法和法律续造方法。基本模式的层次涉及将这些法律方法组织起来的整体构造,它取决于对于法律适用过程之总体图景的理解,最经典的争议是发生在司法裁判究竟应采纳以演绎为核心的涵摄模式还是以类比为核心的等置模式之间的争议。而司法哲学则是最为深层的,它涉及对司法裁判的目标和结构的理解。对于司

---

[1] 〔德〕亚图·考夫曼:《类推与"事物本质":兼论类型理论》,吴从周译,学林文化事业有限公司1999年版,第41页。
[2] 参见〔德〕阿图尔·考夫曼:《法律获取的程序:一种理性分析》,雷磊译,中国政法大学出版社2015年版,第146页以下。
[3] 参见雷磊:《法哲学在何种意义上有助于部门法学》,载《中外法学》2018年第5期。

法裁判之性质的理解涉及的正是司法哲学的讨论。这三个层次既相互关联，又相互独立。换言之，作为司法哲学，对于司法裁判性质的理解应超越对法律适用模式（方式）和法律方法的争议。显然，依法裁判与个案正义可以扮演这样的角色，而先例推理不行。所以，将先例推理作为司法裁判的本质性内容会将司法哲学层次的讨论降低到基本模式（方式）的层次，有违"性质"问题的一般属性。

本章所支持的，是认为依法裁判构成同案同判之基础的立场。但以上的论述只是反驳了同案同判更为基础的观点，而没有从正面为依法裁判更为基础的观点立论。之所以依法裁判是更为基础的司法裁判要求，至少有以下五个理由：

其一，依法裁判既包括形式面向，也包括内容面向，而同案同判只是它的形式面向。依法裁判要求法官按照事先确立的一般法律规则作出裁判，也就意味着，凡是符合法律规则所规定之构成要件（凡是属于规则文义或目的之范围）的案件都应适用相同的法律后果。这其实包括了两个面向：一个是形式面向，即同案同判，这也是依法裁判被视为形式要求的原因；另一个是内容面向，也即法律规则的构成要件与法律后果（当然，不仅需要立法，也可能需要法教义学的解释），前者确定了"同案"的标准，而后者确定了"同判"的标准。离开了这些内容标准，同案同判原则是无法适用的。正如魏德士（Rüthers）所言，"同案同判的前提是，法院依照相同的法律规范来裁判相同的案件，并根据相同的解释方法来适用这些法律规范"[1]。所以，同案同判只是依法裁判形式面向的展现。

其二，即便从形式面向来说，同案同判也已经为依法裁判所蕴含。如果我们在"规则"的意义上来理解依法裁判的"法"，那么同案同判不过是依法裁判的同义反复。因为规则是以一般性的方式来指引人

---

[1] Bernd Rüthers, Wozu auch noch Methodenlehre?-Die Grundlagenlücken im Jurastudium, JuS 2011, S. 866.

们的行为的,它们的受众不是特殊类型而是一般类型。规则的本质就在于一种"稳固的一般化"(entrenched generalisations)。[1] 以规则的方式或一般性的标准去对待事物,就意味着"等者等之,不等者不等之"或"相同情况相同处理,不同情况不同处理"。这里,相等或不等、相同或不同的对象既可以是事物,也可以是人。因而"法律面前人人平等"就是这个要求的特殊表达。所以,以规则的方式或一般性标准去对待他人本身就具有平等或形式正义的色彩。正因为如此,拉德布鲁赫(Radbruch)才会认为,正如(形式)正义的本质就是在平等的意义上去塑造社会关系,法律规定的本质在于将其意义取向于平等,在于提出可一般化的诉求。法就是人类生活的一般规定的总和。[2] 换言之,规则必须被一致适用、类似案件应被类似处理或法律应被理解为一件完整的事,所有这些要求都是一般性要求的不同版本。[3] 对于一般性规则与同案同判之间关系最清晰的表达来自哈特(Hart):"如果我们将这种最低限度的含义附加于法律体系之上,即它必然由一般性规则——它们在两种意义上是一般性的,即它们指向行为的过程而非单个行为,指向复数的人而非单个的个体——组成,那么这种含义就隐含着同案同判原则,虽然同案的标准只能是由规则来特定化的一般要素。然而,正义概念的一个基本要素就是同案同判原则。这是法律实施的正义,而非法律本身的正义。"[4] 这种正义的含义是:人们在作判断时应忠诚于这样的观念,即它可以以某种方式基于事实,这

---

[1] 这一概念来自肖尔。所谓"稳固的",指的是"既存的一般化本身就控制着裁判,即便在这些案件中这种一般化未能服务它潜在的正当化依据"(See Frederick Schauer, *Playing by the Rules*, Oxford University Press, 1991, p. 49)。由此,法律规则就成为裁判的推定理由。

[2] Vgl. Gustav Radbruch, *Rechtsphilsophie (Studienausgabe)*, 2.Aufl., hrsg. v. Ralf Dreier u. Stanley L. Paulson, Heidelberg: C. F. Müller Verlag, 2003, S. 38.

[3] 参见[美]史蒂文·J. 伯顿:《诚信裁判》,宋晨翔译,中国人民大学出版社 2015 年版,第 67 页。

[4] H. L. A. Hart, Positivism and the Separation of Law and Morals, *Harvard Law Review* 71 (1958), p. 623.

些事实在类似案件中是相关相似的,而这些相关相似性由他们运用的标准决定。这是一种最低限度的道德限制,它要求人们必须将相同的标准用于所有他们不能诚实地基于原则性理由加以区分的情形。[1] 可见,同案同判与法律上的平等对待说的都只不过是某个规则要适用于所有它可以适用的案件,对这些案件的处理方式不存在积极或消极的背离。在此意义上,同案同判与所有规则都要满足的一般性条件就是同义反复。[2] 它所表达的只不过就是依据"规则"或"一般性标准"来处理案件而已。[3]

其三,同案同判与依法裁判发生冲突时,必须让位于后者。同案同判与依法裁判的要求虽然通常是,但未必总是一致。不一致的情况主要出现在,先前判决在适用法律上存在问题(如找错了作为裁判依据的法律规则,或者对相关法律规则作了错误解释),或先前判决作出后通过了新的法律规则的情形。如果出现这些情形,同案同判依然要求同类的后案依照先前判决作出判决,但依法裁判则会要求按照正确的或正确理解的法律规则,或者新的法律规则作出判决。但很显然,无论如何,此时同案同判必须让位于依法裁判,尽管此时先前判决由于其既判力而不会被撤销,但后案无法依照先前判决作出。当然,在英美法系国家中,由于"遵循先例"(stare decisis)原则的存在,处理后案的法官要偏离先例会比较困难,所以先前判决不仅要存在法律上的错误,而且要存在"清晰而又严重的错误"。具体而言要满足两项条件:第一,这种适用法律的错误严重违背了法律的精神或一般理性;第二,这种错误必须是足够清晰或明确的。[4] 但是,之所以会提出这

---

[1] See David Lyons, Formal Justice and Judicial Precedent, *Vanderbilt Law Review* 38 (1985), p. 506.
[2] See Anthony de Jasay, On Treating Like Cases Alike, *The Independent Review* 4 (1999), pp. 113, 119.
[3] 将同案同判视为构成性法律义务的学者同样承认,同案同判原则与依法裁判具有根本的一致性(参见张骐:《论类似案件应当类似审判》,载《环球法律评论》2014年第3期)。
[4] See John W. Salmond, *Jurisprudence*, 11th ed., Sweet and Maxwell, 1957, pp. 378-381.

种更高的要求,是因为先例在判例法系国家中的权威地位,而非因为同案同判的要求本身。因此,在先例不具有法源地位的国家,同案同判的前提必须是前案正确适用了法律。即便像我们这样建立了案例指导制度的国家,对指导性案例的适用也要受到这一约束。《〈最高人民法院关于案例指导工作的规定〉实施细则》第12条就明确规定,与新的法律、行政法规或者司法解释相冲突的指导性案例不再具有指导作用。所以,在司法实践中,同案同判只是意味着按照"法律上正确"或"获得有效法律支持"的同案去判决。

其四,同案同判不足以说明遵循先例的性质。在司法实践中,运用同案同判与遵循先例看上去似乎是一回事:它们都是将先前的判决运用于同类的后案。因此,许多学者对这两个概念都互换使用。[1] 但其实两者在逻辑上并不完全一致。同案同判本身只要求两个在法律上相同或相似的案件有理由产生一样的法律后果,但并没有说是后案与前案一样,还是前案与后案一样。甚至它也可以包含第三种情形,那就是同时调整前案和后案的法律后果,并使它们一样。同样的道理,严格意义上的同案同判要求同样没有告诉我们,当两个事实一样、先后发生的案件被赋予不同判决结果时,究竟要以哪个为准。当然,司法实践中只存在一种情形,那就是依照前案来判决后案。但是,先前判决具有的这种"权威",并不是由同案同判本身带来的,而是先例作为制度性事实之地位的结果。制度性事实是经由规则调整产生的事实,没有规则的存在就无法产生这种事实。[2] 制度性事实能够产生一种规范性的力量去影响人(包括法官)的行为,先例同样如此。当然,这种规范力有强弱之分:(1)在判例法系国家,先例具有与制定法一样的法源地位,它是一种制度性权威,具有强的规范拘束力。法

---

[1] 例如,参见 David Lyons, Formal Justice and Judicial Precedent, *Vanderbilt Law Review* 38 (1985), p. 498。

[2] "制度性事实"的概念,参见 Neil MacCormick, Legal Reasoning and the Institutional Theory of Law, *Rechtstheorie*, Beiheft 14 (1994), S. 121。

官有法律义务去遵循先例。(2)在中国,指导性案例是司法裁判中基于附属的制度性权威并具有弱规范拘束力的裁判依据,拥有一种"准法源"的地位。[1] 法官负有"应当参照"的法律义务。(3)在其他情形中,先前判决并非法源或准法源。它们之所以可以被树立为同案同判的参照对象,是因为先前判决的既判力,而这种既判力是由程序法规则(终审规则)确定的。在上述三种情形中,先例的规范力呈现从强到弱依次递减的局面。而决定先例之规范力强弱的恰恰是法律本身:在第(1)种情况中,先例本身就是有效的法律;在第(2)种情况中,先例本身虽然不是法律,却与有效的法律具有紧密关联;而在第(3)种情况中,先例本身不是法律,只是其"定型"得到了法律(程序性规则)的确保。所以,无论在哪种情形中,先例的地位都是由法律规则本身确立的。但同案同判的要求在这三种情形中并无差别。所以,制度性事实只能用来辩护先例的法源地位(先例的角色),而无法用来辩护同案同判。[2] 这也体现为,在英美法系国家中,遵循先例的法律效果是某个先前判决强制要求排除法官更倾向的判决;而在大陆法系国家中,法官运用类推(同案同判)时选择某个先前判决则是为了支持当下的某个论证。[3] 所以,同案同判与遵循先例在逻辑上并非一回事。

其五,依法裁判的提法比同案同判更具有普适性。抛开同案同判不等同于遵循先例这一点不论,依法裁判这一提法的普适性也更强。这里指的不是前述前两个理由中所说的依法裁判在含义上已经蕴含了同案同判,因而比后者更宽泛,而是说它能更好地适用于不同的司法制度环境。在大陆法系国家,法官没有遵循先例的义务,却有依法裁判的义务。在英美法系国家,依法裁判同样是法官的义务,但是这

---

[1] 参见雷磊:《指导性案例法源地位再反思》,载《中国法学》2015年第1期。
[2] 有论者就混淆了这两者,参见孙海波:《类似案件应类似审判吗?》,载《法制与社会发展》2019年第3期。
[3] 参见[美]弗里德里克·肖尔:《像法律人那样思考:法律推理新论》,雷磊译,中国法制出版社2016年版,第98页。

里的"法"既包括制定法,也包括判例法,所以遵循先例原本就是依法裁判的一个部分。在我国,指导性案例的主要功能在于发挥法律解释这种制度性功能,以达到"法律见解控制体制"的效果。而指导性案例的"裁判要点"原本就与司法解释条款大致无二,都呈现出规则化的趋势。[1] 所以,参照指导性案例与依法裁判根本上是统一的,参照指导性案例本就是为了更好地适用法律。但是反过来,同案同判却无法同时用来完美地说明上述所有情形。

综上,依法裁判不仅能比同案同判更好地匹配司法裁判,而且本身就蕴含着同案同判的要求,并构成同案同判原则在司法实践中运用的前提。在司法裁判中,同案同判其实是一种从依法裁判这种道德义务中衍生出的义务,它体现了依法裁判的形式面向,也即"道德连贯性的逻辑限制"(logical constraint of moral consistency)。[2] 它属于依法裁判的衍生性义务。

### (二)衍生性义务与可被凌驾性

前已述及,依法裁判是司法裁判不可放弃的构成性义务,但并非绝对不可被其他道德要求凌驾,故而具有初始性。相应地,作为依法裁判的衍生性义务,同案同判同样具有初始性。这并不是说同案同判原则的适用范围有限,依法裁判是一种普遍的司法义务,这决定了其衍生出的同案同判同样是司法裁判的普遍要求。同案同判的初始性说明的只是,这一原则具有有限的,而非始终凌驾于其他要求之上的分量。原则极少被视为绝对的,它们可以在某些情形中被推翻。同案同判原则具有广泛的适用范围,但分量有限。假如两个案件之间存在"凌驾性差异"(overriding differences)且这种差异的意义又没有被先例(或者说法律规则和先前的教义学说)单独确定,就将出现这种情

---

[1] 参见雷磊:《指导性案例法源地位再反思》,载《中国法学》2015年第1期。
[2] Martin P. Golding, *Legal Reasoning*, Alfred A. Knopf Inc., 1984, p. 98.

形。此时,同案同判原则依然支持对两个案件同等处理,因为两者具有相似性,但它会被支持不同对待的考量(无论它们是什么)推翻。[1]

这意味着,从司法裁判的角度看,法律规则所包含的对案件的描述足以决定规则对案件的可适用性(applicability),却不足以决定规则对案件的绝对适用(warranted application)。[2] 同案同判不是一项绝对的司法义务,而是一项初始性义务,是被推定但并非不可退让的义务。因为"公平"并不要求同等情况绝对同等对待,而只是要求差异对待可以被理由证立。将我和他人作不同对待是不公平的,除非有好的理由这么做。[3] 同案同判与合理的区别对待可以共存。总的来说,法官可以正当偏离既判案件的理由大体有三类:

第一类是形式性理由,也即先前案件的判决生效后,作为裁判依据的法律规则被修改,或者通过了新的相关法律规则。在后一种情况中,根据"后法优于前法""特别法优于普通法""上位法优于下位法"等准则,新的法律规则取代旧的法律规则成为有效的法,或作为裁判依据的旧法律规则被废止了,那么此时后案当然不能依照前案判决。这就是前面所说的同案同判与依法裁判发生冲突的场合。换个角度看,由于同案同判本身也需依附于依法裁判,而此时(旧)"法"已然失效,所以已无同案同判的余地。莱昂斯(Lyons)称这种情形为"干预性立法"(intervening legislation)。[4]

第二类是实质性理由,也即存在能证立对同案作不同对待的差

---

[1] See David Lyons, Formal Justice and Judicial Precedent, *Vanderbilt Law Review* 38 (1985), pp. 496-497.

[2] See Kenneth I. Winston, On Treating Like Cases Alike, *California Law Review* 62 (1974), p. 17.

[3] See David A. Strauss, Must Like Cases Be Treated Alike?, *University of Chicago Public Law & Legal Theory Working Paper* 24 (2002), p. 20.

[4] See David Lyons, Formal Justice and Judicial Precedent, *Vanderbilt Law Review* 38 (1985), p. 502.

异。至于具体的道德理由有哪些,在理论上是无法穷尽列举的。[1]因为与司法裁判有关的道德要求本身就是多样的,而它们的分量又具有高度的情境依赖性。只有深入个案情境,才能判断相关的道德要求是什么,它们又能否凌驾于同案同判的要求之上。[2] 只是要注意两点:一是或许有人认为此时出现的是异案而非同案。但正如前文所说,"同案"的判断标准在于法律规则本身以及围绕法律规则形成的法教义学说。存在同案不同判之实质理由的情形指的是,虽然按照法律规则本身及既有的法教义学说,后案与前案没有差别(满足了所有的法律构成要件),但后案还具有前案没有的、具有道德相关性的特征,个案正义的要求使这一特征成为凌驾性差异。二是要对同案作不同对待,就必须承担论证负担,证明存在比依法裁判或同案同判更强的理由。[3] 因为毕竟法律规则本身是一种权威理由,而依法裁判之司法义务又蕴含着对法的安定性和平等这些价值的尊重,因而衍生于依法裁判的同案同判要求具有初始的优先性,法官不能随意偏离。

第三类是程序性理由。与实质性理由不同,程序性理由对同案作不同对待的理由并不在于后案与前案在事实上存在什么凌驾性差异,而完全在于一种程序性的要求。某些国家(典型如联邦制国家)建立了一种分权决策的体制,而这一体制被认为具有某些优势。在这种体制下,尽管两个案件并不具有道德上相关差异的特征,案件的不同处理结果也被认为是正当的,因为它们是这种正当的体制运行的产物。当然,这并不是说这种体制是完美的,因为分权决策的优势有可能会被它的劣势抵消乃至超越,这些劣势包括体系紊乱、存在歧视的

---

[1] 这里也包括这种情形:由于社会变迁导致道德观念变化,以至于在先前判决作出时,不具有道德重要性的差异变得重要了。
[2] 类似观点参见陈景辉:《同案同判:法律义务还是道德要求》,载《中国法学》2013年第3期。
[3] 阿列克西曾提出这样一个论证负担规则:"谁想偏离某个判例,则承受论证负担。"([德]罗伯特·阿列克西:《法律论证理论——作为法律证立理论的理性论辩理论》,舒国滢译,中国法制出版社2002年版,第341页)。

风险等。但问题恰恰在于劣势是否被认为比优势更重要,仅分权体制会引起同案不同判这一事实本身并不足以构成劣势。[1] 假如在一个国家中,分权体制被认为是值得尊重的,那么就得接受由此带来的同案不同判的结果,因为"这种结果来自正当的分权体制"这一程序性理由被认为比同案同判更重要。类似地,在某些制度中,法官基于法律所赋予的制度性角色(institutional role)对同案作出不同的判决。例如,当法律授权法官可以在个案中基于"个人良知"或"衡平感"偏离非强制性的法律规则时。[2] 当然,与可以对情形类似的申请人作出不同对待(批准或拒绝签证)的签证官不同,法官在这么做时也必须进行说理。所以在这种情形中,程序性理由与实质性理由被混合在一起。此时的理由一方面来自其制度性角色(阻止他作出前后一致的判决),另一方面来自偏离的理由(他对于法律规则有瑕疵的证明)。从这一角度看,避免绝对的同案同判有助于"裁判多样性"的发展,保护司法创新和司法试错机制。[3] 而这一点,即便是在非分权体制中也是值得尊重的。

此外,同案同判原则被凌驾的可能性大小也与不同的法律领域相关。按前所述,同案同判是特定类型之活动的基本特征,在法律语境中,这种活动可以被描述为依照规则来治理的事业。所以问题在于,在什么语境中严格坚持既有的规则被认为特别重要,在什么语境中这么做又被认为不是那么重要呢?问题的本质在于,在哪些领域坚持规则(依法裁判)背后的那些价值——防止专断、无偏私性、可预测性——被着重强调,在哪些领域这些价值经常需要让位于其他实质价值。例如,在刑法领域,裁判的统一性就是可欲的,因为它提供了在这

---

[1] See David A. Strauss, Must Like Cases Be Treated Alike?, *University of Chicago Public Law & Legal Theory Working Paper* 24 (2002), pp. 20-22.
[2] 这一点也说明,同案同判很多时候非但不是用来约束法官裁量权的,它(因为依附依法裁判)有时反而会被裁量推翻。
[3] 参见张超:《论"同案同判"的证立及其限度》,载《法律科学》2015年第1期。

一领域中十分重要的可预测性：它允许人们事先就知道哪些行为是被禁止的，因而可以去规划自己的生活而免于官方的干涉。因为在刑法体系中，对隐私、安全和个人自由的考量被赋予优先性。相反，在其他领域则有所不同。如，侵权法对潜在侵权人的惩罚并不像刑罚那样严重，同时，有很多侵权案件其实涉及的是考虑到偶发事故时的资源简单再分配问题，而不必然涉及道德错误。所以，侵权法领域对可预测性的需求没有这么强，对不确定性的容忍度也比较大，从而对同案不同判有更大的容纳度就成为侵权法决策结构的基本特征。[1]

所以，同案同判原则并没有确定司法裁判必须作出什么样的判决，而只是提出了作出此判决的要求。但这种要求只是衍生于依法裁判的初始性义务，并不具有终局性决定力。在个案中，它始终存在着被其他更重要的理由凌驾的可能。

## 四、司法公正的表征性价值

既然同案同判只是依法裁判的衍生性义务，那么为什么还要在依法裁判之外单独强调"同案同判"？在笔者看来，这并非司法裁判性质的要求，也非逻辑上必然的主张，而在于它能够表征司法公正，或者说具有司法公正的表征性价值。由于本身就为依法裁判所蕴含，同案同判本身并非独立的道德原则，而只是这种道德义务的具象化。但这并非意味着这一要求可有可无。因为司法裁判不仅是一项法律的事业，也是一项社会的事业，它在社会治理中发挥着重要作用。所以司法裁判不仅要具有合法性，也要具有说服力；不仅要注重法律效果，也要注重社会效果。从这个角度看，同案同判原则虽然没有超出依法裁判的内涵，却有"溢出"严格意义上的依法裁判的效果。它最主要的社

---

[1] See Kenneth I. Winston, On Treating Like Cases Alike, *California Law Review* 62 (1974), pp. 36-39.

会效果在于"形式正义的可视化"和"可预期性的显现化"。[1]

## （一）形式正义的可视化

论者往往援引形式正义或平等来证成同案同判。支持者认为，平等体现了"自然正义"[2]或"自然程序正义"[3]，它要求实践中的人们无条件地服从这种正义，而不管我们是否愿意承担其后果；反对者则认为它是个"空洞的观念"（empty idea），因为它必须包容外部性价值以决定何种情形以及何种对待是类似的。[4] 对于本章的主题而言，我们不必介入关于平等的这场争议，而只需指明这一点：平等对待原本就是法律规则和依法裁判的固有之义，说平等是同案同判的价值基础不外乎是说同案同判可以从依法裁判中衍生出来，在此意义上可以说同案同判所彰显的平等是空洞的，因为它并不具有独立的道德力量。但从另一个角度来看，只要依法裁判（将法律规则或一般性标准适用于个案）依然是司法裁判的构成性义务，平等就必然是法律这种"服从于规则之治理的事业"的不可放弃的内在道德。[5]

---

[1] 无论是同案同判的支持者还是反对者，大多都将"融贯性"视为支持同案同判的一种重要论据。本章之所以没有处理融贯性问题，基于两方面的理由：一是策略性理由，也即融贯性与同案同判的表征性功能无关。二是理论性理由，论者往往援引德沃金的"原则一致性"（consistency in principle）或"整全性"（integrity）作为融贯性理论的代表。但在方法上需要有两方面的要求，即司法裁判要遵循法律制度的历史文本和过去的政治决定（"符合"）且在道德上满足对法律的最佳证成（"道德证成"）。但正如前文所述，同案同判只具有形式性，至多只具有"符合"的面向而没有"道德证成"的面向。它更合乎德沃金所说的"策略一致性"（consistency in strategy）（参见〔美〕罗纳德·德沃金：《法律帝国》，许杨勇译，上海三联书店2016年版，第107页）。

[2] 这一概念参见〔美〕约翰·罗尔斯：《正义论》，何怀宏等译，中国社会科学出版社2009年版，第87—90页。

[3] H. L. A. Hart, Positivism and the Separation of Law and Morals, *Harvard Law Review* 71 (1958), p. 624.

[4] See Peter Westen, The Empty Idea of Equality, *Harvard Law Review* 95 (1982), pp. 537–596.

[5] 例如，富勒就将"法律的一般性"或"存在规则"作为法律的八项内在道德之一［See Lon L. Fuller, *The Morality of Law (revised edition)*, New Haven: Yale University Press, 1964, pp. 46-49］。

从表征性价值的角度看,同案同判本身并不等同于平等,而是这种形式正义的可视化。常言道,正义不仅要被实现,而且要以看得见的方式被实现。相较裁判是否依法,案件是否同判更为"可视"。相比于抽象的法律规则的适用,类似案件类似处理使司法公正的"可触摸感"更强。至少"同案同判"看上去是一种对法官的约束机制,它让社会公众相信这一制度会在很大程度上减少司法裁判中发生歧见和偏私的可能性,压缩那些有可能造成歧视性待遇的空间,从而维护司法公正的外观。对当事人和社会公众而言,如果看到类似的案件被赋予相同的判决后果,就有初步的理由相信得到了公正的对待。相反,如果更多看到的是,类似的案件被判处不同的判决结果,那么就有更多的理由怀疑存在着某种不公正的对待。纵使这种怀疑实际上缺乏根据,但打消这种怀疑并确立司法的公共信任本身却是有价值的。[1]有的时候,即便这种平等对待被证明是与法律的要求本身不相容的,但诉诸形式正义依然有其社会效果意义上的合理性。例如,甲闯红灯未被警察处罚,目睹此景的乙也闯红灯却被警察拦下处罚,他会说"这不公平"。警察的处罚当然是合法的,但"不公平"。这里的公平与否并非法律问题,而是社会效果问题。同样的道理,即便法官在裁判案件时有充分的法律或道德理由去同案异判,也必须要对这种社会公平保持起码的尊重,也即对其差异化判决进行充分的证立,以此来说服当事人和社会公众接受。也就是说,能够让当事人和社会公众放弃对这种社会公平之坚持的,只能是具有更大说服力的正当理由。

在司法信任匮乏的社会情境下,同案同判的社会效果会显得更加重要。因为它要求法官不是各自为战,逐个不受拘束地作出个别判决,而是要把司法裁判实践视为一项彼此共享的事业,相互尊重并依循彼此判决,由此在某种程度上塑造一个单一独立的人格体或形构

---

[1] 参见张超:《论"同案同判"的证立及其限度》,载《法律科学》2015 年第 1 期。

一个行动体单元。[1] 它看上去所指向的,就是那个十九世纪以来的设想:法官只是说出法律的嘴巴,因而是可替代的。无论是哪位法官来处理同一类案件,都会得出类似的判决结果。进而,如果将司法视为社会治理的一环的话,那么同案同判彰显的也是民众对社会治理的整体诉求:政府对所有公民都必须用一个声音说话,必须对他们一视同仁和保持平等的关切。[2] 所以,同案同判很多时候代表着一种"看得见的正义"或者说"表见正义"。

### (二)可预期性的显现化

依法裁判蕴含着法的安定性的价值。它大体囊括了这样几层含义:其一,公民可以基于法律获得关于其法律地位以及这一地位之法律条件的信息(可知性);其二,公民可以确凿地依赖这类正确的信息来行为(可靠性);其三,公民可以预见到政府官员所作之具体法律决定的可能(可预期性);最后,政府官员必须遵循现行有效的实在法,必须以事前确定的一般性法律规范为司法、执法的依据,他们的裁量权要受到约束(可约束性)。[3] 在这几层含义中,最核心的是可预期性的要求。因为在最终的意义上,法律的可知性与可靠性只能借助政府官员的行为来实现,而约束政府官员的裁量权主要也是为了提升法律决定的可预期性。

可预期性要求法官对同等事物同等处理,而同案同判就是对法律规则中已然包含的同等事物同等处理这一诉求的形象化和显现化说法。具体个案是看得见的法典,摸得着的规则。公民是通过个案中一个个生动具体的故事、纠纷和处理结果去感受法律、体会法

---

[1] 参见张超:《论"同案同判"的证立及其限度》,载《法律科学》2015年第1期。
[2] 参见〔美〕罗纳德·德沃金:《法律帝国》,许杨勇译,上海三联书店2016年版,第175页。
[3] See Åke Frändberg, *From Rechtsstaat to Universal Law-State: An Essay in Philosophical Jurisprudence*, Springer, 2014, p. 113;〔美〕布雷恩·Z. 塔玛纳哈:《论法治——历史、政治和理论》,李桂林译,武汉大学出版社2010年版,第148页。

律的。[1] 与职业法律人不同,当事人和社会公众可能更关注案件判决的结果,因为实体结果能够被观察、计算和比较。在实践中,人们往往会基于对判决结果之间的比较,而鲜少根据判决结果与具体法律规范条文的比附来提出对某个特定判决的质疑,这就是为什么公众通常诉诸"类案类判"而不是更为一般化的理由——"依法裁判"。对于公众而言,辨识判决的"违法性"要比辨识"相同案件有没有得到相同处理"难度大,因而用"同案同判"替代"依法裁判"就成为理所当然的话语诉求。[2] 如果只有抽象的平等原则而无实实在在"看得见"的个案公正,作为规则之治的法治原则将无法真正得到彰显,人们便无法通过前后一贯的案件信息,在头脑中形成法律行为与结果的稳定预期。

进而言之,司法裁判的功能并不止于具体纠纷之解决,还应进一步承担起法律对行为的指引功能。公众并不像职业法律人和法学学者那样了解和关心法律规则的含义。他们更关心的是完全确立可靠的、得到普遍承认的具体行为标准,依据这种具体行为标准,他们可以有的放矢地安排自己的生活,也可以知晓自己在实施特定行为后会发生什么样的、确定的法律后果。但由于法律规则的抽象性和一般性,它们本身无法完全满足这一诉求。在这种情况下,先前的相关判决就自然而然地扮演了这种角色。此时,面对"同案",法官的判决越具统一性,在客观效果上,法律的行为指引就越确定,公众就越清楚法律的具体要求为何。相反,如果法官的判决"此一时彼一时",那么即便每个法官在宣称"依法裁判"时都言之凿凿,法律的行为指引功能也会受到无法否认的损害。[3] 所以,公众更关注个案的深层原因在于其对于待判案件的体验感和自我代入感。他们希望如果自己是待判案件的当事人,也能得到公正的处理,而公正处理的重要方面就是在

---

[1] 参见白建军:《同案同判的宪政意义及其实证研究》,载《中国法学》2003 年第 3 期。
[2] 参见孙海波:《类似案件应类似审判吗?》,载《法制与社会发展》2019 年第 3 期。
[3] 参见张超:《论"同案同判"的证立及其限度》,载《法律科学》2015 年第 1 期。

实施相关行为之前就得到由先前判决所确立的具体行为标准的指引。

事实上,无论是形式正义(平等)还是可预期性,都是依法裁判所固有的价值。只是一般法律规则对于具体案件的适用是个复杂的过程,它对于公众而言不那么易感(accessible),可视化和显现化的程度不高。在公众的心中,法律无疑是正义的化身。但正义不仅要被实现,而且要以看得见的方式被实现。[1] 同案同判较好地弥补了法律规则适用的复杂性缺陷,使司法裁判得以"剧场化"。在这一过程中,法院能更好地达成跨个人、跨法院和跨时间的一致性,而这对于法院所追求的社会学正当性(sociological legitimacy)至关重要。[2] 所以,与其说同案同判是实操的方法论原则,不如说它是司法裁判之社会价值的表征,是(作为社会公正之)司法公正的符号。

## 五、本章结语

同案同判原则无疑具有直觉上的吸引力。在司法裁判中,它通常被认为能够避免某些要加以避免的结果,因而有利于司法公正。甚至在近年来的实践中出现了基于司法大数据智能应用的"同案不同判预警"机制,从而反向对法官提出了同案同判的道德压力。与此形成对比的是,我们过于轻易地将这一原则当作不证自明的前提,而缺乏对它的性质或者说它在司法裁判中之地位的充分反思。本章试图论证和说明的是,学界既有的两种观点,即要么将它视为司法裁判不可放弃的法律义务(强主张),要么将它视为只是与司法裁判相关的、可被凌驾的道德义务(弱主张),都有失偏颇。由于司法裁判具有依法裁判和个案正义的二元性质,所以作为形式原则的同案同判必然只是依法

---

[1] 当然,要再次提醒的是,这里的"正义"更多是社会正义,而非严格意义上的法律正义。
[2] See Randy J. Kozel, *Settled Versus Right: A Theory of Precedent*, Cambridge: Cambridge University Press, 2017, p. 117.

裁判的衍生性义务。由于作为司法义务的依法裁判归根结底也是一种道德要求，衍生自依法裁判的同案同判必然只具有初始性，始终存在着被其他更重要的理由凌驾的可能。但是，同案同判的提法并非没有意义，它具有"溢出"依法裁判之外的表征性价值，也即形式正义的可视化和可预期性的显现化。毕竟司法裁判也是社会治理的一环，除了法律效果，也要追求社会效果。从这个角度看，尽管同案同判不具有独立的法律意义和道德价值，但仍不失为司法公正的一种价值符号。

## 第六章　司法裁判中的后果考量

不可否认,现代法律推理或司法裁判活动已远非对既定法律规则的简单适用或者用单纯的涵摄模式就可以概括。司法机关定位的转变、司法活动在社会治理中功能的变迁以及现代社会的复杂性都要求司法裁判不能止步于"法律适用"或"依法裁判",也要以看得见和说得出的方式实现"个案正义"的目标,并在一定意义上承担起"法律创设"(创设裁判规范)的任务。这就要求裁判者不仅要考量既有的法律规定以及教义学说,也要甚至更要关照现实后果。尤其是在中国社会转型的背景下,法律规范的立法供应不足、不完善与社会冲突的多样性、多变性之间的张力至少在表面上会使这种要求显得尤为必要。这也反映为,近年来中国学界关于司法裁判活动的社会效果[1]、政策分析[2]、经济分析[3]和社会科学知识之运用[4]的研究颇为流行。这类研究在方法论上的对应物,即司法裁判中的后果考量(Folgenberücksichtigung)或者说后果取向(Folgenorientierung)。

---

[1] 例如,参见宋亚辉:《追求裁判的社会效果:1983—2012》,载《法学研究》2017 年第 5 期。
[2] 例如,参见龙宗智:《转型期的法治与司法政策》,载《法商研究》2007 年第 2 期。相较而言,刑法学者对关于刑事政策在司法裁判中的作用(与刑法教义学的关系)的讨论比较多,例如,参见劳东燕:《刑事政策与刑法体系关系之考察》,载《比较法研究》2012 年第 2 期;陈兴良:《刑法教义学与刑事政策的关系:从李斯特鸿沟到罗克辛贯通——中国语境下的展开》,载《中外法学》2013 年第 5 期。
[3] 例如,参见钱弘道:《法律的经济分析工具》,载《法学研究》2004 年第 4 期。
[4] 例如,参见侯猛:《司法中的社会科学判断》,载《中国法学》2015 年第 6 期;王云清:《司法裁判中的社会科学:渊源、功能与定位》,载《法制与社会发展》2016 年第 6 期。

简单地说,后果考量指的是在进行法律推理时考量裁判的后果,并在给定情况下根据解释的后果来修正解释。如果说古典法教义学通过处理过去的事实并借助已给定的规则来控制裁判,那么后果取向则通过对裁判所导致之效果的期待来调控裁判。[1] 从理论逻辑上讲,对司法裁判中后果考量的研究大体可分为三个层面,即描述、分析与规范的层面。描述层面涉及对后果考量在现实裁判活动中之运用的描摹归纳,分析层面涉及对后果考量之概念(及特征)、方法(类型、步骤等)和定位问题的剖析,规范层面涉及对后果考量之正当性的论证。目前国内学界的研究对这些层面均有涉猎,这些研究也在很大程度上推进了对于后果考量的理解。[2] 但相对而言,这些研究依然不够体系化和深入。本章将聚焦于分析层面,首先澄清司法裁判之"后果"的含义,继而从"后果主义"和"后果论证"(基于后果的论证)两个维度来对后果考量进行方法论定位,接着论述后果考量(后果论证)在司法裁判之价值判断中的局限与意义。

## 一、后果考量的含义

### (一)"后果"的含义

什么是考量裁判的"后果"?如果不先厘清后果考量中"后果"的含义,就难以对司法裁判中后果考量作出准确的定位。这里我们需要提出几组重要的区分。

---

[1] Vgl. Martina Renate Deckert, *Folgenorientierung in der Rechtsanwendung*, München: Beck, 1995, S. 2.
[2] 代表性成果参见王彬:《司法裁决中的"顺推法"与"逆推法"》,载《法制与社会发展》2014年第1期;杨知文:《基于后果评价的法律适用方法》,载《现代法学》2014年第4期;孙海波:《通过裁判后果论证裁判——法律推理新论》,载《法律科学》2015年第3期;张顺:《后果主义论辩的证成与具体适用》,载《北方法学》2016年第1期。

首先，要区分司法裁判之结论意义上的后果（result）和影响意义上的后果（consequence）。前者是严格意义上的"法律后果"，是依法裁判带来的直接结果。相反，后者是裁判结论对于案件的当事人、他人或法律体系本身带来的可能影响，是司法裁判带来的间接后果。例如2016年发生的山东聊城于欢案件，二审法院改变了一审法院无期徒刑的判决，依据《刑法》第20条第2款关于防卫过当的规定，改判于欢5年有期徒刑。这里的"5年有期徒刑"就是法律后果，而影响意义上的后果则是可能会鼓励更多类似于欢及其母亲那样正在遭受不法侵害的受害者采取有限度的自力救济。任何司法裁判都有一个法律后果，在许多案件中有经验的法官也可能在裁判开始就会大体形成关于法律后果的预判，但这并非"后果考量"意义上的后果。真正的后果考量指的是考虑裁判可能带来的影响并以之作为裁判的理由，它只涉及影响意义上的后果。

其次，要将影响意义上的后果进一步区分为个别后果与一般后果（抽象后果）。前者是司法裁判对于案件当事人所产生的影响，而后者是司法裁判带来的一般性的、体系性的影响。[1] 例如，一旦法官根据《民法典》第1165条，认定被告存在过错，且原告的损害是由被告的行为所引起的，那么被告就要承担损害赔偿责任。但具体个案中认定损害赔偿责任的裁判结论可能会给被告带来极高的经济负担，会导致被告的生活陷入极度的困顿或者告知被告破产。这就是司法裁判的个别后果。那么，当法官从法律的角度来确定被告是否存在过错、被告的行为与原告的损害之间是否存在因果关系时，能否去考量这类后果？通常情况下是不可以的。基于责任法定原则，对法律责任的认定必须严格依照法律来进行，因为它既反对责任擅断和法外责罚，也要求依法追责。这意味着上述个别后果无法在认定原告是否存在责任

---

[1] See Péter Cserne, Policy Arguments Before Courts: Identifying and Evaluating Consequence-Based Judicial Reasoning, *Humanitas Journal of European Studies* 3 (2009), p. 14.

这一点上发挥作用。当然,如果它符合免责条件(如人道主义免责),则可以减免被告的责任。但免责以存在责任为前提,因此它并不影响法律责任的认定本身。此外,有时法律会明确授权法官去考量他的裁决对于个案当事人的影响。例如我国《刑事诉讼法》第 67 条第 1 款第(二)项规定,可能判处有期徒刑以上刑罚,采取取保候审不致发生社会危险性的,可以取保候审。这里所谓的"不致发生社会危险性"就是事前对于个别后果的预测。再比如 1959 年联合国《儿童权利宣言》原则二,以及很多国家的立法中规定的"儿童利益最大原则",也隐含着对法官在具体个案(如离婚案件)中考量裁判对于儿童未来之利益的可能影响(判给父亲还是母亲对于子女的成长最为有利)的授权。但要注意的是,这种对于个别后果的考量是法律本身所规定的,已然为依法裁判的要求和既有的教义学说所容纳,并非与之对立意义上的后果考量。

真正的后果考量所考虑的后果是法官作出的一般性裁判规则所可能导致的所有可能后果,而不仅仅是判决对某个特定当事人的特定影响。[1] 例如在上例中,当法官在解释"引起"(因果关系)时,他可能会意识到对因果关系较宽泛的认定或较狭隘的认定会对作为损害赔偿制度的民事责任、未来类似的侵权案件产生影响。他也许也会意识到,对"因果关系"这一教义性概念的不同解释会改变不同社会群体,如致损人和受害人之间的财富分配,或影响到潜在致损人所采取的预防措施的力度。从而,潜在原告和潜在被告可能会基于他们对案件如何解决的期待去改变他们的行为,而法官则可以基于这种期待去证立其裁判。正是这种一般后果才可能成为司法裁判

---

[1] 参见[英]尼尔·麦考密克:《法律推理与法律理论》,姜峰译,法律出版社 2005 年版,第 147 页。该作者称这种想法为"规则功利主义",以与考虑对特定当事人影响的"行为功利主义"相对[ Vgl. Neil MacCormick, Argumentation und Interpretation im Recht: "Rule Consequentialism" und rationale Rekonstruktion, in: Gunther Teubner (Hrsg.), Entscheidungsfolgen als Rechtsgründe, Baden-Baden: Nomos, 1995, S. 39]。

的理由。因为理由总是要比理由所支持的结论或判决更具有一般性,也就是说范围更广。[1] 换言之,它会对类似情形产生同样的效果,而这恰恰是后果考量所要顾及的。

最后,要将一般后果区分为法律体系本身的后果、法律体系内部的后果与法律体系的外部后果(社会后果)。法律体系本身的后果是司法裁判对于作为实在制度的法本身的影响,例如法的安定性。依法裁判本身就可以促进法的安定性这一法理念的实现,因为它使判决具有可预测性。[2] 但后果考量指的并不是这一意义上的后果,因为如果这一意义上的后果成立,那么就没有任何司法裁判不属于后果考量了。我们不能以这种定义的方式去遮盖原本要解决的问题。法律体系内部的后果也被称为"司法裁决后果"(juridical consequences),指的是某个裁判在逻辑上蕴含的对于类似情形的后果。[3] 进而,这类后果考量要求法官去考虑,他在当下案件中的裁决是否会对同一法律体系的其他规则构成挑战。基于司法裁决后果的一个典型例子是滑坡论证(slippery slope argument)。[4] 滑坡论证指的是这样一种论证:假如在本案中法官判决 X,在所有类似的案件中法官都应当判决 X,而这意味着法律体系中的其他规则将容许,甚或要求做(从适用于本案的规范性标准看)明显不可欲的事。X 的逻辑意蕴是不可接受的,所以不能采纳 X。[5] 例如 2001 年发生的上海市长宁区的沈氏姐妹诉王某错告请求损害赔偿一案,即可使用滑坡论进行论证:原告沈氏姐妹因被告王某的错告而遭受了一定的经济损失和精神损失,似乎应按照

---

[1] 参见〔美〕弗里德里克·肖尔:《像法律人那样思考:法律推理新论》,雷磊译,中国法制出版社 2016 年版,第 192 页。
[2] 具体参见雷磊:《法律方法、法的安定性与法治》,载《法学家》2015 年第 4 期。
[3] See Bernard Rudden, Consequences, *Judicial Review* 24 (1979), pp. 197–199.
[4] See Peter Cane, Consequences in Judicial Reasoning, in: Jeremy Horder (ed.), *Oxford Essays in Jurisprudence*, Oxford: Oxford University Press, 2000, p. 41.
[5] See Neil MacCormick, On Legal Decisions and Their Consequences: From Dewey to Dworkin, *New York University Law Review* 58 (1983), p. 240.

当时《民法通则》(已失效)的有关规定获得相应赔偿;但是如果基于对被告的认知错误(而非故意)支持原告的诉讼请求,将导致今后不得不支持越来越多的胜诉的被告人反过来针对原告提出类似的诉讼请求,从而事实上否定人们在没有绝对胜诉把握的情况下的诉权,这必定会动摇和破坏现行民事诉讼制度赖以建立的根基。因此不应支持原告的诉讼请求。[1]

尽管有学者支持将司法裁决后果作为后果考量的重要组成部分,甚至几乎完全聚焦于这类后果[2],但从滑坡论证的形式可以看到,它其实相当于类比推理与目的论证的一种复合。只要最终 X 之逻辑意蕴的可欲或不可欲本身有赖于法律体系本身所包含的规范性标准,它就至少不是后果考量的主要情形。[3] 后果考量更常见的情形考虑的是法律体系的外部后果或者说社会后果。[4] 它指的是裁判在法律体系之外,就社会整体而言所引发或压制的人们的行为。[5] 当法官考量社会后果时,他需要有所依据地去预测作为法律主体的特定群体会如何改变其行为来回应特定的判决。他必须对人们可能对不同判决作出各种不同回应的假设进行想象和比较,并从中选择最优的

---

[1] 参见石现明:《滑坡论及其在法律推理中的应用》,载《西南民族学院学报(哲学社会科学版)》2003 年第 5 期。
[2] 例如,参见[英]尼尔·麦考密克:《修辞与法治》,程朝阳、孙光宁译,北京大学出版社 2014 年版,第 149 页。
[3] 应当承认,司法裁决后果与社会后果之间的区别有时并不那么明显,而是交杂在一起的。如上文所提及的沈氏姐妹诉王某错误请求损害赔偿案中可能引发的滥诉行为及对司法资源的浪费属于社会后果,但它动摇和破坏民事诉讼制度的根基又属于司法裁决后果。尽管如此,它们之间依然有区别:如果规范性标准在于法内(如"诉权"),那么就属于这里讲的司法裁决后果(其实更准确地说属于后文第四部分要涉及的狭义目的论证),如果规范性标准在于法外(如"节省诉讼资源"这一经济学标准),那么就属于社会后果。
[4] 类似的观点参见张青波:《理性实践法律:当代德国的法之适用理论》,法律出版社 2012 年版,第 265 页。笔者认为,后果考量只包括"现实后果"而不包括"法效果",要排除对规范适用者的后果、裁判是否可以贯彻的后果、对上级法院和法律界的后果。
[5] 鲁登称之为"行为后果"[See Bernard Rudden, Consequences, *Judicial Review* 24 (1979), pp. 194–197]。

假设及相应的判决。基于经济效应或福利来预测司法裁判的后果就属于这类社会后果考量的特殊情形。除此之外,宽泛意义上的社会效果、政策考量和广义上的其他社会科学知识的运用大体都属于这里说的社会后果。如果这种社会后果是可欲的,它就是积极后果;如果它是不可欲的,那就是消极后果。积极后果的考量会导致肯定性的裁判结论(支持作出某种选择和判决),消极后果的考量会导致否定性的结论(这种结论可能是暂时性的,法官会进而作出与之相反的肯定性裁判结论)。[1]

综上,后果考量主要指的是考虑司法裁判可能影响的一般社会后果,既包括积极的社会后果,也包括消极的后果。

### (二)后果考量的双重理解

在此基础上,后果考量既可以被理解为坚持司法裁判整体上的后果主义倾向,也可以被理解为主张司法裁判采纳后果论证这一特定的论证方式。它们分别代表着强版本与弱版本的后果考量。

后果主义(consequentialism)首先是一种道德哲学观点,它不仅认为后果与道德相关,而且认为后果是唯一与道德相关的。换言之,它认为促成最好的后果对行为的正确性而言是必要且充分的,而不仅仅是必要的。[2] 如果移用这一界定,那么可以说司法裁判中的后果主义指的是将裁判的后果视为判断裁判正确性的唯一标准:只要裁判的后果是(最)好的,裁判就是正确的。当然,要强调的是,裁判理论上的后果主义与作为实质道德观点的后果主义之间并没有逻辑上或其他方面的必然联系。[3] 法律经济学学者一般会主张法官在裁决案件

---

[1] 后者在传统上被称为"归谬法"(具体可参见 Harm Kloosterhuis, Ad Absurdum Argumentation, in his *Reconstructing Interpretative Argumentation in Legal Decisions*, Amsterdam: SicSat/Rozenberg, 2006, pp. 73-85)。
[2] 参见〔美〕茱莉亚·德莱夫:《后果主义》,余露译,华夏出版社 2016 年版,第 1 页。
[3] See Randy E. Barnett, Foreword: Of Chickens and Eggs – The Compatibility of Moral Rights and Consequentialist Analyses, *Harvard Journal of Law and Public Policy* 12 (1989), p. 612.

时应当使社会福利或财富最大化。这既是一种裁判理论上的后果主义立场,即要求法官将他们的判决建立在后果(即它们对于社会福利的影响)基础上,也是一种伦理学上的后果主义立场,即福利最大化。但从逻辑的视角看,这种联系是偶然的。我们既可以在主张法官应当将其判决完全建立在特定结果之上的同时,拒绝将纯粹的后果主义(主要分支为功利主义)作为道德立场;也可以一边坚持伦理学上的功利主义,一边主张法官不得用裁判的后果来证立其判决。因为裁判理论上的后果主义是一种综合了各种价值的最终判断,甚至对这些价值所导致的对立结果也需要进行协调。[1] 它要借助多项标准作判断,而不仅与伦理学上的后果主义(主要为功利主义)这一套判断标准相关。它唯一坚持的,是将裁判的后果视为判断裁判正确性的唯一标准。

与此不同,后果论证,或者称"基于后果的论证"(consequence-based arguments),指的仅是在司法裁判或法律论证过程中,采用依据后果来证立特定主张或观点的论证方法。它并不意图将后果作为评断裁判正确与否的终极性标准,而只要求至少在某些案件中将对后果的考量作为法律论证的方法之一。在此,后果论证不能取代其他论证方法,而可能需要与其他论证方法相互配合或者平衡才能达成正确的裁判结论。

## 二、后果考量的方法论定位

要对后果考量在司法裁判(法律论证)中进行准确定位,就必须先回答两个问题:裁判理论上的后果主义能否成立?假如不能,那么接下去要追问的是,后果论证是否是一种独立的裁判方法?

---

[1] 参见〔英〕尼尔·麦考密克:《法律推理与法律理论》,姜峰译,法律出版社 2005 年版,第 110 页。

## （一）后果主义能否成立？

在后果主义裁判理论中，裁判的后果既可能扮演裁判之原因的角色，也可能扮演裁判之理由的角色。这里面的区别在于，前者从发生学的角度将裁判后果视为一切裁判结论得以产生的原因或动机，而后者从规范理论的角度将裁判后果视为裁判结论的正当化依据。它们对应司法裁判中法的发现与法的证立这两个层面。[1] 简言之，前者是法官思考得出某个法律结论的实际过程或者说"真实"过程，后者则是他对这个结论提供的论据进行论证说理的过程。在法律适用过程中，法的发现与法的证立这两个层面可以相对分离。

### 1. 法的发现层面：一切裁判理由都是事后的包装？

在法的发现层面上，后果主义的最大理论支柱来自法律现实主义。在法律现实主义者看来，法官裁判案件的过程通常是先有裁判结果，后找法律规范。法律规范或法教义学理论往往决定不了裁判结果，真正能对案件裁判起到作用的是大量法外的因素（原因），政治的、经济的、文化的、功利的，等等。[2] 它反对对法条的机械适用，强调案件的社会因素（或法官的个人因素）。归纳而言，法律现实主义拥有一个理论假设与两个经验假设。一个理论假设在于，对司法裁判者真实判决过程的探究要比他为判决结果所提供的论证更重要，因为只有对司法裁判真实结构的研究（因果研究）才能揭示出司法裁判的"真相"。两个经验假设在于：一方面，法官在进行裁判时总是先直觉式地产生判决结论然后再去寻找法律上的依据；另一方面，在一个复杂的法律体系中，法律上的依据总是可以找得到的。[3] 这两方面的假定加在

---

[1] 详细论证参见焦宝乾：《法的发现与证立》，载《法学研究》2005年第5期。
[2] 这种观点例如，参见〔美〕本杰明·卡多佐：《司法过程的性质》，苏力译，商务印书馆2002年版，第150页以下。
[3] 参见〔美〕弗里德里克·肖尔：《像法律人那样思考：法律推理新论》，雷磊译，中国法制出版社2016年版，第151—152页。

一起,就会导致这样的结论,即法律规范、法教义(法律学说)这些通常被认为是裁判理由,并且它们所起到的无非是"事后的包装功能",真正重要的是现实影响判决的法外因素。而这些法外因素往往体现为裁判的后果,它们实际上以回溯性和倒果为因的方式决定着司法裁判。

假如现实主义的假设能够成立,那么作为法的发现理论的后果主义就将得到有力的支持。但笔者认为这两方面的假设都存在问题。就理论假设而言,相比于法的发现层面,法学研究更应关注的是法的证立层面。法学研究本身并无高下之别。是更关注司法裁判的真实过程,还是更关注为裁判结论提供理由的方式与结构,很多时候有赖于研究者个人的选择。但任何学科都有自己的独特视角。法学作为规范性学科的特质决定了,法学研究的独特之处并不在于探究某项活动的现实成因和动机要素(社会学研究与心理学研究无疑更能胜任这项任务),而在于为这项活动提供辩护或者使其正当化。所以,法学关注的重点在于是否充分而完整地进行对法学判断之证立,而不在于这个裁判事实上是透过何种过程发现的。无须否认,对社会因素及其后果的考量很可能影响到法官就法律问题作出的判断,但它们属于法的发现的过程。在法的证立的层面上,法官还需对实际上作出的判断进行合理化以证明其是"正确的"。即便能证明考量一般社会后果是法律发现的常态,它们也至多只是使裁判程序开始的因素,却不是最终使裁判成立的依据。司法决定的客观性置于司法证立的过程,即法官在支持自己的结论时所给出的"合理化"。[1] 因此,关键的问题在于所给出的理由对于确立结论是否合适,而不在于这些理由是否由特定的原因,如由某种社会后果的考量所引发。

就经验假设而言,现实主义的关注点主要聚焦于上级法院审理的案件,尤其是疑难案件。在这些案件中,法官的确会受到道德、政治、

---

[1] See Martin P. Golding, Discovery and justification in science and law, in: Aleksander Peczenik et al. (eds.), *Theory of legal science*, Dordrecht: Springer, 1984, p. 113.

经济或意识形态等社会因素的影响,会先形成后果判断与判决结论,然后再去找法条和法教义学上的依据。[1] 但如果将目光转向下级法院所审理的大量简单案件,就会发现在这些数量占绝对主体的案件中,法条的规定是明确的或少有争议的,法官只能得出唯一或者裁量权很小的结论。一方面,法官的确可能基于自己长期审判的经验所形成的法感对判决结论有所预判,但这种法感与预判的形成往往已经融合了相关的法条与教义。这是因为在先前审理类似案件的过程中,法官已经接触到这些法条与教义,并在某种程度上将它们"内化"了。此时,就无法认为后果在法的发现层面上能起到唯一性的决定作用。另一方面,在简单案件中,事实一经确定,结论就是相对清晰的。也就是说,并非争议双方都可以提出同等分量的裁判理由来支持自己基于后果考量提出的结论。或者说事实一旦被认定,双方就法律适用而言就争议不大。这意味着可能只有一方基于后果考量提出的观点才能在法律上成立,而法官也必须采纳这一观点。此时,法的发现层面上的后果考量就会在法的证立层面上受到限制。

所以,以法条和法教义为代表的裁判理由对于裁判而言绝不仅仅是事后的包装。后果主义无法在法的发现层面上一般性地成立,即便成立,对于以证立为核心的(作为法学一部分的)裁判理论来说也不具有核心意义。

2. 法的证立层面:一切裁判理由都是后果取向的?

当然,社会后果不仅可能扮演裁判之原因的角色,也可能作为裁判理由进入法律论证的过程。只是在这一过程中要接受正当化的检

---

[1] 要指出的是,在这一假设中,现实主义者表面上说的是"先有判决结论后找裁判理由",也即先有前文所说的"司法裁判之结论意义上的后果"。如果仅仅是这样,那么就与这里所讲的后果主义没有什么联系。但现实主义者表达的真正意思是,法官会基于对法外的(社会)因素的考量先形成判决结论,然后再去寻找裁判理由加以修饰。所以,依然涉及后果主义裁判的问题。

验:只有可以被正当化的原因才能转变为理由[1],从而在法的证立层面上发挥规范性的作用。这种正当化的依据主要在于特定法律体系或道德体系所展现出的价值。这意味着,作为裁判理由之后果的范围肯定要比作为裁判原因之后果的范围来得小,因为必然会有一部分这样的原因(如"促进男女不平等对待"这一后果),虽然它们能说明裁判产生的原因,却无法正当化裁判本身。尽管如此,毕竟有一部分后果可以扮演裁判理由的角色。于此,作为法的证立理论的后果主义会主张,只有社会后果才是最重要和最根本的裁判理由:运用任何解释方法获得的结论都要经受后果的检验,当其他裁判理由与后果考量发生冲突时也要以后者为准。因此,后果考量构成正确裁判的终极标准,或者说成为凌驾于其他裁判方法之上,可以对后者进行二次判断和选择的元方法。

作为法的证立理论的后果主义意味着后果考量对于司法裁判而言具有"构成性"[2],也就意味着后果考量绝对凌驾于既有的法教义学论证(规范论证)之上。因此,后果主义能否成立,取决于后果取向与法教义学论证之间的关系。而从某种意义上说,这又取决于我们对于司法裁判之目标的认识。通常来说,正确的司法裁判要满足两个方面的目标,一是依法裁判,二是个案正义。[3] 依法裁判是司法区别于其他纠纷解决方式的重要特征,司法裁判在本质上不仅是一种法律论证活动,而且是一种依法裁判的论证活动。它与一系列重要的价值或

---

[1] 伦理学上通常将"原因"称为"动机性理由",将这里所讲的"理由"称为"规范性理由"。参见 Jonathan Dancy, *Practical Reality*, Oxford: Oxford University Press, 2000, pp. 1-2。
[2] 这种观点,参见 Gunther Teubner, Folgenkontrolle und Responsive Dogmatik, *Rechtstheorie* 6 (1975), S. 181, 189。
[3] 对这里的依法裁判的"法"要作广义上的理解,它指的是以制定法与判例为基础的教义学知识体系。个案正义尽管不完全等于后果考量,但后果考量至少是实现个案正义的途径之一。所以,依法裁判与个案正义的关系就相当于教义学论证与后果取向之间的关系。

者制度安排相关,如服从权威、民主原则、权力分立、法的安定性(形式正义)、可预测性、合法性。个案正义则意味着司法裁判不仅要合法,也要合理,这就涉及实质价值或道德考量。同样与一系列重要的价值或者制度安排相关,如追求正义、正确性原则、实质正义、正当性、合理性等。理想的司法裁判需要尽可能同时满足这两个目标,从而在可预测性/法的安定性与正当性/实质正义之间保持最佳的平衡。但是不能否认,依法裁判与个案正义、法律决定的可预测性与正当性之间有时存在着一定的紧张关系。它们之间的对立是两种思维方式的对立:一边是向后看的、以"输入"为导向的、强调形式理性的、基于规则的教义式推理;另一边是向前看的、以"输出"为导向的、强调实质理性的、基于政策的思考方式。[1] 通常情况下,依法裁判具有初始的优先性,因为法官作为适法者之角色的首要任务就在于依据法律作出裁判,一般只有在合法性的框架内才能去追求合理性。即便在例外情形中,实现个案正义之必要性确实要超越依法裁判的要求,也需要法官说明"更强理由",即承担相比于通常情形更重的论证负担。[2] 因而,司法裁判虽然要在依法裁判与个案正义之间"来回摆荡",但重心却在依法裁判这一端。

这是因为,司法裁判有其特有的回顾性向度,这一点与立法或行政活动相当不同。在现代社会,立法和行政措施受制于公开的、通常也是强制性的控制(如"规制效果分析"),而司法机关相比而言则不那么多地考虑其判决后果。[3] 新任政府和议会中的多数派不必借助先前的政府和议会中的多数派作出政治决定来证立他们的政治活

---

[1] See Duncan Kennedy, Legal Formality, *Journal of Legal Studies* 2 (1973), p. 351.
[2] 美国联邦最高法院称之为"特别证立"[Dickerson v. united States, 530 U.S. 428, 433 (2000)]。除这种实质论证负担外,法官还需承担分配论证起点以及论证风险两方面的负担(参见雷磊:《规范、逻辑与法律论证》,中国政法大学出版社 2016 年版,第 367—369 页)。
[3] See Péter Cserne, Policy Arguments Before Courts: Identifying and Evaluating Consequence-Based Judicial Reasoning, *Humanitas Journal of European Studies* 3 (2009), p. 16.

动,反而经常因许诺颠覆或打破先前的政治决定而赢得选举。新任法官虽也可以背离先前的裁决,但公开推翻或者否决先例的司法意见是罕见的例外。[1] 遵循法教义学,尤其是"通说"也是法律论证的重要要求。一方面,某些论证专属于法律的教义学语境。例如对于民法上的"缔约过失"、刑法上的"正当防卫"等法教义学说,经过多年的发展,已经形成比较稳固的体系,对涉及这些概念的法律规范的解释牢牢地受到通说的约束。另一方面,法教义学也排除了某些论据参与法律论证的可能。在这一点上,最明显的是以政党立场或者日常政治观点为根据的策略性或后果性论证。如果特殊的政治—利益理由不能被转化为特定的教义学论证,那么它就不能进入法律论证场域。这并不意味着法教义学论证与来自其他话语场域的论证(法律体系与政治体系)之间没有重叠。但对于其他话语场域的论证,必须以特定方式进行转化和整合,而且并非全部论证都能被整合。来自其他话语场域的论证能否被整合进法律,完全取决于特定法律文化的法律素材和方法论构造。[2] 例如,关于死刑价值和正当性的一般性讨论可以为法律论证提供材料,但是在司法裁判中进行死刑问题的辩论,必须以现行的制度、制度背后的意图、判例等为限定条件,必须以法教义学论证的方式来进行。这是因为,法律系统虽然绝非与其他社会系统相互隔绝,但它的成分和程式在一个循环流转于系统内部的过程中持续运作,获得自我复制和内在的进化。[3] 法教义学相对于社会科学具有相对自治性:说它是自治的,是因为它有自己的运作方式,必然要对作为裁判标准之后果考量的运用进行证立和限制。后果考量本身并非当然的标准,它们必须被选择和准备来支持这种功

---

[1] 参见〔德〕拉尔夫·波舍:《裁判理论的普遍谬误:为法教义学辩护》,隋愿译,载《清华法学》2012年第4期。
[2] 〔德〕拉尔夫·波舍:《裁判理论的普遍谬误:为法教义学辩护》,隋愿译,载《清华法学》2012年第4期。
[3] Vgl. Niklas Luhmann, *Soziale Systeme*, Frankfurt a. M.: Suhrkamp, 1984, S. 60-61.

能。说这种自治是相对的,是因为法教义学也要通过改变其概念来对社会的长远发展趋势作出回应。[1] 因为现代法律(法教义学)是一种认知上开放但运作上封闭的系统,它要通过将教义融贯性与效用性、回应性相结合来满足相冲突的规范期待。[2] 正因如此,才使法律论证不同于纯粹的政策论证。

如果说不考虑法外因素的传统法教义学是一种"条件程式",而后果考量是一种"目标程式"的话,那么融合了后果考量的现代法教义学就是一种"审查目标的条件程式"[3]。它不是单纯的"策略性行为"[4],而会使用诸如"充分于社会的法律概念"[5](即充分反映社会现实的法律概念)来调和与后果取向之间的关系。所以,是法教义学以"内部化"的方式证立和选择了后果考量,而非相反。后果考量并非凌驾于其他方法之上的元方法,它反而要受到法教义学体系的限定。因此,无论是在法的发现还是在法的证立层面上,后果主义都无法一般性地成立。

## (二)后果论证:一种独立的裁判方法?

既然强版本的后果考量无法成立,那么能否退而求其次去支持一种弱版本的后果考量?也就是说,后果论证是否是一种与既有裁判方法处于同一位阶但又有别于它们的新方法?这就涉及对法学方法体系的理解。根据方法论通说,法学方法分为法律解释与法的续造两

---

[1] Vgl. Niklas Luhmann, *Rechtssystem und Rechtsdogmatik*, Stuttgart: Kohlhammer, 1974, S. 15 ff., 36, 49 ff.
[2] Christine Parker et al., Introduction, in: Christine Parker et al. (eds.), *Regulating Law*, Oxford: Oxford University Press, 2004, p. 1.
[3] 这一称呼,参见 Josef Esser, *Vorverständnis und Methodenwahl in der Rechtsfindung*, Frankfurt a. M.: Athenäum, 1970, S. 143, Anm. 8。
[4] 将后果考量视为策略性行为的观点,参见 Duncan Kennedy, Konsequenzen der richterlichen Entscheidung, in: Gunther Teubner (Hrsg.), *Entscheidungsfolgen als Rechtsgründe*, Baden-Baden: Nomos, 1995, S. 74。
[5] Gunther Teubner, Folgenkontrolle und Responsive Dogmatik, *Rechtstheorie* 6 (1975), S. 179, 181.

种情形,其中法律解释的方法包括文义解释、历史解释、体系解释与目的解释等。而法的续造方法包括类推、目的性扩张、目的性限缩、原则权衡等。[1] 没有疑义的是,文义解释与历史解释属于典型体现司法受过去之决定拘束的教义思维,与后果论证不可能发生重合。[2] 有疑义的是后果论证与其他方法之间的关系。由于解释与续造的区分只在于是否逾越文义,而这一点对于考察后果论证与其他法学方法间的关系并无影响,因而下文将不区分目的解释与目的性扩张或限缩(合称为"目的论证"),并相应将体系解释称为体系论证。

1. 后果论证与目的论证

后果论证可以被定义为:当在案件 C 中相关法律规则 N 可以作一个以上的可信解释(X, Y, Z……)时,如果法官通过这样的论据来证立其采纳解释 X(而非 Y 或 Z)的决定,即解释 X 能带来的后果在规范上优于其他解释(Y 或 Z)所能带来的后果,那么他就使用了后果论证。[3] 那么,后果论证是一种有别于目的论证的裁判方法吗?我们可以先来考察两者的论证结构。确切地说,后果论证由两部分组成,即后果预测(Folgenprognose)与后果评价(Folgenbewertung)。[4]

---

[1] 例如,参见 Ernst A. Kramer, *Juristische Methodenlehre*, 4. Aufl., Berlin: Stämpfli Verlag, 2013, S. 55 ff., 203 ff.。

[2] 有论者认为,只有在文义解释和历史解释不能给出答案时,才能借助后果考量(参见张青波:《理性实践法律——当代德国的法之适用理论》,法律出版社 2012 年版,第 264 页)。

[3] See Péter Cserne, Consequence-Based Arguments in Legal Reasoning: A Jurisprudential Preface to Law and Economics, in: Klaus Mathis (ed.), *Efficiency, Sustainability and Justice to Future Generation*, Berlin: Springer, 2011, p. 37.

[4] Vgl. Horst Eidenmüller, *Effizienz als Rechtsprinzip*, 4. Aufl., Tübingen: Mohr Siebeck, 2015, S. 3; Anne van Aaken, *"Rational Choice" in der Rechtswissenschaft*, Baden-Baden: Nomos, 2003, S. 169 ff. 也有学者将后果论证区分为四个阶段,即后果预测、后果分析、后果评价、后果遵守。其中,后果分析致力于探究"各种教义学上合理的解决办法为法律所承认的社会效果",后果遵守在于"确保后果评价进入裁判程序"(Vgl. Christina Coles, *Folgenorientierung im richterlichen Entscheidungsprozeß: Ein interdisziplinärer Ansatz*, Frankfurt a. M.: Lang, 1991, S. 7-10.)。它们其实相当于后文要说的连贯性检验与融贯性检验,属于后果论证的限度问题,因而不在这里处理。

后果预测的任务在于查清采取某种法律决定会产生何种后果。它基于对各种决定选择的假定执行,并在裁判者面前复现各种选择所期待带来的社会效果。[1] 后果评价涉及对被预测之裁判后果的可欲性问题,即它们好坏与否。如果后果是值得追求的,那么就采纳支持这种后果的选择;如果后果是不值得追求的,那么就不采纳支持这种后果的选择(或采纳反对这种后果的选择)。由此,后果论证的结构(简称为图式1)可以被表示为[2]:

(1)采取某个决定 X 会导致某个社会后果 F。

(2)社会后果 F 是好的(或者:F 是不好的)。

(3)因此,应该采取 X(或者:不应该采取 X)。

其中,公式中括号外的部分表示的是基于积极后果的论证,而括号内的部分表示的是基于消极后果的论证(归谬法)。[3] 其中,X 既可以代表采取特定的法律解释,也可以代表进行某种法的续造。进而,目的论证的一般结构为[4]:

(1)目的 Z 应该被实现。

(2)采取某个决定 X 有助于实现 Z(或者:不采取 X 就无法实现 Z)。[5]

(3)因此,应该采取 X。

可以看出,目的论证与后果论证其实拥有相同的结构,只不过调换了大小前提的顺序而已。目的论证的前提(2)是个经验性前提,相当于后果论证中的后果预测,即前提(1)。而目的论证的前提(1)与

---

[1] Vgl. Thomas Sambuc, *Folgenerwägungen im Richterrecht*, Berlin: Duncker & Humblot, 1977, S. 104.

[2] 参见王鹏翔、张永健:《经验面向的规范意义》,载《中研院法学期刊》2015年第17期。

[3] 关于归谬法的形式化,可参见 Robert Alexy, *Theorie der juristischen Argumentation*, Frankfurt a.M.: Suhrkamp, 1983, S. 435(该书称之为"不可容忍的论证")。

[4] 根据阿列克西关于目的解释的论证结构演变而来(Vgl. Robert Alexy, *Theorie der juristischen Argumentation*, Frankfurt a.M.: Suhrkamp, 1983, S. 297)。

[5] 要注意,括号内的表述语气更强,它意味着 X 构成了 Z 的必要条件,而括号外的表述可能只意味着 X 构成了 Z 的充分条件。它们代表了两种版本的目的论证形式。

后果论证的前提(2)都是评价性前提(虽然前者表述为"Z应该被实现")。所以,仅从论证结构上无法区分两者。但目前得出后果论证就是目的论证的结论为时尚早。我们还需要进一步考察两者的实质内容。两者最有可能的区分之处不在于经验性前提,而在于评价性前提,即后果F或目的Z好坏与否(应不应该被实现)的判断标准。这里我们首先要将目的论证再细分为主观目的论证与客观目的论证。显然,主观目的论证与客观目的论证的区别在于目的来源不同:前者来自立法者的主观意图(立法目的、立法原意),它需要借助相关的立法资料(提案说明、立法会议纪要等)来确定,后者是法官从待解释之法律条款的社会功能和价值出发提炼出的法理由。在此基础上,存在着两种相反的观点:一种观点将目的论证作为后果论证的下位概念,或者将前者视为后者的特殊类型。在这种观点看来,目的论证是法官将对后果的评价建立在既有的立法意图或法理由之上的后果论证形式。此外,后果论证还可以建立在法官自己对相关后果评价的基础上,即不涉及某种先前确立的或假定的法律背后的正当化依据。[1] 另一种观点将目的论证视为后果论证的上位概念,即将后果论证等同于目的论证之一种的客观目的论证。[2]

在笔者看来,这两种观点都不十分妥当。一方面,后果论证与主观目的论证显然并不相同。主观目的论证取向于立法者的目的,必须获得相关立法资料的支撑,而后果论证不受此限,它恰恰体现了超越受法律和立法者意图拘束的证立可能。换言之,只有当待考量的"后果"同时也符合立法者的目的时,后果考量才可能与主观目的论证重合。[3] 但

---

[1] See Péter Cserne, Policy Arguments Before Courts: Identifying and Evaluating Consequence-Based Judicial Reasoning, *Humanitas Journal of European Studies* 3 (2009); Robert Alexy, *Theorie der juristischen Argumentation*, Frankfurt a.M.: Suhrkamp, 1983, p. 14.
[2] Vgl. Hans-Joachim Koch und Helmut Rüßmann, *Juristische Begründungslehre*, München: C.H.Beck'sche Verlagsbuchhandlung, 1982, S. 231 ff.
[3] Vgl. Hans-Joachim Koch und Helmut Rüßmann, *Juristische Begründungslehre*, München: C.H.Beck'sche Verlagsbuchhandlung, 1982, S. 231.

此时将之称为后果论证已无意义,因为它无论如何无法成为一种独立的裁判方法。另一方面,后果论证与客观目的论证之间的关系则更为复杂。因为何谓"客观目的"或"法理由"经常是说不清、道不明的事情。在实践中,似乎凡是法官想要运用的普遍实践论证(道德的、社会的、实用主义)都可以冠以"客观目的论证"之名,而后者也可以被称为"理性论证"。正因为如此,有学者认为所谓的"客观目的"与"(社会)后果"之间并无明显界分,而后果论证也正是客观目的论证的一部分。[1]"绕弯路"运用后果考量这一概念,恰恰是为了使我们能更好地理解客观目的论证的意义何在。[2] 司法实务似乎也印证了这一判断。例如在最高人民法院颁布的第 21 号指导性案例的裁判理由中,法院指出,"免缴防空地下室易地建设费有关规定适用的对象不应包括违法建设行为,否则就会造成违法成本小于守法成本的情形,违反立法目的[3],不利于维护国防安全和人民群众的根本利益"。这里将对违法成本的考量直接等同于立法目的(法理由),尽管我们在其中显然看到了社会后果所发挥的影响。

当然,也有的学者试图清晰区分后果论证与客观目的论证。例如有两种典型的区分性观点。一种观点认为,后果论证的特征在于要设立并检验法律结论及其经验后果间关系的假设,而在客观目的论证中,待实现之目的通常无法作经验上的验证。[4] 应当承认,在司法实践中,有许多以客观目的解释之名来进行的法律论证的确没有对目

---

[1] 例如,参见〔德〕罗伯特·阿列克西:《法律解释》,载〔德〕罗伯特·阿列克西:《法理性商谈:法哲学研究》,朱光、雷磊译,中国法制出版社 2011 年版,第 81—82 页。

[2] Vgl. Hans-Joachim Koch und Helmut Rüßmann, *Juristische Begründungslehre*, München: C. H. Beck'sche Verlagsbuchhandlung, 1982, S. 233.

[3] 注意,在我国的司法实践中,一般不仔细区分主观目的与客观目的,而概称"立法目的"。

[4] Vgl. Hubert Rottleuthner, Zur Methode einer folgenorientierten Rechtsanwendung, in: Frank Rother (Hrsg.), Wissenschaften und Philosophie als Basis der Jurisprudenz, Wiesbaden: Steiner, 1980, S. 107. 也可参见 Christina Coles, *Folgenorientierung im richterlichen Entscheidungsprozeß: ein interdisziplinärer Ansatz*, Frankfurt a.M.: Lang, 1991, S. 10.

的—手段关系进行证立。[1] 但我们不能以目前糟糕的实践来证明（理想的）客观目的论证就是如此，并以此为基础来与后果论证相区分。（理想的）客观目的论证恰恰同样要证明目的与手段之间的经验联系，而这与后果论证并无区别。另一种观点主张，客观目的论证必须要在部分由语义解释来确定之规范框架内寻找其后果（目的），而后果论证在概念上并不包含这种限制。但这一区分同样无法成立，因为正如下文所要论证的，后果论证不应也不得逾越制定法拘束的要求。它只能超越立法者所说（语义）与所欲（主观目的）的内容。这样一来，它就与客观目的论证区分不清了。[2]

因此，后果论证与客观目的论证无法作截然二分，后果论证原本就内置于客观目的论证之中。但是，就客观目的论证本身作操作性的区分依然是可能的。这里区分的标准在于所谓的客观目的（或后果）能否直接从既有的权威性资料（法律、判例、法教义学等）中推导或重构出来。如果可以，就属于"狭义上的客观目的论证"；如果不可以，就属于"后果论证"。也就是说，真正的后果论证中"社会后果"的可欲性或不可欲性应当是一种纯粹的法外规范性判断，无法在法内找到依据。法在拟人的意义上具有"目的"（Zweck），而法官所追求的特定社会后果则是一种"目标"（Ziel）。它们都可以扮演裁判理由的角色，并且都是实质理由，却是两种性质上有所区别的理由，即"正确理由"与"目标理由"。[3] 正确理由将法官对纠纷作出正确裁判的基础奠定在关于正确行为之某个长期有效的法伦理规范之上。相反，目标理由认为好的裁判之所以为好，是因为通过裁判能保障实现或优化某种事态，而该事态是一个值得追求的良好目标。所以在上例中，如果

---

[1] 不独是中国的司法实践，在德国的司法实践乃至德国宪法法院的实践中也存在类似情况。
[2] Vgl. Bernhard Schlink, Bemerkungen zum Stand der Methodendiskussion in der Verfassungsrechtswissenschaft, *Der Staat* 19 (1980), S. 103 f.
[3] 这一区分，参见 Robert S. Summers, Two Types of Substantive Reasons: The Core of a Theory of Common-Law Justification, *Cornell Law Review* 63 (1978), pp. 707, 716-722.

法官能通过权威的实证法律材料,如法律原则、先前的案例、权威法教义学说或其他材料来支持"应避免违法成本大于守法成本""应维护国防安全和人民群众的根本利益"这类判断,它就属于狭义上的客观目的论证;如果找不到既有材料作为支撑,而只是诉诸法外的理性论证(经济标准或政治标准),那么就属于后果论证。最后,要强调的是,这种区分也只是相对的,目标与目的之间没有固定不变的界限,法内和法外、权威性与非权威性资料和标准的边界也是流动的。正因为如此,今日之方法论通说并没有刻意在"客观目的论证"之下再去细分狭义的客观目的论证与后果论证。在此意义上,后果论证构成客观目的论证的一部分,至多只是一种有限独立的裁判方法。

2. 后果比较与原则权衡

图式1对后果论证的结构的展示其实并不完善。因为它只适用于单一后果论证的场合,即当某个解释决定会带来单一社会后果的情形,而没有展现出数个对立之解释决定会各自带来可欲之社会后果的情形。根据前文对于后果论证的定义,法官不仅需要证立解释X能带来可欲的后果,而且需要证立"解释X能带来的后果在规范上优于其他解释(Y或Z)所能带来的后果"。这就意味着,例如,当某个法律规则存在两个能各自带来可欲之社会后果的解释X与Y可供选择时,除须分别就这些解释各自运用图式1外,还须对这两种解释所能带来的社会后果Fx与Fy进行比较,以确定其中之一(如Fx)为最佳之社会后果。这就是所谓的"两善相较取其重",或者说"最佳化的问题"[1]。由此,当存在两个能各自带来可欲之社会后果的不同解释时,后果论证的结构就可以被进一步表示为图式2:

(1)对法律规则N1采取解释X会导致某个社会后果Fx,采取解释Y会导致某个社会后果Fy。

---

[1] 这一称呼,参见 Hans-Joachim Koch und Helmut Rüßmann, *Juristische Begründungslehre*, München: C.H.Beck'sche Verlagsbuchhandlung, 1982, S. 232.

(2) Fx 与 Fy 都是好的,但 Fx 比 Fy 更好。

(3) 因此,应该采取解释 X。

由于可欲的社会后果是目标,而目标必然展现某种价值,价值的背后体现的是特定利益,所以对可欲的社会后果之间重要性的比较(简称为"后果权衡")用价值论的术语来说就是"价值衡量",用人类学的术语来说就是"利益衡量"。所以,后果权衡往往也就是价值与利益的权衡,后果考量的问题通常可以用权衡的公式去把握。[1] 要求在事实上和规范上尽最大可能被实现的事物用规范理论的术语来说就是"原则"[2]。因此,在最佳化的语境中,后果权衡也就是原则权衡。后果权衡要成为一种理性的论证活动,就必须符合原则权衡的要求与公式,即(狭义上的)比例原则。[3] 只要当实现一个原则(可欲的后果)会阻碍实现另一个原则(可欲的后果)时,即只要当一个原则(可欲的后果)在损害另一个原则(可欲的后果)才能被实现时,使用比例原则就是必要的。它的出发点可以被表述为这样一条权衡法则:一个原则的不满足程度或受损害程度越高,另一个原则被满足的重要性就越大。[4] 在此基础上,需要考虑个案情形中原则的具体要素及其度量化,进而组合成分量比较的公式来比较哪个原则(可欲的后果)在个案中分量更重,即在规范上更重要。[5] 如果存在两个以上支持不同解释决定的可欲的社会后果,还需就它们所体现的价值和原则两两进行比较,以求得最佳的后果及其对应的解释。

---

[1] Vgl. Niklas Luhmann, Juristische Argumentation: Eine Analyse ihrer Form, in: Gunther Teubner (Hrsg.), *Entscheidungsfolgen als Rechtsgründe*, Baden-Baden: Nomos, 1995, S. 32.

[2] 注意,并不是法律原则。只有当可欲之社会后果获得法律权威性资料的支持时,它才可以被定性为法律原则。但假如如此,相关的论证就不属于严格意义上的后果论证,而属于(狭义上的)客观目的论证了。

[3] Vgl. Robert Alexy, *Theorie der Grundrechte*, Frankfurt a. M.: Suhrkamp, 1985, S. 100.

[4] Robert Alexy, *Theorie der Grundrechte*, Frankfurt a. M.: Suhrkamp, 1985, S. 136.

[5] 此谓"重力公式"。这并非本章重点,不再赘述,感兴趣者可参见 Robert Alexy, Die Gewichtsformel, in: Joachim Jickeli, Peter Kreutz, Dieter Reuter (Hrsg.), *Gedächtnisschrift für Jürgen Sonnenschein*, Berlin: Guyter, 2003, S. 776 ff.。

可见,后果论证在结构上包含着原则权衡。可欲之社会后果间的权衡在方法上与法律原则的适用(原则权衡)并无二致。要注意的是,也有可能出现这样的情况:在法律规则的两种解释选择中,一种可以得到某个法律原则(如宪法上的基本权利规定)的支持,而另一种则只能得到某个法外的、可欲社会后果的支持。此时在它们之间同样要进行最佳化,但通常情况下前一种解释要优于后一种解释得到贯彻,因为前者毕竟具备制度性基础。此时,也可以说这个法律原则(尤其是基本权利)就构成后一种解释(即后果论证)的规范向度(我们将处理这个问题)。除非这种社会后果符合了法律上的某个对于此一法律原则(基本权利)的限制性条款,如我国《宪法》第 51 条规定的"公民在行使自由和权利的时候,不得损害……社会的……利益"。但无论如何可以肯定的是,在后果比较的层面上,后果论证同样不构成一种新的、独立的裁判方法。

3. 后果论证的限度与体系论证

法律论证不同于纯粹的普遍实践论证(道德论证、政治论证等)的一个重要特征在于其限度。在法律实践场合中,无论采取何种论证方式或裁判方法,都需要受到一定的限制。换句话说,法律论证并不追求绝对的正确或善,而只追求在现行有效的法秩序的框架内与基础上论证什么是正确或善的。[1]

后果论证同样如此,只是情形更为复杂。(1)后果论证的限度首先来自事实。事实限度源自法官认知能力的有限性。比如,法官应考虑的后果可能十分广泛,非常难以计算。[2] 在有限的裁判时间和精力的双重压力下,法官只能在有限的范围内进行选择。再如,某种法

---

[1] 阿列克西称之为"特殊情形命题",参见罗伯特·阿列克西:《特殊情形命题》,载[德]罗伯特·阿列克西:《法:作为理性的制度化》,雷磊编译,中国法制出版社 2012 年版,第 79 页。

[2] 参见[英]尼尔·麦考密克:《修辞与法治:一种法律推理理论》,程朝阳、孙光宁译,北京大学出版社 2014 年版,第 139 页。

律解释与社会后果之间的因果关系并非非此即彼,而是个程度性的问题。也就是说,它们间的关联本身就是不确定的,是个可能性和概率的问题。[1] 后果预测的准确度以及后果与解释选择的相关性都对法官的认知能力提出了挑战。如果说经验性社会科学可以为法官的后果论证提供帮助,从而有尽量摆脱事实限度之可能的话,那么后果论证的规范限度则是无法摆脱的应然要求。(2)规范限度首先来自社会的一般规范性观念的制约。对相关后果的评价要依赖"常识""正义"等标准进行,而非由法官个人好恶来决定。[2] 当然,这种制约是比较弱的,特别是在价值多元的社会中,故而需要施加进一步的限制。一方面,进一步的限制来自法律商谈与论证的程序。论证程序的制约与保障可以在一定程度上防止后果论证流于任意,避免法官的个人意见甚或所谓的专家意见可以对社会效果作出专断的决定,从而遏制肆意裁判的可能。[3] 另一方面,从现行法秩序或法律体系本身的规范性要求中也可以推导出对后果论证的限制。正如英国法学家麦考密克(MacCormick)所言:"无论一个判决在后果考量看来多么易于接受或者令人心驰神往,都必须同时找到法律上的依据才行。"[4]当然,这里所谓"找到法律上的依据"是一种比较弱的主张,它并非指后果论证必须要有明确的法律依据(否则就是依法裁判/教义学论证了),而只是指后果论证的结论不能与同一法律体系中的其他规范产生矛盾,以及与其他规范背后的价值产生冲突。这就涉及后果论证的连贯性与

---

[1] Vgl. Niklas Luhmann, Juristische Argumentation: Eine Analyse ihrer Form, in: Gunther Teubner (Hrsg.), *Entscheidungsfolgen als Rechtsgründe*, Baden–Baden: Nomos, 1995, S. 31-32.
[2] 参见〔英〕尼尔·麦考密克:《法律推理与法律理论》,姜峰译,法律出版社2005年版,第135页;也可参见杨知文:《基于后果评价的法律适用方法》,载《现代法学》2014年第4期。
[3] 这方面的努力,参见 Qingbo Zhang, *Juristische Argumentation durch Folgenorientierung*, Baden-Baden: Nomos, 2010, S. 85 ff.。
[4] 〔英〕尼尔·麦考密克:《法律推理与法律理论》,姜峰译,法律出版社2005年版,第101页。

融贯性的要求。[1]

连贯性与融贯性体现了法律的体系性要求,即所有的法律规范都可以也必须放在整个法律体系中加以理解。[2] 这种要求将法律视为一个由内外两个层面组成的双重体系。其中,外部体系是法律的编制体系及法条上下文的关联,它是由法律概念的位阶所形成的体系;而内部体系取向于法律体系内在的原则或价值判断。[3] 外部体系涉及连贯性检验,即逻辑上无矛盾的要求。一个逻辑上无法自洽的法律体系无法满足形式正义的要求。因为如果同一个法律体系发出相互矛盾的指令或行为要求,一方面会使这个体系中的个体行动者无所适从,另一方面也会造成群体行动者之间的冲突与对抗。这种状态的长期积累可能会危及法律体系之于社会的一个基本功能,即整合社会行动与形成社会秩序。[4] 同理,后果论证也需遵循连贯性的要求:即便在案件中对于相关法律规则的某种解释能带来可欲的社会后果,如果它与同一法律体系中的其他规则发生冲突,依然不得采纳。换言之,后果论证必须受如下论证形式(图式3)的限制:

(1)对法律规则 N1 采取会导致某个社会后果 F 的解释 X,可能导致与同一体系中另一法律规则 N2 相矛盾的结果。

(2)因此,不应该采取解释 X。

内部体系涉及融贯性检验,即价值上不冲突,乃至相互支持的要求。相比于连贯性,融贯性提出了更高的要求,它主张法律规则之间不仅在表述上不能矛盾,而且在精神内核上也应当具有内部融通性,即将它们建立在同一套价值体系或原则体系之上。因为现行法律

---

[1] 麦考密克称之为"一致"与"协调"([英]尼尔·麦考密克:《法律推理与法律理论》,姜峰译,法律出版社2005年版,第100页)。

[2] Vgl. Peter Noll, *Gesetzgebungslehre*, Reinbek bei Hamburg: Rowohlt, 1973, S. 228.

[3] Vgl. Karl Larenz, *Methodenlehre der Rechtswissenschaft*, 6. Aufl., Berlin [u.a.]: Springer Verlag, 1992, S. 437, 473 ff., 481 ff.。

[4] 参见雷磊:《融贯性与法律体系的建构——兼论当代中国法律体系的融贯化》,载《法学家》2012年第2期。

体系中的具体规则,其合理性往往能够通过更加一般的原则得到说明,而这些原则的含义不必局限于已经确立的规则所体现的那些内容,就这一意义而言,这些原则可以成为充足的法律理由,使某个新创的裁判规则以及根据它作出的判决得以正当化。[1] 进而,在一国法秩序中,最重要的价值原则体现在该国的宪法之中,因此合宪性要求(不违背宪法上的价值原则)就成为一切法律论证,包括后果论证在内的法律门槛。正如德国联邦宪法法院在"索拉娅案"(*Soraya*)中所说的:"司法的任务尤其在于,通过一种评价性认识的行为(同样包含意志要素)来澄清内在于宪法秩序,但在成文条款的文本中并未或未充分表达出的价值观念,并在裁判中实现它。于此,法官必须避免专断,他的裁判必须以理性论证为基础。"[2] 尤其是德国基本法关于公民基本权利的规定(原则)被认为构成一切司法裁判活动都不得违背的"客观价值秩序"。后果论证也不得有违这种客观价值秩序。与狭义客观目的论证必须将"客观目的"诉诸这类一般法律原则或价值观念不同,后果论证只需证明其后果不违反这种价值秩序即可,从而为法律的司法更新与创制留下余地。当然,"诉诸"与"不违反"也只是一个程度性的问题。无论如何,后果论证还必须受如下论证形式(图式4)的限制[3]:

(1)对法律规则 N 采取会导致某个社会后果 F 的解释 X,可能导致与原则 P/价值 V 不一致的结果。

(2)原则 P/价值 V 是现行法律体系(尤其是宪法秩序)规定的客观理性目标。

---

[1] 参见〔英〕尼尔·麦考密克:《法律推理与法律理论》,姜峰译,法律出版社 2005 年版,第 101 页。
[2] BVerGE 34, 269 (1973).
[3] 图式 4 的表述参考了〔荷〕伊芙琳·T. 菲特丽丝:《不可接受结果之论证与法律的合理适用》,王彬、刘巧巧译,载舒国滢主编:《法学方法论论丛(第三卷)》,中国法制出版社 2016 年版,第 113—114 页。菲特丽丝将这一公式称为"次要论证层次",以与本章中图式 1 所代表的"主要论证层次"相对。

(3)因此,不应该采取解释 X。

从某种意义上看,图式 4 其实是归谬法的某种变体。因为归谬法在图式 1 中的前提(2),即"社会后果 F 是不好的"在图式 4 中落实为法律体系中的判断依据"与原则 P/价值 V 不一致"。换言之,此时 F 是不好的(不可欲的)的理由就在于它违背了现行法律体系规定的客观理性目标,这种不好(不可欲)是法律体系视角下的不好(不可欲)。此外,依据前述图式 2,当法律规范 N 存在两个能各自带来可欲之社会后果的解释 X 与 Y 可供选择时,要比较它们带来的社会后果 Fx 和 Fy 何者是更好的。而融贯性的要求其实可以为"更好"的判断提供依据。也就是说,假如 Fx 与 Fy 相比更能够与现行法律体系中的原则 P/价值 V 形成相互支持关系,那么它就是更好的。由此就可以表述出如下论证形式(图式 5):

(1)对法律规则 N 采取解释 X 会导致某个社会后果 Fx,采取解释 Y 会导致某个社会后果 Fy。

(2)Fx 将比 Fy 更能够与现行法律体系中的原则 P/价值 V 形成相互支持关系。

(3)因此,应该采取解释 X。

图式 5 其实是图式 2 的变种,它既代表了在存在复数的解释选择时后果论证所要进行的权衡,也体现出权衡和比较时所应受到的体系性限制。我国台湾地区"司法院"大法官会议释字第 509 号就体现了这种权衡和限制。该案涉及对我国台湾地区"刑法"第 310 条第 3 款的解释。该条第 1 款规定,意图散布于众,而指摘或传述足以毁损他人名誉之事者,为诽谤罪。第 3 款规定,对于所诽谤之事,能证明其为真实者,不罚。对于"能证明其为真实者"该如何理解?一种解释是,行为人必须自行证明其言论内容确属真实。另一种解释则是,行为人虽不能证明言论内容为真实,但依其所提证据资料而认为行为人有相当理由确信其为真实者。最终大法官会议采纳了第二种解释,因为采纳第二种解释能更符合(我国台湾地区)所谓"宪法"中对于言论自由及新闻自由的保障。[1] 也就是说,第二种解释与宪法的价值更融贯。但无论是连贯性检验还是融贯性检验,都属于既有方法论学说中体系论证(体系解释)的固有内涵。因此,后果论证的限度已经内嵌于体系论证。

综上,无论是后果论证本身(图式1),还是后果比较(图式2),抑或是后果论证的限度(图式3—图式5),都可以为既有的法学方法所蕴含。在此意义上,后果论证很难被视为一种完全独立的新裁判方法。

## 三、后果论证与价值判断

司法裁判过程中的价值判断问题一直是法学方法论的"阿喀琉斯之踵"。将司法裁判中的价值判断客观化,始终是法律人孜孜以求之事。以法律适用为导向的狭义法律科学通常认为,此时需要寻求法教义学的指导,因为法教义学本身就扮演着使价值判断"教义化"和"类型化"的角色。一旦法教义已经形成,通常情况下就无须再次重启价值判断的过程。但是,这只是回答了"法教义形成之后"司法裁判的客观化问题,却没有回答法教义形成过程中的价值判断能否以及如何客观化的问题。对此,有社科法学学者试图剖析法教义学背后的"实践逻辑",并指出,一条法教义能否站得住脚,归根到底要看它能否给社会带来好处。[2] 因此,法教义形成机制的背后渗透着后果主义的逻辑,真正能够解决价值判断之客观化问题的其实是后果论证的方法。不止于此,在后果论者看来,"后果是评价一切行为和思想的标准",只要掌握了创制法教义的工作原理,也就是这种"后果为锚"的准则,那

---

[1] 参见《大法官解释汇编》(增订十版),台湾三民书局2013年版,第453—454页。
[2] 参见桑本谦:《法律教义是怎样产生的——基于后果主义视角的分析》,载《法学家》2019年第4期。

么法教义本身就变得可有可无了。[1] 这就产生了两个理论效果:其一,后果论证成为价值判断之客观化的唯一(充分且必要的)方法;其二,法教义学唯一或主要的功能在于节省论证负担(减负或思维经济),因而完全可以刺破其"神秘化"的面纱而诉诸背后的后果论证。[2]

本部分旨在对后果论证进行方法论审视,看其究竟能否承担起价值判断之客观化的任务。当然,即便能够证明后果论证是价值判断的**一种**客观化方法,但要进一步证明它是**唯一**的客观化方法或法教义背后**唯一**的"实践逻辑",也还有很长一段路要走。但无论如何,证明后果论证是客观化价值判断的可靠方法都是更强版本的后果主义的基础。

### (一)后果论证的步骤与层面

后果考量包括两种形式:一种是通过指出特定行为可能会带来的有利后果来支持关于这一行为之可欲性的主张,另一种则是通过指出特定行为可能会带来的不利后果来支持关于这一行为之不可欲性的主张。[3] 它们其实是两种论证类型:前者是劝服(persuasions),后者是劝阻(dissuasions)。[4] 因为后一种类型,后果考量有时也被称为归

---

[1] 参见桑本谦:《法律教义是怎样产生的——基于后果主义视角的分析》,载《法学家》2019年第4期。更有甚者,甚至"法条"也变得可有可无了。陈辉曾概括这种实用主义态度:"如果法条与后果相符,那么适用法条;如果法条与后果不符合,那么表明法条有问题,就可以跳过或修改法条。"(参见陈辉:《后果主义在司法裁判中的价值和定位》,载《法学家》2018年第4期)。

[2] 第二点亦可参见王彬:《逻辑涵摄与后果考量:法律论证的二阶构造》,载《南开学报(哲学社会科学版)》2020年第2期。

[3] See Hans Hoeken, Rian Timmers and Peter Jan Schellens, Arguing about desirable consequences: What constitutes a convincing argument?, Thinking & Reasoning 18 (2012), p. 397.

[4] See Valerie A. Thompson, Jonathan. St. B. T. Evans and Simon. J. Handley, Persuading and dissuading by conditional argument, Journal of Memory and Language 53 (2005), p. 238.

谬论证（argumentum ad absurdum）或泄洪闸论证（floodgate argument）。[1] 几乎所有后果论者都以以下前提来证立后果考量的必要性：[2]

（1）在运用各种传统法律方法之后，法官在案件中仍拥有决定余地（法官受法律拘束的要求并不导向唯一的答案）；

（2）由于在此类情形中法官不得拒绝裁判，他必须自己将某个决定标识为"优选的"，也即给出某个价值判断；

（3）因为并不存在价值认知，而价值判断也无法从描述性命题中推导出来，所以就必须去寻求相对最理性的价值证立之可能；

（4）相对最理性之价值判断的证立方式在于，在指明接受某个价值判断时一并会带来的后果。

当然，这些前提并非不可商榷。例如，关于"究竟是否存在价值认知的可能性"就存在伦理学上的可知论（极端者如道德实在论）与不可知论之间的争议。再如，关于"相对最理性的价值判断的证立方式"是否就一定是后果考量恐怕也并非毫无疑义，至少与以后果考量为代表的理性选择理论相对的，还有理性商谈理论。但这里不是讨论这些疑问的地方，我们暂且同意以上前提。具体而言，上述第（4）点又可以被分为三个步骤：

（4.1）首先，法官必须对各种备选决定深思熟虑，也即进行决定预测，尤其是计算其决定对于法律活动之参与者的未来行为的影响；

（4.2）其次，法官必须判断，在各种备选决定的后果中，哪一个（些）是可欲的，哪一个（些）是不可欲的；

（4.3）最后，法官要去掉会带来不可欲之后果的决定，并证明在各

---

[1] Vgl. Holger Fleischer, Europäische Methodenlehre: Stand und Perspektiven, *Rabels Zeitschrift für ausländisches und internationales Privatrecht* 75 (2011), S. 723.

[2] Vgl. Hans-Joachim Koch und Helmut Rüßmann, *Juristische Begründungslehre*, München: C.H.Beck'sche Verlagsbuchhandlung, 1982, S. 228. 引用时根据语境需要，表述略有不同。

种可欲之备选决定的后果中,哪一个是最可欲的。

在上述三个步骤中,(4.1)被称为"后果预测"(Folgenprognose)或"后果分析"(Folgenanalyse),(4.2)和(4.3)则被合称为"后果评价"(Folgenbewertung)。其中,(4.2)属于单一后果评价,而(4.3)则属于后果选择。当然,有时这两个步骤可以合二为一。例如,当我们采取福利经济学的标准来决定何谓"可欲"时,也就同时解决了"最可欲"的问题:能够最大限度地满足社会总体福利的备选决定就是最可欲的,而其他备选决定则是不可欲的或相对不那么可欲的。合二为一的情形往往发生在(4.2)和(4.3)贯彻同一套价值标准的场合,尽管这在逻辑上并不是必然的(见下文)。无论如何,后果分析与后果评价是后果考量的两个层面,它们要完成彼此独立的不同任务。前者的任务是经验分析性的,而后者的任务则是规范性的。[1] 换言之,后果考量一方面要表明和证立被追求的目标,另一方面要阐明特定备选决定与被追求之目标之间的"经验—分析"性关联。进言之,如果我们将后果考量视为条件式陈述(如果作出决定p,那么就会导致可欲或不可欲之后果q)的话,那么为了使条件式陈述能在司法论证中被作为论据使用,听众必须:(1)分享这一假定,即被陈述出的后果的确是可欲的(或不可欲的);(2)并推断出,为了达成这一后果,必须采取前件中所特定化的行为。[2] 它们分别对应后果评价和后果预测的层面。下面我们将先从第(2)个层面,即后果预测开始。

## (二)后果预测的推理结构及其问题

### 1.后果预测的推理结构

当面对各种备选的决定可能性时,必须勾画出一幅关于可能由决

---

[1] Vgl. Hans-Bernd Schäfer und Claus Ott, *Lehrbuch der ökonomischen Analyse des Zivilrechts*, 5.Aufl., Berlin u. Heidelberg: Springer Verlag, 2012, S. 4.

[2] See Valerie A. Thompson, Jonathan. St. B. T. Evans and Simon. J. Handley, Persuading and dissuading by conditional argument, *Journal of Memory and Language* 53 (2005), p. 245.

定引起之后果的图景。论者通常认为,对裁判后果的预测与科学说明具有类似的推理结构,而后者一般而言可以追溯到著名的亨佩尔—奥本海姆模型(Hempel-Oppenheim Modell)。这一模型使用了两组命题,一组是(普遍的)法则假定,另一组是前提条件。它们被称为"说明项"(Explanans),而有待解释的现象或事件被称为"被说明项"(Explanandum)。

说明项 $\begin{cases} A1,\cdots An(描述前提条件的命题) \\ G1,\cdots Gr(法则假定) \end{cases}$

被说明项 E （对有待说明之事件的描述）

为了说明特殊的事件(被说明项),必须指出在事件发生之前或同时被实现的条件(前提条件)。进而,还需要通过可用命题来表述的法则假定。如此,说明就在于,命题 E 可从两组命题 A1,⋯ An 和 G1,⋯ Gr 中逻辑地推导出来。这一推理规则其实就是古典逻辑中的肯定前件律(modus ponendo ponens):

$$\frac{\begin{array}{c} p \to q \\ p \end{array}}{q}$$

在这里,p → q 代表法则假定,p 代表前提条件,而 q 代表被说明项。[1]

说明与预测的区别在于,在说明那里,被说明项是已知的,而说明项是被寻求的。也就是说,被说明项实际上已经出现并被我们通过感官把握(因此称之为"结果"更合适)。而科学说明的任务在于,通过引入新的、此前所未知的法则假定或前提条件来说明这个此前未被说明过的事件。相反,预测则将说明项(法则假定和前提条件)预设为已

---

[1] Vgl. Helmut Rüssmann, Zur Einführung: Die Begründung von Werturteilen, *JuS*, 1975, Heft 6, S. 357.

知的,而去寻求被说明项。[1] 所以,相比于对结果的说明,对后果的预测看起来更符合肯定前件律,因而更合乎逻辑推理的形式(如果将 p → q 理解为实质蕴含的话)。只是在司法裁判的语境中,说明项 p 其实也是假定(备选决定),例如围绕某个法律规则的多种可能解释(及相应的裁判结论)之一,而非已发生或出现的事件。因为法官与科学预测者的区别就在于,法官自己通过判决设定了某个前提条件,由此影响了后果。[2]

### 2. 后果预测的可能问题

在运用具备上述推理结构的后果预测时会产生什么样的问题?

首先,是普遍法则的可靠性问题。也即,备选决定 p 与预测的后果 q 之间的逻辑关联性究竟为何? 一方面,p 与 q 之间是充分条件、必要条件还是充要条件? 严格来讲,只有当我们将"→"理解为外延蕴含关系(p 是 q 的充分条件)或相互蕴含关系(p 是 q 的充要条件)时,后果预测的推理才合乎逻辑。而当将它理解为内包蕴含关系(p 是 q 的必要条件)时,推理并不当然成立。[3] 因为此时只要 p 并不同是充分条件,也就意味着仅凭 p 自身是无法产生效果 q 的。而在司法裁判的语境中,情形则可能恰恰反过来。由于 p 并非已发生的事实,而是有待选择的备选决定之一,假如 p 仅是 q 的充分条件(而非同时是必要条件),那就意味着:为了实现后果 q,未必一定要选择决定 p,也可以选择另一个同样能够实现 q 的决定 p'。也就是说,无法根据某个备选决定可能导致特定效果,反过来推出:为了实现这个效果,就必须选择这个备选决定(解释或裁判结论)。因为如果 p 只是 q 的充分条件,那

---

[1] Vgl. Hans-Bernd Schäfer und Claus Ott, *Lehrbuch der Ökonomischen Analyse des Zivilrechts*, 5. Aufl., Berlin u. Heidelberg: Springer Verlag, 2012, S. 6.

[2] Hans-Bernd Schäfer und Claus Ott, *Lehrbuch der Ökonomischen Analyse des Zivilrechts*, 5. Aufl., Berlin u. Heidelberg: Springer Verlag, 2012, S. 7.

[3] 这三种蕴含关系,参见雷磊:《类比法律论证——以德国学说为出发点》,中国政法大学出版社 2011 年版,第 278—282 页。

么为了实现q,并不一定要选择p。只有当p是q的必要条件或充要条件时,才会导致必然选择p。但在司法实践中要达到这种强度并不容易。例如在"北雁云依案"(最高人民法院指导性案例89号)的裁判理论中,法官认为,"子女承袭父母姓氏有利于提高社会管理效率""倘若允许随意选取姓氏甚至恣意创造姓氏,则会增加社会管理成本……增加社会管理的风险性和不确定性"。这里的问题在于:子女不承袭父母姓氏,必然会导致社会管理成本和风险增加吗?或者说,为了提高社会管理的效率和确定性,子女必须承袭父母姓氏吗?在大数据与科学技术高度发达、调取个人信息只需数秒钟的社会里,社会管理成本或许并不是个太大的问题。

另一方面,p与q之间是因果关系还是相关关系?如果暂且依其表面看上去那样将p→q理解为"如果有p,那么就有q",那么依然存在的问题是,这里的推导关系是必然的还是或然的。如果只能建立或然关系(如,"如果有p,那么就有30%的可能有q"),而不能建立必然关系,那么后果预测的可靠性就存疑。当然,必须承认,必然还是或然其实是个概率问题,当达到一定概率时,或然关系就会转化为必然关系。例如,不排除审判过程借助人工智能和大数据技术能建立起p和q之间接近100%的关联性。但即便如此,也只能证明p与q之间具有(很强的)相关关系,而非因果关系。[1] 所以,因果关系与相关关系间的差别并不仅是概率大小的问题,而且更是背后的思维方式问题:如果说前者致力于探究"为什么"的话,那么后者仅满足于知道"是什么"。因为相关关系只是通过找到一个事件的关联物来帮助裁判者捕捉现在和预测未来。但如果是这样,就会完全改变司法裁判的基本性质,使法律推理不再有可能和必要。因此,纯粹的"摆事实"或"让数据自己发声"将从根本上取消迄今为止一直在践行的、也值得珍重的

―――――――――――
[1] 这种可能性参见〔英〕维克托·迈尔—舍恩伯格、〔英〕肯尼思·库克耶:《大数据时代》,盛杨燕、周涛译,浙江人民出版社2013年版,第67页以下。

法律基本实践样态,即作为论证和说理活动的司法裁判。

其次,是后果的不确定性问题。对于司法裁判或备选决定所能引发的一般社会后果 q 究竟是什么,有时难以确定。建立起前提条件与后果间的普遍法则,属于社会科学的任务。既有社会科学是否提供了充分的对象领域理论以使法律人进行后果讨论成为可能,在社会学家之间是有争议的。典型的反对者,如卢曼(Luhmann)就认为:"后果导向的法律思维处于一种充满悖论的处境之中:法学上的后果论被证明是必要的,但它却是不可能的。"[1] 因为"当人们想要将后果用作导向性视角甚或证成性视角时,人们就必须使用有色眼镜,它使人们无法看到各种各样之决定的一切附带后果、一切后果的后果、某些被聚集之后果的门槛效应"[2]。这里的困难显而易见。后果和后果的后果对于未来是开放的,因果关系也处于变动之中。而社会世界可能是如此复杂,以至于无法用"如果—那么"这种条件式关系来把握它。[3] 由此,后果的复杂性或混沌对于司法裁判而言或许是不能承受之重。因此,既有社会科学(如福利经济学)是否达到了它们所宣称的那种科学的程度,抑或它们实际上在司法实践中的运用更多只是对裁判者个人经验的"科学化包装",依然值得怀疑。当然,也无须夸大后果的复杂性与多变性。应该承认,既有的社会科学在许多领域已发展出有充分根据的理论。[4] 近来亦有学者主张,可以通过社会科学知识(心理学知识、统计学知识、人类学知识等)去发现"看不见的事实"。[5] 因为经验性社会科学的确可以为后果预测提供帮助,从而将预测风险尽可能

---

[1] Gunther Teubner, Folgenorientierung, in: Gunther Teubner (Hrsg.), *Entscheidungsfolgen als Rechtsgründe*, Baden-Baden: Nomos, 1995, S. 9.
[2] Niklas Luhmann, *Rechtssystem und Rechtsdogmatik*, Mainz: Kohlhammer, 1974, S. 35.
[3] Vgl. Helmut Rüssmann, Zur Einführung: Die Begründung von Werturteilen, *JuS*, 1975, Heft 6, S. 357.
[4] Vgl. Karl-Dieter Opp, *Soziologie im Recht*, Reinbek bei Hamburg: Rowohlt, 1973, S. 26 ff.
[5] 参见张剑源:《发现看不见的事实:社会科学知识在司法实践中的运用》,载《法学家》2020 年第 4 期。

地控制在可承受的范围内。所以,后果的不确定性并非全面否定后果论证的论据,它只是要提醒适用者注意此中可能存在的困难。

最后,是后果预测的比较劣势问题。即便普遍法则 p → q 是可靠的,即便依据此法则,个案中特定的备选决定也的确会产生后果 q,但也可能法官的认知能力不足,导致他要么没有认识到普遍法则,要么虽然知道这一法则,但没有认识到个案中的特定备选决定满足了其前提条件,从而可以导致后果 q。认知能力并不产生于存在论的层面,而产生于认知论的层面。"法官是法律帝国的王侯,但不是它的先知或预言家"[1]。由于社会本身的复杂性和社会科学自身的局限性,即便是专业的社会学家、经济学家也未必能够准确地预测某一事件可能产生的社会效果,更何况法官。所以,预测判决的未来后果所涉及的复杂性和不确定性是巨大的。[2] 当然,有论者提出可以通过三种方式,即有专门知识的人士出庭提出意见、运用社会调查报告和评估量表、法官主动引入社会科学知识来将社会知识引入司法裁判。[3] 但即便以此导入法律外的多元学科知识能够加强对案件后果的预测和提升论证效果,也只能在一定限度内提升预测准确的概率,并不能有效地避免裁判理由中出现"未经证实的理由谬误"。[4] 如果承认这种预测风险或认知不确定性,那么就会导致这样一个问题:面对复杂的价值判断,为什么法官不去选择已经形成的法教义,尤其是通说(如果有的话),而是要去选择后果预测?因为,毕竟是法教义,尤其是通说代表着既有的、对价值判断的类型化与中立化观点,具有很强的确定

---

[1] [美]罗纳德·德沃金:《法律帝国》,许杨勇译,上海三联书店2016年版,第320页。
[2] 参见[美]布莱恩·Z.塔玛纳哈:《裁判的均衡现实主义》,张昌辉译,载陈金钊、谢晖主编:《法律方法》(第30卷),中国出版集团研究出版社2020年版,第84页。
[3] 参见张剑源:《发现看不见的事实:社会科学知识在司法实践中的运用》,载《法学家》2020年第4期。
[4] 参见孙跃:《后果主义司法方法的法理反思及完善路径——以指导案例89号为切入点》,载舒国滢主编:《法理——法哲学、法学方法论与人工智能》第5卷第1辑,商务印书馆2019年版,第231页。

性。而后果预测则是"可能的"和"未成型的",具有一种不可知和有风险的性质。甚至可以认为,在价值多元的社会中,恰恰是法教义学更多发挥着筛选和排除的功能。价值评判的多样性及其必然带来的后果论证虽然在法律适用过程中不可避免,但必须由法教义学来证立并限定后果论证的使用。卢曼(Luhmann)就指出,法教义学扮演着单向的筛选或鉴定机制的角色:它或多或少地预先为裁判的内容打下了烙印,并划定了裁判可能的界限。[1] 只有通过这一筛选的价值与后果才能成为法律论证中的规范性理由。因此,后果预测相比于法教义论证在化约价值判断的复杂性这一点上并不具备比较优势,甚至处于劣势。

当然,后果预测的风险和认知能力不足也是相对的。随着上文提及的人工智能和大数据技术的发展,不排除有实现裁判后果之高精准预测的可能。但即便能实现 100% 的精准预测,后果预测依然难以成为司法裁判的基本模式,因为它与后者的性质并不相容。司法裁判在本质上并不是一种预测活动,而是提供理由的论证活动。法律论证虽然不排除对实质理由的运用,但相比于其他领域的论证活动具有更强的权威理由依赖性。这使它不仅要"向后(未来)看",同时也要"向前(过去)看",也即取向于已经决定下来的标准(法律规范、判例、法教义学等)。它要追问的并不是"将会发生什么",而是"有什么理由如此"。一种合适的裁判理论要采取的是内在参与者的立场,而非外在观察者的观点。所以,仅凭后果预测自身是无法满足裁判理论的这种要求的。它如果要发挥作用,就必须与后果评价结合在一起,不仅要证明将会发生什么后果,而且要证明这种后果是好的(或是最好的),从而"内化"为司法裁判的理由(实质理由)。

---

[1] Vgl. Niklas Luhmann, *Rechtssystem und Rechtsdogmatik*, Stuttgart: Verlag W. Kohlhamer, 1974, S. 36, 28.

### (三) 后果评价的必要性及其问题

#### 1. 后果评价的必要性

预测并指明裁判的后果(即便它满足了科学的诉求)并不能省却法官的评价行为。被预测的后果通过陈述语句来描述某种状态。它们属于广义上的实然命题,从中无法推出应然命题(规范语句)。[1] 只有当某个备选决定的可能后果本身被评价为可欲或不可欲时,它们才能被用来对裁判进行证立。此时就要进行后果评价,而后果评价则需要标明评价标准,这就会使我们从经验技术的层面退到规范性层面。并且,这种评价是一种比较式评价,它不仅要证明某个备选决定是可欲或不可欲的,而且要证明在诸多能导致可欲之后果的备选决定中,哪一个是最可欲的。也即,法官要在预测后果后添加上这样的评价,它将某种经验状态相对于其他经验状态标识为最佳的。所以,单单对预测之裁判后果的认识是不可能使法官作出裁判的,法律适用者必须知晓,各种备选的决定后果中,哪些最可能与例如公共福祉的目标和取得共识之正义观念相一致。[2] 所以,后果评价既要进行一次评价[前文步骤(4.2)],也最终包含着关于各种价值判断的优先性规则,还是一种二次评价[前文步骤(4.3)]。

#### 2. 后果评价的可能问题

后果论证不能取代评价,反而需要运用评价。这导致了一系列问题。

首先,后果论证的推理有效性问题。一方面,正如上文所言,后果论证的"后果"并非经验意义上的后果,而是"可欲的后果",也即附加

---

[1] 否则就会犯所谓的"自然主义谬误"(Vgl. Otfried Höffe, *Ethik: Eine Einführung*, München: Verlag C.H.Beck, 2013, S. 33-35)。

[2] Vgl. Hans-Bernd Schäfer und Claus Ott, *Lehrbuch der Ökonomischen Analyse des Zivilrechts*, 5.Aufl., Berlin u. Heidelberg: Springer Verlag, 2012, S. 4.

了法律人评价的后果。因此,在逻辑符号上,它不能被标识为q,而要被标识为Oq(读作:应当q)。另一方面,与后果预测不同,考虑到后果评价之后的后果论证,其论证形式是从某个普遍法则与某个可欲之后果出发,推出应当采取某个决定(也即后果预测推理中的"前提条件")。[1] 前文已说过,在司法裁判中,这个决定或前提条件并不是已知的事实,而是有待法官所作的选择,也即为了实现可欲之后果应当作的选择,因而要被标识为Op。所以,后果论证最终的推理结构为:[2]

$$p \to q$$
$$Oq$$
$$\overline{Op}$$

这个推理的问题是显而易见的。其一,即便不考虑q和p前面的规范模态词O,从"$p \to q$"和"q"也推不出"p"。除非将"→"理解为内包蕴含关系或者必要条件关系。由此,从"¬ p ⇒ ¬ q"(等值于:q → p)和"q"就可以推出"p"。但这就对论证者提出了比较高的要求,他不仅要证明"如果p,那么q",而且要证明"只有p,才能q"。其二,更严重的是,后果论证其实想要从一个陈述语句(普遍法则)与一个规范语句(被期待的后果)出发,推出另一个规范语句(应当采取的决定)。这种推理叫作"实践三段论",而关于实践三段论的有效性问题在学术上一直存在争议。[3]

---

[1] 当然,还有一种情形:从某个普遍法则与某个不可欲之后果出发,推出不应当采取某个决定。但出于论述简洁的目的,在正文中不再赘述。关于"归谬论证"(不可忍受之论证)的形式,参见 Robert Alexy, *Theorie der juristischen Argumentation*, Frankfurt a.M.: Surkamp, 1983, S. 345。

[2] 关于这一论证结构的文字表达,参见雷磊:《反思司法裁判中的后果考量》,载《法学家》2019年第4期。

[3] 当然,实用主义者或许压根就不认为"不合乎逻辑"是个严重的批评,因为看起来他们本身就反对逻辑在司法裁判中的适用。但或许实用主义者误解了逻辑,也误解了自身真正要主张的观点。对此,可参见雷磊:《什么是法律逻辑?——乌尔里希·克卢格〈法律逻辑〉介评》,载《政法论坛》2016年第1期。

其次,后果评价标准的多样性和复杂性问题。后果评价的必要性也说明,后果论证作为一种方法或论证形式本身并不与任何特定评价标准相联系,或者说它需要与某一评价标准相结合才能在司法裁判中发挥作用。什么样的后果是"可欲的",什么样的后果是"不可欲的",并不取决于后果论证本身,而是取决于后果论证之外的评价标准。一方面,这种评价标准可能是多样化的。具体而言,后果评价所运用的未必就是伦理学上的后果论标准,也可能是义务论标准(普遍道德法则)。后果论者的论述经常会给人造成一种误解,那就是,司法裁判中的后果论证天然与伦理学上的后果论(主要是功利主义)相联系。[1] 但是,这两者之间并没有必然联系。[2] 在后果预测与后果评价两分的框架下,这一点显现得十分明显:司法裁判中的后果论证只是要求"只要裁判的后果是(最)好的,那么裁判就是正确的",但其本身并没有提供"好"的标准。法律经济学学者一般会主张法官在裁决案件时应当使社会总体福利最大化,但这是伦理学上的后果论。法律经济学学者在司法裁判中倡导后果主义裁判时,其实是复合了司法裁判中的后果论证与伦理学上的后果论。但这种复合是或然的。法律人完全可以一边坚持后果论证,一边坚持以伦理学上的义务论作为评价标准。例如,在"北雁云依案"中,法官除进行基于社会管理成本的后果论证外,还提出了另一个后果论证,即"(子女不承袭父母姓氏)会造成对文化传统和伦理观念的冲击,违背社会善良风俗和一般道德要求"。后者所运用的后果评价标准就不是功利主义式的,而是包括善良风俗在内的一般道德要求(义务论式的)。再如,在Pierson v. Post 一案中,原告骑马、带猎犬去追逐猎取一只狐狸,但被告在他面前杀死并带走了这只狐狸。原告起诉要求被告归还这只狐狸。

---

[1] 例如,参见桑本谦:《法律教义是怎样产生的——基于后果主义视角的分析》,载《法学家》2019 年第 4 期。
[2] 参见雷磊:《反思司法裁判中的后果考量》,载《法学家》2019 年第 4 期。

法官在判决书中写道:"为了(法的)安定性,以及维系社会的和平与秩序。如果首先看到、驱赶或追逐这类动物……就能提供诉讼的基础,那么会产生大量的争议和诉讼。"[1]在此,法官一方面运用了后果论证,另一方面则运用了"法的安定性""维系社会的和平与秩序"这样的普遍价值标准。不同于法律作为手段要去追求的功利主义目的,它们是任何法秩序都固有的内在价值。只要法律得到贯彻(依法裁判),这种内在价值就会被实现。[2]

同时,不仅伦理学上的后果论与义务论提供了不同的评价标准,而且同样主张后果论的各个经验社会科学也提供了不同的一般性评价标准。例如,法律经济学注重的是财富或社会福利的最大化,法律社会学注重的是社会结构和秩序的稳定性,法律人类学注重的是在地人的感受。[3]可见,后果论证方法本身并未"附着"任何特定的评价标准(或任何学科),而是可以与各种各样的评价标准相结合。

另一方面,后果评价的多样性带来了复杂性问题。这种复杂性不仅体现在一次评价的层面,也体现在二次评价的层面。当存在不同备选决定及其不同后果时,在步骤(4.2)中,既可能采取同一个评价标准,也可能采取不同的评价标准。如果采取同一个评价标准,在步骤(4.3)中,可能导致两种情况:(1)在步骤(4.2)中运用同一个评价标准的结果是,直接产生了比较上的优劣。如根据福利经济学的标准,如果备选决定 a 所能导致的社会总体福利大于备选决定 b 所能导致的社会总体福利,那么就不再需要二次评价了。此时步骤(4.2)和步骤(4.3)其实已经合二为一。(2)在步骤(4.2)中运用同一个评价标准的结果是,没有产生比较上的优劣。例如,先运用福利经济学标准考察

---

[1] See T. J. M. Bench-Capon, Truth and Consequence: Complementing Logic with Values in Legal Reasoning, *Information & Communications Technology Law* 10 (2001), p. 15.
[2] 之所以有时采取后果考量的方式去实现这类价值,是因为法律规定本身不够明确或有漏洞,因而对于什么算作依法裁判会发生质疑。
[3] 参见侯猛:《社科法学的传统与挑战》,载《法商研究》2014 年第 5 期。

备选决定 a 和 b，但它们导致了大体相当的社会总体福利，此时从中选择最符合"人的尊严"标准的后果，以作为最佳的后果。或者相反。如果在步骤(4.2)中采取不同的评价标准，那么(3)在步骤(4.3)中必须对按照各个标准评定的诸最佳后果进行比较和权衡，以决定最终选择哪个备选决定。(2)和(3)其实涉及二次评价的两种模式：一种是选择模式。用一种评价标准进行一次评价，(出现平局时)再用另一种评价标准进行二次评价，其实就是承认一次评价标准具有适用上的优先性，而将二次评价标准视为补充性标准(或者意味着效力更高？)。这里的难题就是，究竟何种一般性评价标准具有适用上的优先性？能建立起抽象的价值标准位阶吗？另一种是权衡模式。如果不承认特定评价标准可以在抽象的层面上优先于其他评价标准，那么二次评价就只能是对个案中的不同后果进行具体权衡。[1] 而围绕"权衡是否是一种理性的论证模式"本身产生了各种各样的问题，也引发了大量的争议。[2] 例如最关键的一个问题就在于权衡的不可通约问题，或缺乏比较中项的问题。[3] 既然对不同后果的评价是依据不同的标准或原则来作出的，那么比较的中项就不能再从这些标准中去寻找，因为假如如此，就又意味着这个标准在位阶上高于其他标准了。此时，可能就需要返回法秩序本身，如回到宪法原则中去寻求比较中项。[4] 因此，不可通约并不一定就意味着不能对两种结果进行比较。当然，为了使权衡的过程理性化，尚需使它在理性论证程序中进行。[5] 这其

---

[1] 如果我们将不同的一般性评价标准视为具有"原则"的属性的话，那么后果选择其实就是原则权衡的过程(参见雷磊：《反思司法裁判中的后果考量》，载《法学家》2019年第4期)。
[2] 具体的争议及其辩护，参见雷磊：《为权衡理论辩护》，载《政法论丛》2018年第2期。
[3] 著名的批评参见 T. Alexander Aleinikoff, Constitutional Law in the Age of Balancing, *Yale Law Journal* 96 (1987), pp. 972-973.
[4] See Robert Alexy, The Reasonableness of Law, in: Giorgio Bongiovanni, Giovani Sartor and Chiara Valentini (eds.), *Reasonableness and Law*, Dodrecht: Springer, 2009, p. 11.
[5] 理性商谈的程序规则或标准，参见 Robert Alexy, *Theorie der juristischen Argumentation*, Frankfurt a.M.: Surkamp, 1983, S. 361-367。

实也适用于一切后果导向的价值论证活动：理性的后果论证必然是结合运用客观的后果论证形式、客观的实质评价标准和客观的程序评价标准（理性商谈规则）的结果。

最后，后果评价之特定标准自身的问题。以后果论者最偏爱的经济学标准为例。经济学理论实际上属于功利主义和社会选择理论的一种，它以"效率"为目标，以"成本—收益"思维为主线，以"效益最大化"为追求。具体而言，不同的经济学者又提供了不同的标准模型，这里只举来自福利经济学的两个标准。一个是"帕累托最优"（Pareto optimum）。这一标准严格受到事实上存在之个人利益和态度的约束，并将对这一选择标识为最优，只要不存在任何替代性选择，就能够在不将他人置于更糟之境地的前提下使（哪怕只是）一个人变得更好。因此，帕累托最优描述的是这样一种有效率的资源配置状态，任何对这种状态的改变，都无法既使至少一个个体的状况变好又不使任何其他人的状况变差。[1] 这一标准会产生诸多问题。比如，在司法实践中，法官几乎难以作出不会给任何人带来不利的裁判。当法官支持原告的诉求时，总是要以将被告至于不利的境地（如判决他赔偿给原告一定的金额）为代价。再如，从社会的角度来说，帕累托最优状态总是要优于非帕累托最优状态吗？只有在某个社会的价值等级尺度上，一切帕累托最优状态都同时被评价为最高等级时，才能对这一问题作出肯定的回答。但这绝非能够得到确保。因为这种假定的优先性本身就是一种评价，它超越了对帕累托标准本身的运用。[2] 另外，这一标准放弃了关于公正分配问题的一切考量。因为它不允许进行再分配（即便既有的财产分配方式是不公正的），只有额外的财产增量才是被分配的对象。但帕累托最优并不能为此提供标准，因

---

[1] See Vilfredo Pareto, Manual of Political Economy, London [u.a.]: Macmillan, 1972, p. 261.
[2] Vgl. Hans-Bernd Schäfer und Claus Ott, *Lehrbuch der Ökonomischen Analyse des Zivilrechts*, 5.Aufl., Berlin u. Heidelberg: Springer Verlag, 2012, S. 17-18.

为在个体之间对增量的每种充分分配都符合帕累托最优。[1] 因此,社会最佳的状态应当是帕累托最优和分配正义同时被树立起来的社会。

由于帕累托最优没有解决社会分配问题,所以有经济学学者试图提出一种分配伦理标准来加以弥补。其中最著名的就是卡尔多—希克斯标准(Kaldor-Hicks-Kriterium),尽管这两位学者相信,这一标准只包含弱的价值判断。[2] 这一标准说的是:如果一个集体决策能够使得不利者从受益者的收益中获得充分的补偿,且受益者还能保有额外的净收益,那么这个决策就应当被实施,它也是公正的利益权衡。[3] 换言之,只要在通盘考量之后有净收益,就是公共决策者的合理选择。这一标准同样导致了大量争议。例如,斯基托夫斯基(Scitovsky)就质疑这一标准的逻辑不连贯,他证明,在两种社会状态 x 和 y 之间进行选择时,两者可交替满足这一标准的测试,故而结果是:x 优于 y,而 y 优于 x。[4] 罗宾斯(Robbins)怀疑个体利益评估的基数主义,以及个体间利益比较的可能性问题。[5] 艾登缪勒(Eidenmüller)则指出,没有人能够期待,能通过以这一标准为导向之法政策的普遍补偿来长期获益。[6] 除了这些技术方面的缺陷,更重要的问题在于:

---

[1] 从法学视角对帕累托最优标准的审视,也可参见 Bernhard Schlink, Das Spiel um den Nachlaß. Zum Problem der gerechten Teilung, seiner Diskussion in der Spieltheorie und seiner Lösung durch das Gesetz, in: Adalbert Podlech (Hrsg.), *Rechnen und Entscheiden*, Berlin: Duncker & Humblot, 1977, S. 113, 127 ff.。

[2] See Amartya Sen, *Collective Choice and Social Welfare*, San Francisco [u.a.]: Holden-Day, 1970, p. 30.

[3] Vgl. Hans-Bernd Schäfer und Claus Ott, *Lehrbuch der Ökonomischen Analyse des Zivilrechts*, 5.Aufl., Berlin u. Heidelberg: Springer Verlag, 2012, S. 20.

[4] See T. Scitovsky, A Note on Welfare Propositions in Economics, *Review of Economic Studies*, 9 (1941), p. 77.

[5] See Lionel Robbins, *An Essay on the Nature and Significance of Economic Science*, 3. ed., London [u.a.]: Macmillan, 1984, p. 28.

[6] Vgl. Horst Eidenmüller, *Effizienz als Rechtsprinzip*, 2.Aufl., Tübingen: Mohr-Siebeck, 1998, S. 168 ff.

其一,以个人现实利益为基础的福利原则的正当性存疑。福利经济学的分析单位是个人。[1] 一方面,在福利经济学中,社会总体福利完全依赖社会成员的个人利益。在对不同社会状态进行选择时,只需知晓这一状态中各个社会成员的现实利益,即可通过加减来确定整个社会的价值。但是,很多时候,社会福祉或社会价值并不能完全等同于社会成员现实利益的计算结果。如,历史遗迹承载的民族文化的价值如何化约为个人利益间的加权计算?在秉持超个人主义观念或超人格观念的社会中,会将集体价值或作品价值视为最高的法目的,这样的法体系就不会赞成卡尔多—希克斯标准。因此,卡尔多—希克斯标准的运用有一个前提预设,那就是秉持个人主义观念的法体系。[2] 可见,这一标准并没有超越各个法价值体系的"中立性",因而也不像作者所认为的那样只包含"弱的"价值判断。另一方面,将选择标准最终回溯到**现实的**个人利益观念上去,就放弃了对个人利益观念的**评价**。如此,"就必然会给予勤勉家父的利益观念与臭名昭著的无赖的利益观念一样的空间,且不再能区分某人建立在他人之痛苦上的快乐与某人因他人之幸福而产生的愉悦了。"[3] 然而,法律人必须对此进行区分。只有当他去追问某个选择之道德证成的可能性,并将在诸备选决定间的选择视为正义问题时,他才合乎其任务。因此,在司法裁判中,即便法官要考虑个人利益,很多时候考虑的也只是正当利益。换言之,个人现实利益不能成为价值判断之标准的基础,反而本身要经受评价。无论如何,卡尔多—希克斯标准都不可能取代、反而要预设和运用价值判断。

其二,卡尔多—希克斯标准的适用范围有限。尽管有上述问

---

[1] 参见戴昕、张永健:《比例原则还是成本收益分析:法学方法的批判性重构》,载《中外法学》2018年第6期。
[2] 关于个人主义、超个人主义和超人格的观念及相应的法目的,参见〔德〕G. 拉德布鲁赫:《法哲学》,王朴译,法律出版社2005年版,第52—58页。
[3] Hans-Joachim Koch und Helmut Rüßmann, *Juristische Begründungslehre*, München: C.H. Beck'sche Verlagsbuchhandlung, 1982, S. 358.

题,但必须承认,卡尔多—希克斯标准依然可以被认为是一种理性的论证标准。其主要价值就在于,让法律人在作集体决定时能采取一种值得考虑的利益平衡方式。但即便如此,它的适用范围也是有限的。尽管它试图解决分配正义问题,但运用的结果依然不可能不符合正义观念。因为其根本上仍旧是以效率为导向的。所以,在以效率为主或以效率为导向来进行分配的法律领域(如商品和服务交易法、税法、社会法等),它可以在很多时候得到适用。但在强调"不可放弃的"价值和权利的领域(如基本权利领域),它的可适用性就要受到限制。归根结底,这依然取决于不同领域的不同价值导向。

综上,由于后果评价的必要性,后果论证不仅没能终结价值判断,反而带来了大量的问题。后果论证固然使价值判断具有了一种理性的论证结构,但无法"消灭"伦理学意义上的价值判断本身。价值判断的多样性和复杂性依然存在。即便可以说运用后果论证能在一定程度上使价值判断客观化,这也不是或不主要是源自后果论证的方法本身,而是或主要是由于,必须与这种方法(通过后果评价)一起被运用的评价标准本身被认为具有(超越法官个人主观价值偏好的)客观性。

### (三)后果论证的意义

既然后果预测与后果评价存在各种各样的问题,那么问题就来了:为什么在司法裁判中还要花费精力去进行后果论证活动?后果论证能为理性裁判提供什么?

在存在决定余地的情形下,通过诉诸被期待之后果来证立某种价值判断之所以能获得"理性增益",是因为:一方面,在许多情形中,经验假设事实上(但未言明地)对我们的价值判断具有决定性。有时,只要我们澄清与此相关的后果期待,就会展现出达成共识的机会,如果我们关于后果之可欲或不可欲存在一致观点的话。换言之,此时并非不需要价值判断,而是因为我们对附着于经验假设的价值判断存在相当大的共识,所以通常只要一指明这种经验事实就可以同时认为它也是可欲的。有时,特定价值决定与这一决定被期待的效果之间的关联是隐而不显的。后果论证通过澄清关于这种关联隐含的经验假定,并使之可受批评,从而成为理性的论证活动。[1]

另一方面,后果论证能压缩法官自身评价的空间,从而减轻裁判的压力。这一功能最为明显的表现在于,某个备选决定可能仅基于经验知识就可以被排除在外。假如某人在既定决定余地的框架内建议采纳某个决定,并通过这一决定的(被普遍标识为积极的)后果来证立其选择,那么有时我们就可以对此证明道,根据当时经验社会科学研究的状况,会出现的并不是这个后果,而是另一个后果。如果他无法再提出支持这一选择的其他理由,那么这种缺乏真正评价行为的备选决定就要被排除掉。有时,在对某个选择进行讨论后会发现,尽管它在被初步考虑的规范框架内是一种可能的选项,但社会科学理论却暗示它具有某个与其他制定法规范相矛盾的后果。不进行后果论证就可能发现不了这种矛盾。最后,某个备选决定尽管会引发被宣称的那种积极后果,却可能伴有大量的消极附带后果。因为后果论证反而会加大司法裁判的难度,但这同样服务于理性的裁判发现。[2] 因为司法裁判毕竟是超越个案考量的,它需要尽可能考虑到足够的复杂性。

## 四、本章结语

正如德国学者卢曼所言,后果取向在今天已成为证立司法裁判之最常见的原则。[3] 因为考虑社会效果与政策形成的法官法必然依赖

---

[1] Vgl. Hans-Joachim Koch und Helmut Rüßmann, *Juristische Begründungslehre*, München: C.H.Beck'sche Verlagsbuchhandlung, 1982, S. 230.
[2] Vgl. Helmut Rüssmann, Zur Einführung: Die Begründung von Werturteilen, *JuS*, 1975, Heft 6, S. 357–358.
[3] See Nicolas Luhmann, *Risk: A Sociological Theory*, trans. Rohdes Barrett, London: Aldine Transactions, 2005, p. 59.

对后果的讨论。[1] 从西方国家的司法实践来看,尽管具体情形有所不同,但后果考量越来越成为公开的法律论证方式是毋庸置疑的。美国的法院长久以来就偏爱一种工具主义的法律论证进路,基于后果的论证在被接受之论证准则中得到了很好的确立。在案件没有被成文法或先例预先决定的场合,法律人共同体就可以公开援引后果论证。从20世纪80年代开始,至少在某些疑难案件中,英国的法院也通过公开援引其裁决对于(立法者所定义或可归属于立法者的)政策目标之可能影响来证立它们的裁判。[2] 当然,美国法院与英国法院的论证风格依然有差别,前者更加注重实用主义和工具主义,而后者更侧重形式主义。[3] 当下德国的法院日益注重对客观目的解释的运用,尽管这一方法的细节和确切含义仍有争议。[4] 与此相关,尤其是在德国联邦宪法法院解释宪法的实践中,也出现了许多以后果取向为依托的个案。[5] 有鉴于此,有论者甚至将后果考量视为司法裁判走出法律决定论与法律决断论之二元困境的第三条道路。[6] 当然,总体而言,说在德国方法论中后果论证已在一般性意义上成为论证准则

---

[1] Vgl. Gunther Teubner, Folgenkontrolle und Responsive Dogmatik, *Rechtstheorie* 6 (1975), S. 189.
[2] See John Bell, *Policy Arguments in Judicial Decisions*, Oxford: Clarendon Press, 1983, p. 21.
[3] 参见[美]P. S. 阿蒂亚、[美]R. S. 萨默斯:《英美法中的形式与实质:法律推理、法律理论和法律制度的比较》,金敏、陈林林、王笑红译,中国政法大学出版社2005年版,第28、342—344页。
[4] Vgl. Hans-Joachim Koch und Helmut Rüßmann, *Juristische Begründungslehre*, München: C.H.Beck'sche Verlagsbuchhandlung, 1982, S. 227.
[5] Vgl. Dieter Grimm, Entscheidungsfolgen als Rechtsgründe: Zur Argumentationspraxis des deutschen Bundesverfassungsgerichts, in: Gunther Teubner (Hrsg.), *Entscheidungsfolgen als Rechtsgründe?*, Baden-Baden: Nomos, 1995, S. 147 ff. 亦可参见刘飞:《宪法解释的规则综合模式与结果取向——以德国联邦宪法法院为中心的宪法解释方法考察》,载《中国法学》2011年第2期。
[6] Vgl. Rudolf Wiethölter, Zur Argumentation im Recht: Entscheidungsfolgen als Rechtsgründe?, in: Gunther Teubner (Hrsg.), *Entscheidungsfolgen als Rechtsgründe*, Baden-Baden: Nomos, 1995, S. 99.

的一部分还为时尚早。[1]

尽管存在上述种种趋向,也并不意味着后果考量对于司法裁判来说就具有构成性和根本性的地位。社会后果在某些领域和某些案件中的确是重要的,但并非对于一切司法裁判来说都是同等重要的。[2]只有法律判决的某些后果而非所有后果,才能扮演论证理由之角色。一方面,后果考量既不具有"元方法"的地位,也不是一种完全独立的新方法,尽管它值得被认真对待。主张将裁判后果作为判断裁判是否具有正确性唯一标准的后果主义无疑过于极端,它没有看到司法裁判有别于立法与行政的回顾性向度(依法裁判),以及法条和法教义等裁判理由的制约性功能。因而无论是在法的发现还是在法的证立层面上,后果主义都无法一般性地成立。无论是后果论证本身,还是后果比较或后果论证的限度,都可以为既有的法学方法所蕴含。它至多只能在客观目的论证的框架内具有有限的独立性。另一方面,后果考量(乃至理性选择理论)是一种虽然有益但也有限的价值判断的客观化方法。与非后果考量方法相比,后果考量只是以条件式的推理结构"推迟"了价值判断,而没有取代价值判断。对于后果考量而言,不仅后果评价不可缺少,而且评价的标准本身就可能是多元化的,很多时候甚至需要进行二次评价。即便采用同一套标准,也会预设或运用价值判断。因此,意图通过诉诸后果考量来终结司法裁判中的价值判断问题,甚或将价值判断问题还原为经验分析问题,都是缘木求鱼。正因如此,就像有学者指出的,以裁判后果论证裁判的努力,尽管为法律论证开辟出一条新途径,但如果没有相应论证程序的制约和保障,恐

---

[1] 唯一的例外可能是法国,其严格的形式主义的司法推理风格明显对公开的后果论证不感兴趣,教义性的对话似乎也对这类论据很反感(但竞争法领域是例外)(See Mitchel de S.-O.-l'E. Lasser, Judicial (Self-)Portraits: Judicial Discourse in the French Legal System, *The Yale Law Journal* 194 (1995), p. 1325)。
[2] 如与民法、刑法等教义学高度发达的领域相比,竞争法、行政法就较少地向后果考量开放[See Duncan Kennedy, Form and Substance in Private Law Adjudication, *Harvard Law Review* 89 (1976), p. 1686]。

怕不仅难以对理性裁判有所助益,甚至会助长恣意裁判的可能性。[1]

司法裁判从来就不是哪一种价值标准和论证方法的一言堂。相反,它是各种理论和方法的演练场,各种理论和方法在这个场域内试错,检验自身的有效性和适用范围,乃至彼此交锋和竞争,从而推动法律实践从稳固到开放,再从开放到稳固的不断发展。法律不仅仅是一种行为激励机制,更是行为的范式和标准。它既追求特定的目的和效果,从而间接实现某种工具价值,也按照自己的逻辑来自我运作,从而更为直接地实现某些内在价值。因此,法律实践是"向前看"与"向后看"的均衡、形式价值与实质价值的统一。试图运用后果考量(其实是特定后果评价标准,如社会总体福利)来一统裁判的做法,看起来的确更为简单和明确,却忽略了司法裁判中"必要的复杂性",因为简单和明确不一定意味着正确。为了实现正确性的目标,价值论证的复杂性是我们不得不付出的代价。

---

[1] 参见张青波:《理性实践法律:当代德国的法之适用理论》,法律出版社2012年版,第271页。

# 第七章 社会主义核心价值观的司法适用

在司法裁判中融入和体现社会主义核心价值观,是实现法治与德治相结合,法律效果、政治效果与社会效果相统一,回应民众对公正司法新要求和新期待的重要途径。为此,最高人民法院先后印发《关于在人民法院工作中培育和践行社会主义核心价值观的若干意见》《关于在司法解释中全面贯彻社会主义核心价值观的工作规划(2018—2023)》等文件。尤其是从2021年3月1日起施行的《关于深入推进社会主义核心价值观融入裁判文书释法说理的指导意见》(以下简称《指导意见》),对如何将社会主义核心价值观(以下正文中简称"核心价值观")融入司法裁判作出了具体指导。

在此背景下,对核心价值观融入司法裁判进行方法论层面的反思与建构就显得尤为重要。正如一位法官在剖析运用核心价值观释法说理存在的问题时所指出的:"在目前的法学教育和司法实践中,法官大多缺少对法律方法、法律解释和法律推理等的深入认知和系统培训,他们的理解仍停留在'法学教科书'的阶段,而并未内化为自身的知识体系和话语体系。"[1]应当指出的是,学术界已围绕核心价值观的司法适用展开了有益讨论。目前的研究大体可分为三类:一是对核心价值观融入司法裁判的路径、依据和功能等的总体讨论[2];二是对

---

[1] 刘峥:《论社会主义核心价值观融入裁判文书释法说理的理论基础和完善路径》,载《中国应用法学》2022年第2期。

[2] 例如,参见于洋:《论社会主义核心价值观的司法适用》,载《法学》2019年第5期;曹磊:《核心价值观融入判词的三维场景及其功能》,载《法学论坛》2022年第5期。

核心价值观融入司法裁判的实证研究以及改进建议[1];三是专门就特定主题展开具体讨论。[2] 尽管这些研究多少都涉及方法论层面,但既有讨论存在体系化和深入度不足[3],反思性和针对性不够[4],以及对于某些难点问题(如具体化论证)尚未作深入论证等缺陷。本章旨在从一般方法论层面推进对社会主义核心价值观融入司法裁判的系统反思[5],具体围绕核心价值观的规范定位、融入司法裁判的途径(适用方法)、具体化论证的形式与规则依次展开讨论。在此之前,本章将先对社会主义核心价值观的司法适用现状进行总结分析,以使后文的论述更有针对性。

## 一、社会主义核心价值观的司法适用现状及其问题

目前,全国各级法院运用核心价值观进行释法说理的频率呈现不断攀升的局面。从运用层级看,以基层人民法院与中级人民法院为

---

[1] 例如,参见廖永安、王聪:《路径与目标:社会主义核心价值观如何融入司法——基于352份裁判文书的实证分析》,载《新疆师范大学学报(哲学社会科学版)》2019年第1期;彭中礼、王亮:《司法裁判中社会主义核心价值观的运用研究》,载《时代法学》2019年第4期。

[2] 例如,参见孙光宁:《社会主义核心价值观的法源地位及其作用提升》,载《中国法学》2022年第2期。

[3] 例如,同一研究在论述适用方法的同时,又论及案件类型和援引对象等相关但不相同的方面,主题的聚焦度不足,影响了讨论的体系性和深入性[参见孙光宁:《裁判文书援引指导性案例的效果及其完善——以弘扬社会主义核心价值观为目标》,载《苏州大学学报(法学版)》2022年第1期]。

[4] 例如,有的研究以《指导意见》为基础,将几乎所有法律解释方法、漏洞填补方法和法律论证方法都列为社会主义核心价值观融入司法裁判的方法(参见孙跃、陈颖颖:《社会主义核心价值观融入司法裁判的法律方法》,载《山东法官培训学院学报》2021年第4期)。

[5] 这里需要说明两点:其一,不同的核心价值观在司法裁判中的可适用性和指引性并不完全相同,因而在融入司法裁判的具体面向时会呈现出一定差异。至于单个核心价值观融入司法裁判的具体样貌和标准,有待进一步的研究。其二,本章的讨论在经验上以民事裁判为基础,这也是核心价值观最典型的适用领域。在其他领域的适用可能会有差异(如在刑事裁判领域中,释法功能只体现为法律解释)。

主;从案件类型看,则以民事案件为主(80%以上)。[1] 特别是在《民法典》生效之后,直接引述《民法典》第 1 条的裁判文书出现了大幅度增长。本章并不旨在对核心价值观的司法适用现状作全面的实证描述,而只是想通过归纳既有运用方式来暴露其问题所在,从而为方法论反思奠定经验基础。因此,这里只选取最具有典型性的样本,即最高人民法院前后公布的五批弘扬核心价值观的典型案例(共 49 个)作为分析对象。[2] 这些典型案例并非原裁判文书,而是最高人民法院相关业务部门遴选和加工后的产物。这恰可以反映最高审判机关在推行这些超越个案而具有普遍意义的"范例"时所持有的自觉或不自觉的态度。不同批次的典型案例在结构上并不完全相同。批次一的案例内容,包括"弘扬的价值""基本案情""法律指引";批次二的案例内容,包括"基本案情""裁判结果""典型意义";批次三、批次四和批次五的案例内容,均由"核心价值""基本案情""裁判结果""典型意义"四部分构成。四个批次的典型案例中体现核心价值观的部分,分别是"弘扬的价值"(批次一)、"典型意义"(批次二)、"核心价值+典型意义"(批次三、批次四和批次五)。

在这些典型案例中,核心价值观的运用方式可分为四种:一是隐性运用。具体又包括两种情况:一种是列明的隐形运用,也即在典型案例中列明了相关核心价值,但没有出现在说理部分("裁判结果"部分)[3];另一种是未列明的隐形运用,也即在案例文本的任何地方都

---

[1] 相关数据参见廖永安、王聪:《路径与目标:社会主义核心价值观如何融入司法——基于 352 份裁判文书的实证分析》,载《新疆师范大学学报(哲学社会科学版)》2019 年第 1 期;彭中礼、王亮:《司法裁判中社会主义核心价值观的运用研究》,载《时代法学》2019 年第 4 期。
[2] 五批典型案例分别发布于 2016 年 3 月、2016 年 8 月、2020 年 5 月、2022 年 2 月和 2023 年 3 月。为了方便称呼,后文中分别称为"批次一""批次二""批次三""批次四""批次五"。其中,前三批和批次五每批次发布 10 个典型案例,批次四发布了 9 个典型案例。
[3] 比较特殊是批次五案例八。该案在说理部分含糊地提及被告人的行为"背离了社会主义核心价值观的基本要求",在"典型意义"部分才列明具体核心价值观("文明"和"法治")。

没有直接出现任何相关核心价值的字样,而只出现了相关价值表述(如"家庭美德""社会公德""公序良俗""环境公益"等)。对于隐性运用,更多只能意会其与核心价值观之间的联系。二是正面提及,也即在案例的说理部分提及相关核心价值(如批次三案例七的"诚实信用")。三是侧面提及,也即虽在说理部分没有直接点明违背或倡导的核心价值,但可从相关表述中推知(如批次三案例八的"不诚信行为")。四是同时提及具体核心价值和"社会主义核心价值观"(如批次三案例一和案例二同时提及"爱国"和"社会主义核心价值观",批次五案例十提及"社会主义核心价值观"和"友善")。五批典型案例中核心价值观的运用方式可以总结如下(见表7-1):

表7-1 典型案例中社会主义核心价值观的运用方式

| 运用方式 | | 案 例 |
|---|---|---|
| 隐性运用 | 列明的隐性运用 | 批次一(案例四、五、六、七、八、九);批次二(案例一、二、三、四、五、七、十);批次三(案例四、五、六);批次四(案例一、二、三、七、八、九);批次五(案例一、二、三、六、七、八、九) |
| | 未列明的隐性运用 | 批次一(案例一、二、三、十);批次二(案例六、八、九);批次三(案例九、十) |
| 正面提及 | | 批次三(案例七);批次四(案例六);批次五(案例四、五) |
| 侧面提及 | | 批次三(案例三、八);批次四(案例四、五) |
| 同时提及 | | 批次三(案例一、二);批次五(案例十) |

通过总结分析可以发现,目前司法裁判中对核心价值观的运用存在三方面问题:其一,核心价值观在裁判文书中的显现度不够。弘扬核心价值观之典型案例的"典型性"多为二次解读的产物。在典型案例的基本结构中,"基本案情""裁判结果"是原裁判文书的组成部分,而"弘扬的价值/核心价值"和"典型意义"则是最高人民法院在公布案例时所附加或加工后的部分。在49个案例中,除10个案例在

"裁判结果"部分明确提及相关核心价值外,在其余案例中,相关核心价值均只出现于"弘扬的价值/核心价值"或/和"典型意义"部分,甚至没有得到任何明确表述。这说明,原裁判并没有十分有意识地运用核心价值观进行司法论证,说它们是弘扬核心价值观的"典型"案例更多是最高人民法院解读的产物,最多只能认为原审法院隐性运用了核心价值观。而从表7-1可知,隐性运用是目前运用核心价值观的主要方式。但隐性运用无法有效建立起核心价值观与案件事实本身的有效关联,无法充分满足"立场正确、内容合法、程序正当,符合社会主义核心价值观的精神和要求"(最高人民法院《关于加强和规范裁判文书释法说理的指导意见》第3条)的目标。

其二,核心价值观的司法适用基本停留于说理层面,释法功能较弱。在典型案例中,除了批次一的案例单独列明了案件的裁判依据("法律指引"部分),仅有部分案例述及裁判依据,大多数案例的"典型意义"部分只是基于案例事实进行了宽泛的说理。通过内容分析可以发现,法院更多是将核心价值观当作辅助说理的依托,而没有将其与法律条款的阐释结合起来。仅在批次三案例六、批次四案例四和批次五案例四中,可明确看出法院运用相关核心价值对相关法律条款进行了解释(或补充),潜在发挥了释法功能。

其三,即便在说理层面,多数时候核心价值观也仅具有价值宣示色彩。从批次一到批次五,尽管越往后典型案例与核心价值观的关联性越明显,但从实质论证看,说理与特定核心价值之间的内容结合度仍然不高。即便是经最高人民法院加工的"典型意义"部分,也只是简单表明裁判"弘扬了""体现了""倡导"某个/某些核心价值观,而没有对被援引的核心价值观进行必要诠释,也没有具体指明案件当事人的做法如何违反了核心价值观,造成"模糊性运用"[1]。这种"模糊性

---

[1] 参见张启江、祝子斌:《核心价值观融入法治政府建设的三大机制构建——以行政争议裁判中存在的困境为视角》,载《时代法学》2018年第3期。

运用"体现为两个方面：一是核心价值观内容上的模糊性。究其根本，最高人民法院发布典型案例是响应国家政策所需，所以更多是用核心价值观从宏观上评价是非对错，而没有结合具体案件进行分析。空洞的价值评价反而导致裁判说理不充分，使核心价值观在案件的裁判中仅仅起到一种"背书"的效果。[1] 二是核心价值观的适用对象上的模糊性。在核心价值观中，属于国家层面的有富强、民主、文明、和谐，属于社会层面的有自由、平等、公正、法治，属于公民个人层面的有爱国、敬业、诚信、友善。一些典型案例同时列明或提及了两个或两个以上的核心价值，而且很多时候跨越两个甚至两个以上的层面。这种跨层面运用在《指导意见》颁布后发布的第四批和第五批典型案例中体现得尤为明显，造成核心价值观运用的"多重指向"或"不确定指向"现象。

总之，目前社会主义核心价值观的司法适用存在显现度不够、释法功能较弱、价值宣示色彩过浓等问题。很多时候法院只是在做一种"贴标签"的工作，核心价值观结合个案进行的"融入式"论证不足。

## 二、法源地位与规范类型

要对核心价值观融入司法裁判的途径进行准确把握，首先要对其进行准确的规范定位。这里包括两个前后相续的问题：第一，核心价值观是否属于(以及属于何种)法的渊源？第二，如果是，那么核心价值观属于何种类型的法律规范？

### （一）法源地位的变迁

对核心价值观法源地位的认定离不开对它的形成和发展史的考察。核心价值观本身具有高度的道德性和政治性，是对社会主义核心

---

[1] 参见于洋：《论社会主义核心价值观的司法适用》，载《法学》2019 年第 5 期。

价值体系的高度凝练和集中表达。2006年10月,党的十六届六中全会明确提出了"建设社会主义核心价值体系"的重大命题和战略任务,明确提出了社会主义核心价值体系的内容。2011年10月,党的十七届六中全会首次提炼和概括出"社会主义核心价值观"的表述。2012年11月,党的十八大报告明确提出"三个倡导",即"倡导富强、民主、文明、和谐,倡导自由、平等、公正、法治,倡导爱国、敬业、诚信、友善,积极培育社会主义核心价值观"。"三个倡导"分别涉及社会主义现代化国家的建设目标、对美好社会的生动表述和公民基本道德规范,是从国家、社会和个人三个层面对社会主流道德的整体展现,从而成为"以德治国"的重要载体。

如果说这一阶段的核心价值观仍然停留于道德范畴的话,那么随着相应的顶层设计的推动,核心价值观的地位开始发生改变。2013年12月发布的《关于培育和践行社会主义核心价值观的意见》专门指出,法律法规是推广社会主流价值观的重要保证,要"注重把社会主义核心价值观相关要求上升为具体法律规定,充分发挥法律的规范、引导、保障、促进作用"。

2016年12月发布的《关于进一步把社会主义核心价值观融入法治建设的指导意见》进一步要求,"遵循法律精神和原则,实行适应社会主义核心价值观要求的司法政策,增强适用法律法规的及时性、针对性、有效性,为惩治违背社会主义核心价值观、严重失德败德行为,提供具体、明确的司法政策支持"。可见,核心价值观融入法治建设的主要方式包括两种:一种是融入立法,也即将核心价值观转化为"具体法律规定"。此时核心价值观已成为法律的一部分。另一种是融入司法,也即将作为一个整体范畴的核心价值观视为"司法政策"。

"司法政策"在我国的法源体系中该如何定位?这里涉及"法的渊源"的概念及其分类。法的渊源指的是法律适用过程中裁判依据的来源,解决的是"依法裁判"问题。法的渊源可以被分为效力渊源与认知渊源两种类型:前者提供了独立而完整的裁判依据,是裁判依据之效力来源和内容来源的合一;后者只提供了裁判依据的内容来源,需要获得效力渊源的认可并须与之结合才能发挥作用。[1] 区分法的渊源(裁判依据)与裁判理由的关键,在于是否具备独立的效力来源或得到效力渊源的认可。我国《民法通则》(已失效)第 6 条规定,民事活动必须遵守法律,法律没有规定的,应当遵守国家政策。所以在当时,"国家政策"就扮演着法的认知渊源的角色。核心价值观是要被贯彻到整个法治建设领域的国家政策,"司法政策"是这种国家政策在司法领域的体现。但是,随着 2021 年 1 月 1 日《民法典》的施行,《民法通则》被正式废止。而《民法典》第 10 条(法源条款)只承认法律和习惯作为裁判依据的地位,其他条款中亦无关于政策的一般规定。可见,目前政策在民法领域已不再是普遍的法的认知渊源。除非在民事单行法中针对具体情形个别地认可特定政策的法源地位,否则政策在民事裁判中就只能作为裁判理由,起到增强裁判说服力的作用。[2] 也就是说,它不再能成为法无明文规定时的替补性渊源,而只能作为适用法律规定的辅助性理由,仅能在个案裁判中起到"背书"的作用。[3] 所以,至少在《民法通则》失效之后,核心价值观已不再是法源意义上的司法政策。

但这仅是就民法领域而言。如果我们将目光投放到整个中国法律体系,就会发现,在 2018 年 3 月全国人民代表大会对《宪法》进行第五次修改时,就已在第 24 条第 2 款中写入"国家倡导社会主义核心价值观"。在此前后修订的《公务员法》《档案法》《未成年人保护法》《国旗法》《国徽法》《预防未成年人犯罪法》等法律中也直接将"社会主义核心价值观"的表述纳入其中。即便是《民法典》,在取消"国家政策"

---

[1] 参见雷磊:《重构"法的渊源"范畴》,载《中国社会科学》2021 年第 6 期。
[2] 参见雷磊:《法的渊源:一种新的分类法及其在中国语境中的运用》,载《河北法学》2021 年第 11 期。
[3] 参见孟融:《中国法院如何通过司法裁判执行公共政策——以法院贯彻"社会主义核心价值观"的案例为分析对象》,载《法学评论》2018 年第 3 期。

的法源地位的同时,也在第 1 条将"弘扬社会主义核心价值观"列为立法目的之一。也就是说,立法者一方面否弃了核心价值观通过"政策"条款间接进入司法裁判的可能,另一方面却将它明确规定为宪法和法律的一部分,从而打开了它直接进入司法裁判的通道。所以,在"社会主义核心价值观"入法入宪之后,在司法裁判活动中,它就不再仅是司法政策意义上的法的认知渊源,更非仅扮演裁判理由角色的纯粹道德范畴,反而成为法的效力渊源。它与其他法律条款一样,可以成为司法裁判活动的裁判依据。

综上所述,核心价值观从被提出至今,其法源地位经历了从道德范畴(非法源)到司法政策(法的认知渊源),再到宪法和法律的组成部分(法的效力渊源)的变迁。它已然成为当代中国法的效力渊源的一部分。

### (二)规范类型的确定

核心价值观已被规定于《宪法》第 24 条第 2 款和《民法典》第 1 条。这些法条表述的是否是法律规范?如果是,它们属于何种类型的法律规范?

第一个问题涉及法条与法律规范的关系。法条是一种语言形式,是制定法中基于立法技术之需要所发展出来的建构单元,它以条次的编号带头分辨其起始,并以下一条之起始标识本条之终结。[1] 法律规范是法条的意义,是某种理想或理念的对象,就如某种客观意义上的特定思想。[2] 显然,法律规范与法条之间是内容和形式的关系,但两者之间

---

[1] 参见黄茂荣:《法学方法与现代民法》(增订七版),植根法学丛书编辑室 2020 年版,第 257 页。

[2] Vgl. Ota Weinberger, *Normentheorie als Grundlage der Jurisprudenz und Ethik: Eine Auseinandersetzung mit Hans Kelsens Theorie der Normen*, Berlin: Duncker & Humblot, 1981, S. 67. 当然,严格说来,这里仅涉及规范的"语义学观念",而不涉及规范的"语用学观念"(对两种观念的区分参见 Pablo E. Navarro and Jorge L. Rodríguez, *Deontic Logic and Legal Systems*, Cambridge: Cambridge University Press, 2014, p. 67)。

又存在不对称性:法条既可以直接表达法律规范,也可以不直接表达法律规范。前者被称为"规范性条文",后者被称为"非规范性条文",包括定义性条文、附属性条文、宣告性条文等。[1] 法律规范或规范性条文的基本功能在于指引行为,而非规范性条文并不具备这一功能。例如,宣告性条文就旨在起到某种宣示和通告的效果。如我国《宪法》第1条第1款规定:"中华人民共和国是工人阶级领导的、以工农联盟为基础的人民民主专政的社会主义国家。"这一条文并非旨在指引公民或国家机关的行为,而仅是宣告了我国的国体。当然,宣告性条文并不是在描述某个既定事实,而是通常反映或蕴含着特定的价值目标和理念。

《宪法》第24条第2款和《民法典》第1条无疑都是法条,核心价值观就是这些法条所表述的内容。那么,它们属于规范性条文还是非规范性条文(如宣告性条文)？如果是前者,那么核心价值观就可被视为法律规范;如果是后者,核心价值观就不是法律规范,而仅是某种宣告性主张。问题的关键在于判断这些条文或者说核心价值观是否具备指引行为的功能。首先应当看到,无论是《宪法》还是《民法典》的相关表述("弘扬社会主义核心价值观"),都具有强烈的目标性与价值性。就此而言,它们十分接近宣告性条文。但同时应当看到:一方面,《宪法》第24条第2款是一种国家目标条款。作为国家目标条款,它是"具有法律效力的宪法实质规范,其本质是通过宪法表现出整体法社会的价值决定"[2]。宪法作为根本法的地位决定了,其所构造的价值秩序必须被贯彻到整个法律体系的各个部分之中,自然也包括民法部分。另一方面,《民法典》第1条是公法规范与《民法典》衔接的基础性规范。[3]《民法典》第1条虽从表面看仅为立法目的

---

[1] 参见舒国滢、王夏昊、雷磊:《法学方法论前沿问题研究》,中国政法大学出版社2020年版,第116—118页。
[2] 张翔:《"文化国"的秩序理念和体系——以国家目标条款带动的整合视角》,载《南京大学法律评论》2015年第1期。
[3] 类似判断参见冉克平、谭佐财:《〈民法典〉立法目的条款之裁判检讨与功能定位》,载《东岳论丛》2022年第4期。

条款,但其关于"弘扬社会主义核心价值观"的表述绝非仅仅具有宣告性功能[1],而可以被视为宪法层面的国家目标条款在民法领域的接入口。因为《民法典》第1条贯彻了适应公私混合治理形态需要的"大民法典"理念[2],它要求民法不仅"保护民事主体的合法权益,调整民事关系",而且要"维护社会和经济秩序,适应中国特色社会主义发展要求"。因为以民事主体的合法权益为内容的民事法律关系是社会秩序的重要组成部分,关涉国家与社会的健康、有序发展。[3] 在此基础上,核心价值观跨越国家、社会、个人三个层面,恰好成为衔接公私两类法益和秩序的联结点。所以,尽管《民法典》第1条看起来只是将核心价值观作为民事活动追求的目的,并没有规定具体的行为要求,但仍旨在"规范"民事主体的行为。中共中央、最高人民法院分别印发的《关于在人民法院工作中培育和践行社会主义核心价值观的若干意见》《关于进一步把社会主义核心价值观融入法治建设的指导意见》《关于深入推进社会主义核心价值观融入裁判文书释法说理的指导意见》,也充分说明了这一点。所以,这些条文并非仅是宣示或弘扬社会主流道德的宣告性条文,而是表达了指引行为的法律规范。

第二个问题涉及对法律规范类型的区分。法律规范可以分为法律规则和法律原则两种。目前国内主流学说认为核心价值观属于法律原则,而非法律规则[4],笔者亦持此论。只是既有研究并没有完全澄清核心价值观作为"法律原则"的双重意义。在法学中,"法律原

---

[1] 在此不对整个立法目的条款的性质作出判断。但民法学者在整体上主张立法目的条款为宣导规范(参见吴香香编:《民法典请求权基础检索手册》,中国法制出版社2021年版),或者既非规则亦非原则[参见刘颖:《民法典中立法目的条款的表达与设计——兼评〈民法总则〉(送审稿)第1条》,载《东方法学》2017年第1期]时,至少是以偏概全的。
[2] 参见苏永钦:《大民法典的理念与蓝图》,载《中外法学》2021年第1期。
[3] 参见杨代雄主编:《袖珍民法典评注》,中国民主法制出版社2022年版,第1页。
[4] 例如,参见孙光宁:《社会主义核心价值观的法源地位及其作用提升》,载《中国法学》2022年第2期;彭中礼、王亮:《司法裁判中社会主义核心价值观的运用研究》,载《时代法学》2019年第4期。

则"至少有两种理解方式[1]:一种是"法律体系的法律原则"(相当于德语中的 Grundsatz)。在此意义上,原则是在法律体系中具有根本性地位的规范。相比于法律规则(具体法律规定),它们对于整个法律体系而言更具有基本性和重要性,因而构成了法律秩序内在统一性与评价一贯性的基础。[2] 这是一种对重要性程度的区分。另一种是"规范理论的法律原则"(相当于德语中的 Prinzip)。据此,法律规则与法律原则是两类不同性质的法律规范,前者属于确定性命令和行为规范,后者属于最佳化命令和目标规范。[3] 作为目标规范,法律原则虽然也能指引行为,但它只是将某种状态设定为要追求的目标,并没有对达致这种状态的手段(行为)作出规定,因而在适用时需要结合个案事实进行具体化,也即转化为行为规范。[4] 与第一种区分不同,第二种区分涉及的是规范的性质和结构的差异。

依据以上述两种理解方式来判断,核心价值观既是体系理论的法律原则,也是规范理论的法律原则。一方面,核心价值观具有体系地位上的根本重要性。它在相关法律中均被规定在总则部分,甚至像《民法典》那样被规定在第 1 条,这意味着它在各领域都属于基础法律原则,或者说一般法律规则。[5] 而它被规定在《宪法》总纲部分,则意

---

[1] 这一区分参见 Hans Joachim Koch, Rechtsprinzipien in Bauplanungsrecht, in: Bernd Schlichter u.a. (Hrsg.), *Regeln, Prinzipien und Elemente im System des Rechts*, Wien: Verlag Österreich, 2000, S. 245。

[2] Vgl. Claus‐Wilhelm Canaris, *Systemdenken und Systembegriff in der Jurisprudenz: Entwickelt am Beispiel des deutschen Privatrechts*, 2. Aufl., Berlin: Duncker & Humblot, 1983, S. 46 ff.

[3] Vgl. Robert Alexy, *Theorie der Grundrechte*, Frankfurt a.M.: Suhrkamp Verlag, 1985, S. 75-77.

[4] 阿列克西也称原则为"理想应然",并相应地称规则为"现实应然"(Vgl. Robert Alexy, Zum Begriff der Rechtsprinzip, in: ders., *Recht, Vernunft, Diskurs: Studien zur Rechtsphilosophie*, Frankfurt a.M.: Suhrkamp Verlag, 1995, S. 204)。

[5] 这里涉及的一个问题是:规定在《民法典》第 1 条(立法目的条款)中作为一般法律原则的核心价值观,与规定在第 3 条至第 9 条中的法律原则,在司法裁判中的适用关系为何。对此需另撰文讨论。

味着已成为我国法律体系的基础性原则之一,成为中国法律秩序内在价值统一性的基点。它需要被具体化在法律体系的各个部分之中,体现在每一次司法适用之中。就像最高人民法院所指出的,"每一个司法案件的审理、裁判,法官都离不开运用核心价值观的精神适用法律、法律解释、定分止争"[1]。另一方面,核心价值观在性质上是一种最佳化命令和目标规范。它要求在案件事实所允许的范围内,在与其他法律原则相平衡的前提下尽可能地被贯彻适用,并在适用时需被转化为具有直接指引功能的行为规范(法律规则),从而实现裁判功能。[2]唯有如此,作为法律原则的核心价值观才能真正承担起裁判依据的责任,发挥法的效力渊源的功能。

## 三、融入司法裁判的途径

首先要指明,虽然核心价值观在当下中国已成为法的(效力)渊源,但这并不意味着它只能以裁判依据的方式发挥作用。事实上,即便司法裁判存在法律规则作为明确的裁判依据,核心价值观依然可能扮演裁判理由(说理依据)的角色。因此,核心价值观既能以非法源的方式来适用,也能以法源的方式来适用。前者属于核心价值观的"说理"功能,而后者属于它的(广义)"释法"功能。在特定情况下,核心价值观还可以对裁判活动中价值冲突的解决发挥影响。总体而言,核心价值观融入司法裁判的途径有三种,即作为裁判理由、作为裁判依据和作为价值冲突的解决基础。[3]

---

[1] 参见最高人民法院民法典贯彻实施工作领导小组主编:《〈中华人民共和国民法典·总则编〉理解与适用》(下),人民法院出版社2020年版,第25页。
[2] 相较体系理论的法律原则,规范理论的法律原则更具有方法论上的意义。因而后文主要立足对法律原则的第二种理解来论述核心价值观的融入途径和具体化论证。
[3] 不同核心价值观的具体入法途径并不完全相同,如"诚信""自由"通过三种途径都可,而像"富强""民主"在大多数情况下只能扮演裁判理由的角色。本部分仅作一般性论述。

## （一）作为裁判理由

在绝大多数案件中，都存在可适用的法律规则。在此类案件中，法官有法定义务援引这些法律规则作为裁判依据。但是，法官也完全可以在援引法律规则的同时，运用核心价值观进行裁判说理。此时，核心价值观即在作为裁判依据的法律规则之外，扮演裁判理由的角色。与作为裁判结论所依据之最终规范基础的裁判依据不同，裁判理由是为了提高裁判结论的正当性和可接受性所运用的其他材料。[1] 如果说裁判依据证明的是裁判的"有效性"（合法性、法律效果）的话，那么裁判理由就是为了满足裁判的"说理性"而运用的其他规范性材料，用以证明裁判的"说服力"（合理性、社会效果）。前者属于裁判活动中的权威理由，以其"来源"发挥作用；而后者属于裁判活动中的实质理由，以其"内容"发挥作用。最高人民法院《关于加强和规范裁判文书释法说理的指导意见》第13条就规定，除依据法律法规、司法解释的规定外，法官可以运用七类论据论证裁判理由来提高裁判结论的正当性和可接受性。虽然没有明确将核心价值观列入其中，但考虑到第七类"与法律、司法解释等规范性法律文件不相冲突的其他论据"表述的开放性，以及核心价值观作为社会主义主流道德的说服力，它无疑可以被法院运用于案件说理。这种法外"说理"也是目前核心价值观的主要运用方式。

正如论者所言，当下在司法裁判中运用核心价值观说理最大的问题在于，要么简单套用、说理粗略，要么说理模板化、格式化，而没有真正地融入具体的说理过程。[2] 而要改变核心价值观说理停留于"价值宣示"层面的现状，充分发挥核心价值观的说理功能，就要将其与个

---

[1] 对两者的区分参见刘树德：《"裁判依据"与"裁判理由"的法理之辨及其实践样态——以裁判效力为中心的考察》，载《法治现代化研究》2020年第3期。

[2] 参见刘峥：《论社会主义核心价值观融入裁判文书释法说理的理论基础和完善路径》，载《中国应用法学》2022年第2期。

案事实更为紧密地结合起来,对其进行具体化。具体化的目标在于提高说理的针对性和可行性,其方式因个案而异,因此说理的效果也会因个案而异,难以一概而论。但无论如何,不同具体化论证都要遵循共同的形式和规则(具体见本章第四部分)。

### (二)作为裁判依据

核心价值观作为法的效力渊源的地位决定了,它在司法裁判中不仅可以发挥裁判理由的作用,而且更应当扮演裁判依据的角色。这些意味着,核心价值观应发挥(广义)"释法"功能。尽管目前核心价值观发挥(广义)"释法"功能的案件相比于其发挥"说理"功能的案件在数量上要少得多,但前者所具有的方法论意义却不容小觑。这恰恰是今后的司法裁判实践所要努力的方向。具体而言,核心价值观的(广义)"释法"功能体现在法律解释、漏洞填补和法律修正三个方面。

1. 法律解释

核心价值观首先可以发挥(狭义)"释法"功能。《指导意见》第5条规定,法官应当结合案情,先行释明规范性法律文件的相关规定,再结合法律原意,运用核心价值观进一步明晰法律内涵、阐明立法目的、论述裁判理由。在前述典型案例中,有两个涉及法律解释:一个是"'暗刷流量'合同无效案"(批次三案例六)。在该案中,法院运用"诚实守信"认定"暗刷流量"的交易行为无效,从而为《民法典》第153条第2款关于民事法律行为无效的规定提供了一种可能的类型化解释。另一个是"遭遇就业地域歧视可请求赔偿精神抚慰金"案(批次四案例四)。在该案中,法院运用"平等"(平等就业权)价值来解释《就业促进法》第26条规定的"就业歧视",认为就业地域歧视也是就业歧视的一种。在方法论上,核心价值观在作为法律解释依据时要明确的问题有两个:一是核心价值观通过何种解释方法进入司法裁判?二是核心价值观通过法律解释扮演的角色是什么?

《指导意见》第 9 条规定了核心价值观融入裁判文书释法说理的四种解释方法,即文义解释、体系解释、目的解释和历史解释。但这一界定过于宽泛。首先,文义解释是通过法律语词在日常或专业上的语言意义或语言使用规则来获得解释的方法。根据核心价值观对法律规则所作的解释,涉及对规则背后的价值观念或精神的理解,显然不同于对该规则包含之语词的语言意义进行的文义解释。其次,《指导意见》所说的"目的解释"和"历史解释"接近法学方法论中通常所说的"主观目的解释"与"客观目的解释"。主观目的解释询问历史上立法者在立法时以什么样的法律政策目的为基础,客观目的解释则探求此时此地的,并且从当下的评价视角——首先是当前的法律状况——适当地赋予法律规范的目的。[1] 主观目的解释会运用到与解释对象(法律规则)相关的立法材料,如法律提案的说明、审议法律草案的说明、关于讨论通过法律草案的记录和其他历史性文献等。客观目的解释通常涉及具体条款所欲实现的客观价值或社会功能,包含对各种裁判后果(效果)的考量。[2] 所以,两者都不必然与核心价值观发生关联,除非上述立法材料或社会功能的考量本身包含核心价值观的内容。[3]

运用核心价值观来对法律规则进行解释时,真正可资运用的是体系解释方法。体系解释是指将被解释的法律条文放在整个法律之中,乃至整个法律体系之中,联系此法条与其他法条来解释法律。其背后的理念是:在法律体系中,单个规范之间不是杂乱无章地被堆砌在一起的。在理想情况下,法律体系被思考成一个整体,一个价值判

---

[1] 参见〔奥〕恩斯特·A.克莱默:《法律方法论》,周万里译,法律出版社 2019 年版,第 120 页。历史解释通常指根据法律条款的历史沿革或者通过追溯其历史源头来获得对其的理解,《指导意见》的规定明显与之不符。
[2] 关于后果论证与客观目的解释的关系,参见雷磊:《反思司法裁判中的后果考量》,载《法学家》2019 年第 4 期。
[3] 但此时,核心价值观就不是作为裁判依据(解释依据),而仅仅是作为裁判理由起作用了。

断尽可能一致的体系和意义构造。就像施塔姆勒(Stammler)所说的,适用单个法条,最终是适用整个法秩序。[1] 基于此,法律解释一则要避免采取会和其他法律规定相矛盾的解释,二则又要尽量采取和其他法律规定在价值上相容乃至相互支持的解释。前者是连贯性要求,后者是融贯性要求。[2] 运用核心价值观条款来解释法律规则,实现了体系解释的融贯性要求。因为一方面,《民法典》第1条属于总则部分的规定,代表着民法秩序的体系性要求,需被贯彻到各个分则的领域,用作分则中各具体法律规则的解释依据;另一方面,这种体系性要求更多要求的是各具体法律规则在价值上与核心价值观相互支持,而不仅是逻辑上无矛盾。进而,由于《民法典》第1条具有公私法混合的特性,以及由于它与《宪法》第24条第2款之间的"串联关系",运用核心价值观解释民法中的具体法律规则可被视为体系解释的一个特定版本,即合宪性解释。因为弘扬核心价值观代表着整个法秩序的普遍要求,而非民法领域的特殊要求。

核心价值观通过体系解释(合宪性解释)扮演的角色是什么?有论者认为,即便要进行合宪性解释,宪法规范(包括核心价值观条款在内)扮演的也只是裁判理由而非裁判依据的角色。[3] 首先必须承认,在需要进行合宪性解释的案件中,直接的裁判依据依然是普通法律规范。作为解释,合宪性解释的基本功能仍在于澄清作为直接裁判依据之普通法律规范的含义。因此,宪法规范并不"直接出场"担当案件的裁判依据,而仅仅作为背后的"高阶规范",要求作为裁判依据的普通法律规范在精神价值上合乎宪法。《人民法院民事裁判文书制作规范》的相关规定似乎也证实了这一观点:"裁判文书不得引用宪

---

[1] Vgl. Rudolf Stammler, *Theorie der Rechtswissenschaft*, 2.Aufl., Halle: Buchhandlung des Waisenhauses, 1923, S. 15.
[2] 参见雷磊:《法理学》(第二版),中国政法大学出版社2023年版,第177页。
[3] 对宪法规范的这一定位参见汪洋:《民法多元法源的观念、历史与中国实践:〈民法总则〉第10条的理论构造及司法适用》,载《中外法学》2018年第1期。

法……作为裁判依据,但其体现的原则和精神可以在说理部分予以阐述。"但上述观点和规定误识了合宪性解释的地位与功能。就其地位而言,合宪性解释虽然往往与其他解释方法一样被列为法律解释的方法之一,但这种方法并非如文义解释、历史解释、目的解释一样属于纯粹的学理主张,而是来自法秩序本身的统一性要求。合宪性解释的基本原则植根于法秩序整体性的原则之上:为了保证法秩序的整体性,所有根据基本法被制定出的法律,都必须与宪法协调一致地加以解释。[1] 正因为如此,在效力位阶上低于宪法规范的普通法律规范,不仅不能与宪法规范的文义发生冲突,而且在解释时必须在价值上取向于宪法的精神。对于审理案件的法官而言,这种要求已成为其法定义务。如果存在两种法律解释,而法官没有选择更符合宪法价值的那种解释,就将违背其维护法秩序统一的义务,而不仅仅是削弱了裁判文书本身的说服力问题。因此,合宪性解释反映的是一种尊重宪法位阶的法伦理原则。[2] 就其功能而言,合宪性解释其实是另一种形式的"合宪性审查":它既能为司法造法提供宪法上的正当依据,也能对其予以宪法上的控制,有助于裁判的规范化。[3] 因此,在合宪性解释的层面上,核心价值观虽非直接的裁判依据,却是对普通法律规范进行解释的依据,也即间接的裁判依据,而非单纯的裁判理由。

2. 漏洞填补

核心价值观的(广义)"释法"功能不仅体现在法律解释方面,也体现在漏洞填补和法律修正两方面。在前述典型案例中,能够明显看出运用核心价值观来填补具体法律规则之漏洞的只有批次五案例四。该案例涉及丧子老人对孙子女的"隔代探望权"问题。《民法典》第

---

[1] 参见〔德〕康拉德·黑塞:《联邦德国宪法纲要》,李辉译,商务印书馆2007年版,第56页。
[2] 参见〔德〕卡尔·拉伦茨:《法学方法论》(全本·第六版),黄家镇译,商务印书馆2020年版,第427页。
[3] 参见杜强强:《合宪性解释在我国法院的实践》,载《法学研究》2016年第6期。

1086条规定了不直接抚养子女的父亲或母亲享有探望权,但对祖父母或外祖父母等其他近亲属是否享有探望权未作规定。尽管如此,法院在裁判说理部分指出,"探望孙子是依托个人感情的需要,是保障未成年孙子健康成长的需要,是祖孙之间亲情连接和延续的重要方式",因而"从有利于未成年人成长、不影响未成年人正常生活、促进家庭**和谐**的原则出发",判决原告可定期看望其双胞胎孙子,母亲有义务予以配合。这实际上运用社会主义核心价值观和我国传统家庭伦理、社会道德创设出了一种在子女死亡情况下的隔代探望权,从而弥补了《民法典》在探望权问题上的漏洞。

对于法律漏洞,通说认为,大多数情况下可以借助类推或者回归制定法所包含的原则进行填补[1],少数情况下则可以运用习惯进行填补。但同时,根据《指导意见》第6条的规定,民商事案件既无规范性法律文件作为裁判直接依据,又无最相类似的法律规定作为裁判依据的,法官应当根据立法精神、立法目的和法律原则等作出司法裁判,并在裁判文书中充分运用核心价值观阐述裁判依据和裁判理由。这意味着,除类推适用法律规则和运用习惯外,运用核心价值观可成为第三种漏洞填补方式。这里涉及两方面的问题:一是类推适用法律规则与运用核心价值观之间的关系为何?二是运用习惯和运用核心价值观之间的关系为何?

法律规则的类推适用与核心价值观的运用之间呈现出双重关系。一重是外部关系,即适用顺序关系。当缺乏直接的裁判依据时,寻找"最相类似的法律规定"与运用核心价值观都属于超出规则词义框架的、狭义的法的续造。只是前者属于"基于法律规则的法的续造",后者属于"基于法律原则的法的续造";前者是将某种案件类型补充进特定规则的构成要件,以至于它可以适用于没有被它初始词义包括的事

---

[1] 参见〔德〕卡尔·拉伦茨:《法学方法论》(全本·第六版),黄家镇译,商务印书馆2020年版,第478—479页。

实(扩张),后者则是依据原则创设出一个新的规则(创设)。[1] 之所以类推适用法律规则在方法论上优先于运用核心价值观,是出于两个理由:一是基于"禁止向一般条款逃逸"的原理。核心价值观属于法律原则。依据"穷尽法律规则,方得适用法律原则"的准则[2],通常只有当穷尽法律规则的一切适用可能(包括扩张适用)时,才考虑适用核心价值观。即便类推并非直接适用,类推的规则相比于原则依然更为具体和明确。二是对法官自由裁量权的约束。相比于基于原则创设规则,基于规则扩张适用对法官裁量权的约束更大。而约束法官的裁量权是司法裁判的一个重要目标。因此,类推适用法律规则优先于运用核心价值观。由此可以概括出这样一个适用准则:无法类推适用法律规则,方得运用核心价值观。

另一重是内部关系,即指引标准关系。类推适用系基于平等原则的理念,"相类似之案件,应为相同之处理"的法理是类推适用的基本原理。法理是法律的原理,是出自法律根本精神演绎而得之法律一般原则。所谓法律根本精神,是欲确保社会制度或保障其健全发达,在法律上所需要的精神。法律因有根本精神,故法秩序必有其统一性。[3] 前已述及,核心价值观就是确保法秩序之统一性的"法律根本精神"或"法律一般原则"之一。《指导意见》第6条也规定,填补漏洞,除了可以适用习惯,法官还应当以核心价值观为指引,以最相类似的法律规定作为裁判依据。这意味着,核心价值观除了担当漏洞填补的依据,还可以作为判断"最相类似的法律规定"的指引标准,从而融入类推适用的过程。但要注意的是,在这种适用指引的关系中,核心价值观发挥的是说理功能,即为何谓"同案"、何谓"同判"提供评价基

---

[1] 参见〔德〕罗伯特·阿列克西:《法律解释》,载〔德〕罗伯特·阿列克西:《法 理性 商谈:法哲学研究》,朱光、雷磊译,中国法制出版社2011年版,第84页。
[2] 参见舒国滢:《法律原则适用中的难题何在》,载《苏州大学学报(哲学社会科学版)》2004年第6期。
[3] 参见杨仁寿:《法学方法论》,中国政法大学出版社1999年版,第194页。

准,所以未扮演这里所说的漏洞填补依据的角色。

习惯与核心价值观的适用同样呈现出双重关系。一方面是适用顺序关系。《民法典》第10条规定,处理民事纠纷,应当依照法律;法律没有规定的,可以适用习惯。单从文义上看,似乎"法律"既应包括法律规则,又应包括"法律原则",因此合乎逻辑的推论适用顺序是:法律规则—法律原则—习惯。但是,由于法律原则的适用并不受表达其法条之文义的限制,故而适用范围十分宽泛,如将习惯径直置于原则之后,难免架空习惯,从而使《民法典》在漏洞情形中通过习惯来拘束法官裁量权之意旨有落空之虞。因此,一般认为,这里的"法律"仅指"法律规则"。由此就可以确立"法律规则—习惯—法律原则(依基本原则确立的规则)"[1]这样的适用顺序,从而概括出这样一个准则:无法适用习惯,方得运用核心价值观。但另一方面,核心价值观对习惯还存在着限制适用关系。《民法典》第10条虽然授权法官在出现法律漏洞时可以适用习惯,但附加了"不得违背公序良俗"的限制。公序良俗本身包括公共秩序与善良风俗两部分。[2]"秩序"和"风俗"是事实上的确定状态,"公共"和"善良"为附加的价值评判。何谓"公共"和"善良"?在这里,核心价值观扮演着重要角色,它从国家、社会和个人三个层面确立了价值评判的标准。[3]由此,习惯虽然通常优先于核心价值观原则得以适用,但其本身又不得违背核心价值观。当然,在这种限制情形中,核心价值观同样是作为适用习惯背后的说理依据出场的,与直接扮演漏洞填补依据的功能不同。

3. 法律修正

这里所谓的"法律修正"并非作为立法活动之一的普遍意义上的

---

[1] 参见于飞:《民法总则法源条款的缺失与补充》,载《法学研究》2018年第1期。
[2] 具体内容,参见于飞:《公序良俗原则研究——以基本原则的具体化为中心》,北京大学出版社2006年版,第20—21页。
[3] 这里亦涉及核心价值观与公序良俗这两类原则间的"串联现象",同时也说明:核心价值观不仅可以被用作解释具体法律条款的依据,也可以被用作解释(具体化)其他法律原则的依据。

法律修订、删改,而是方法论意义上在个案中对法律规则适用范围的限缩。后者主要包括两类:一类是目的性限缩,即因为规则明确的文义过宽而导致适用范围过大的法律规则,被限制在根据立法目的或其意义脉络的适用范围内[1];另一类是基于一般法律原则的法律修正,即依据基础法律原则对具体法律条款或者法律规则的适用范围进行限制(创制规则的例外)。运用核心价值观进行的法律修正属于后一类型。虽然这种情形在实践中较为罕见,《指导意见》对此也无相关规定,但具有不弱于漏洞填补的方法论意义。

与体系解释一样,运用核心价值观进行法律修正亦是出于法秩序的体系性要求。核心价值观是中国法律体系必须贯彻的整体价值要求,当无法对法律规则作合乎核心价值观的解释时,就可以考虑用它来对法律规则的适用范围作逾越文义的限缩。当然,在适用顺序上,基于一般法律原则之法律修正的运用不仅应在法律解释之后,也应在目的性限缩之后。这是因为:其一,两者的证立基础不同。虽然都属于"逾越规则文义"的适用,但目的性限缩的证立基础是法律规则本身的立法目的,因而这种修正可以说是法律规则的自我修正(用"立法者的意图"去修正"立法者的语词")或内在限制。与此不同,基于一般法律原则的法律修正超越了法律规则的立法目的,是从法秩序整体要求和外在价值的角度对法律规则施加的限制。其二,两者的论证负担不同。目的性限缩通常只需找出法律规则的立法目的(实质理由),并指明规则的文义范围宽于立法目的的指向的范围即可。与此不同,基于一般法律原则的法律修正不仅要找到法律体系中可适用的一般法律原则并进行具体化,还要证明在个案中,这一原则的重要性超过了支持适用特定法律规则的实质理由与形式理由之和。[2] 因

---

[1] 参见〔德〕卡尔·拉伦茨:《法学方法论》(全本·第六版),黄家镇译,商务印书馆2020年版,第492页。
[2] 具体内容及例证,参见雷磊:《论依据一般法律原则的法律修正——以台湾地区"司法院大法官会议"释字362号为例》,载《华东政法大学学报》2014年第6期。

此,只有在无法运用目的性限缩来限制相关规则的适用,或者立法目的本身亦可能有违核心价值观时,才能考虑在个案中运用核心价值观来限制法律规则的适用。由此,运用核心价值观进行法律修正的过程就可以被呈现为:严格适用规则会产生严重不妥当的后果→查明规则的立法目的,并证明本案无法在立法目的范围内妥当处理→引入核心价值观原则→将核心价值观原则与规则背后的实质理由和形式理由相权衡→修正规则,形成例外(但书)。[1]

### (三)作为价值冲突的解决基础

核心价值观不仅可以作为裁判理由和裁判依据,还可以作为价值冲突的解决基础。如果说前两种途径属于它的一阶运用方式,那么第三种途径就属于它的二阶运用方式。因为在此情形中,它并非直接或间接地作为裁判结论的规范基础起作用,而是作为对相冲突之价值取向进行选择时的考量因素,发挥对案件判决的"远程影响"。在典型案例中,看不出这种运用方式的明确痕迹。但《指导意见》第7条规定,案件涉及多种价值取向的,法官应当依据立法精神、法律原则、法律规定以及核心价值观进行判断、权衡和选择,确定适用于个案的价值取向。有论者认为,此条实质上将核心价值观作为兜底性质的元标准或者元价值,对案件涉及的多元价值进行权衡并形成最终裁判理由。[2]

价值判断在司法裁判活动中不可避免,而这也就隐含了价值冲突的可能性。司法裁判中的价值冲突包括两种情形:一是针对同一法律规则的解释冲突,也即多种价值取向要求采取不同的解释方法,进而导致相对立之解释结论。法律解释与立法的不同在于:在立法中,所

---

[1] 具体内容及例证,参见于飞:《诚信原则修正功能的个案运用——以最高人民法院"华诚案"判决为分析对象》,载《法学研究》2022年第2期。因应本章需要,表述有所调整。

[2] 孙光宁:《社会主义核心价值观的法源地位及其作用提升》,载《中国法学》2022年第2期。

有的政治道德性因素都应该被仔细考量。相反,在法律解释中,只有在先前立法——特别法的正当性背景——中具有优先性的因素才能被考量。[1] 核心价值观就是这种优先性的因素。因此,在解释冲突中,它应作为多种价值取向的择取标准,用以决定应选择哪种价值取向及相应的解释方法。二是因价值取向不同导致的法律规范冲突。规范冲突可分为两种,一种是可以依据预设的第三方准则(如"上位法优于下位法""新法优于旧法""特别法优于普通法")来解决的规范冲突,另一种是无法依据第三方准则来解决的规范冲突。在后一种情况下,核心价值观原则将起到作为冲突解决之基础的作用。但在这里,它并非像在解释冲突的情形中那样是位于冲突双方之上的元标准或元依据,而是以自身的分量加入理由权衡的过程,增加其所支持的那一方法律规范的实质理由的分量。[2] 在理论上,核心价值观的加入未必会使其所支持的那一方规范在个案中优先适用,但的确会在很大程度上加大那一方胜出的概率。

## 四、具体化论证的形式与规则

无论是在"说理"层面还是在(广义)"释法"层面,核心价值观融入司法裁判的一个核心难题都在于其如何具体化。"具体化"指的不是抽象地阐明各项核心价值的内涵,而是如何结合个案事实将其落实为行为要求,也即在个案中将作为目标规范的核心价值观转化为作为行为规范的法律规则。具体化论证并非纯粹语义层面的活动,它本身就包含了一些创造性元素。其间所要完成的一系列的中间步骤,主要依赖判例的发展。就此而言,法教义学担纲着重要

---

[1] 参见〔美〕史蒂文·J. 伯顿:《诚信裁判》,宋晨翔译,中国人民大学出版社2015年版,第71页。
[2] 这里涉及原则权衡理论。囿于篇幅此处无法展开,具体可参见雷磊:《规范、逻辑与法律论证》,中国政法大学出版社2016年版,第359—368页。

的任务。[1] 所以,核心价值的具体化主要依靠对案例类型的总结,以及法教义学上的类型化归纳。而在一般法理论的层面上能够做的,是提出核心价值观具体化的一般论证形式与论证规则。

## (一)具体化论证的形式

目标是某种被追求的状态。作为目标规范,原则并不直接规定对行动的要求,而只是提出了一项要达成的目标或要满足的任务。[2] 换言之,原则本身只是表明了某个值得追求的目标或任务,而没有规定应该如何实现这个目标或任务。例如,"爱国"原则只是指出了一个目标("热爱祖国")和任务("保护爱国精神"),而没有告诉我们究竟应该怎么做才能达成这一目标和任务。事实上,实现同一个目标与任务的手段可以是千差万别的,往往与具体事实情形相关。例如,在典型案例"董存瑞、黄继光英雄烈士名誉权纠纷公益诉讼案"(批次三案例一)中,"保护爱国精神"就通过"禁止通过网络平台销售亵渎英雄烈士形象贴画的行为"来实现。而在典型案例"淮安谢勇烈士名誉权纠纷公益诉讼案"(批次三案例二)中,同一个原则通过"禁止利用微信群发表带有对英雄烈士侮辱性质的不实言论"来实现。这两个具体的"禁令"(行为规范)是各自情形下实现同一个原则的不同手段。所以,原则如果想要对具体案件产生影响,就必须告诉人们在当下情形中应当"做什么",必须与特定的手段联系起来。

在具体化原则的过程中,手段—目的间的关系要符合适当性原则。适当性原则要求手段与目的之间具有实质关联性。[3] 根据实质

---

[1] 参见[德]托马斯·M.J.默勒斯:《法学方法论(第4版)》,杜志浩译,北京大学出版社2022年版,第414页。

[2] Vgl. Ulrich Penski, Rechtsgrundsätze und Rechtsregeln-Ihre Unterscheidung und das Problem der Positivität des Rechts, JuristenZeitung, 1989, S. 107.

[3] 不同手段对目的的促进程度会有所不同,但不管手段的有效性如何,只要有助于目的的实现,都应认为符合适当性原则(参见刘权:《比例原则》,清华大学出版社2022年版,第99页)。

关联性的大小,可以区分出两个版本的适当性原则:一个是弱适当性原则,它仅要求手段能够有助于目的的实现即可。换言之,某种手段能在多大程度上实现目的(原则),是否存在其他能以相同或更高程度实现该目的(原则)的手段,都在所不问。另一个是强适当性原则,它要求手段构成目的的必要条件。也就是说,为了实现这个目的(原则),采取某种手段是必要的,离开了后者就无法实现前者。在理想情况下,司法裁判应当尽量满足强适当性原则的要求。因为只有基于必要手段(行为规范)的裁判结论才是唯一正确的。但在实践中,由于主客观等各种复杂原因,核心价值观的具体化论证无法满足如此严格的条件。所以,作为"调整性理念",法律论证只能要求核心价值观在具体化的过程中尽可能地向强适当性原则不断趋近。由此,核心价值观具体化论证的一般形式在结构上就可以表示如下:

(1) 核心价值观 Z 应当被实现。

(2) 采取某个行为 R,将有助于实现 Z(或者:若不采取 R,就无法实现 Z)。

(3) 因此,应当采取 R。

更简洁的表述方式是对上述公式进行如下形式化处理[1]:

(1) OZ

(2) R→Z(或¬ R → ¬ Z)

(3) OR

这就是所谓的"实践三段论"[2]。但在通常情形中,有待证立的行为规范 OR 并不能在逻辑上从原则 OZ 直接推导出来,两者之间往

---

[1] 这里借鉴了阿列克西的目的论论证形式,对此参见〔德〕罗伯特·阿列克西:《法律论证理论——作为法律证立理论的理性论辩理论》,舒国滢译,中国法制出版社 2002 年版,第 294、300 页。表述略有不同。

[2] 严格来说,实践三段论并不是一种逻辑上有效的推论。因为这一推论以两个完全不同的前提之有效性为前提条件:"OZ"是一个规范命题,而"R → Z(或¬ R → ¬ Z)"是一个经验命题(其中"Z"不同于"OZ"),两者之间没有逻辑关联。但一般认为这一推论具有实践合理性。

往存在"落差",此时就需要借助新添入的法教义学语句来将原则进一步具体化。这些法教义学语句的作用即在于,结合个案事实特征,将抽象的核心价值和特定的行为规范衔接起来。

以"董存瑞、黄继光英雄烈士名誉权纠纷公益诉讼案"为例。该案涉及的核心价值是"爱国"(OZ),要证立的行为规范是"禁止通过网络平台销售亵渎英雄烈士形象贴画的行为"(OR),这两个前提之间明显存在落差。为此,第一步是将"革命英烈的名誉"与"爱国精神"联系起来,论证保护前者有助于保护后者($M_1 \to Z$);第二步是将"侮辱、诽谤英雄烈士的名誉"与"革命英烈的名誉"联系起来,论证禁止前面的行为就是保护后者($M_2 \to M_1$);第三步,将"歪曲、丑化、亵渎、否定英雄烈士的事迹和精神"与"侮辱、诽谤英雄烈士的名誉"联系起来,论证禁止前者就是禁止后者($M_3 \to M_2$);第四步,将"通过网络平台销售亵渎英雄烈士形象贴画的行为"与"歪曲、丑化、亵渎、否定英雄烈士的事迹和精神"联系起来,论证禁止前者就是禁止后者($M_4 \to M_3$)。当然,还可以进一步展开更多、更为详尽的论证步骤。[1] 囿于篇幅,不再展开。总的来说,该案的论证说理相对比较充分,但未能将上述步骤一一且清晰地展现出来,因而影响了"爱国"(OZ)这一原则的具体化论证效果。

依据个案事实和说理不同的复杂程度,核心价值观的具体化可以被刻画为一个中间步骤数量不定的"实践多段论"。它可以被呈现为如下形式:

(1) OZ

(2) $M_1 \to Z$

(3) $M_2 \to M_1$

---

[1] 例如,上述第一步论证("保护革命英烈的名誉就是保护爱国精神")其实只是一系列论证步骤的结论。事实上,该典型案例中的相关表述包括"英雄烈士是国家的精神坐标,是民族的不朽脊梁""英雄烈士的事迹和精神是中华民族共同的历史记忆和宝贵的精神财富"等。据此可以展开更多的论证步骤。

……
(n-1)　　$M_n \to M_{n-1}$
(n)　　　$R \to M_n$
(n+1)　　OR

### （二）具体化论证的规则

在明确核心价值观具体化之论证形式的基础上，还需要进一步构造出具体化论证的规则。如果说形式属于静态层面，那么规则就属于动态的层面，因为它们是在围绕核心价值观的个案适用展开相关论辩时所需遵循的程序性规则。具体而言，核心价值观的具体化论证除了要符合普遍实践论辩诸规则[1]，还至少要遵循三个特殊规则：

一是饱和性规则，即核心价值观的具体化论证必须达到饱和状态。所谓"饱和"，是就实践多段论中每一个步骤的前件与后件之间所具有的实质关联性的程度而言的。前已述及，"实质关联性"并不要求前件（或手段，如 $M_1$）必须构成后件（或目的，如 Z）的必要条件，而只需有助于后者的实现即可。但是，"饱和性规则"要求论证者在每一个论证步骤上都尽可能地向着必要条件关系去努力：越是接近必要条件关系，该论证步骤就越饱和。单个论证步骤越饱和，具体化论证在整体上也就越饱和。只有当所有的中间性（解释性）步骤都能够达到饱和，且为达到饱和而附加的语句在法律论辩中都能够得到证立时，具体化论证才是符合理性的。

二是连贯性规则，即核心价值观具体化论证的各个步骤之间必须是连贯的。所谓"连贯"，包括两方面的要求：一是无缝隙，也就是在具体化论证的各个步骤之间不能存在逻辑跳跃。例如，若前一步是 $M_2 \to M_1$，后一步是 $M_4 \to M_3$，那么在 $M_3$ 和 $M_2$ 之间就存在缝隙，因而是

---

[1] 具体参见〔德〕罗伯特·阿列克西：《法律论证理论——作为法律证立理论的理性论辩理论》，舒国滢译，中国法制出版社2002年版，第366—369页。

不连贯的。实践中并不罕见的一个推论错误是,尽管看起来从 $M_3 \rightarrow M_2$ 和 $M_2 \rightarrow M_1$ 到 $M_3 \rightarrow M_1$ 的推论在形式上并无问题,但其中一个概念($M_2$)可能是多义的,因而事实上存在四个概念,从而在法律推论中犯下不被容许的"四词谬误"。[1] 例如,在上述案例中,如果从"保护英雄烈士的名誉就是保护爱国精神"和"禁止侮辱、诽谤牺牲之消防战士的名誉就是保护英雄烈士的名誉"推出"禁止侮辱、诽谤牺牲之消防战士的名誉就是保护爱国精神",就犯了这种谬误。因为"英雄烈士"是个多义词,第一句话里的"英雄烈士"指的是董存瑞、黄继光这样的革命英烈,而第二句话里的"牺牲之消防战士"属于当代英烈,并非一回事。二是无矛盾,也就是具体化论证的各个步骤之间不能存在逻辑上的矛盾,即违反矛盾律($A \wedge \neg A$)。存在逻辑矛盾的前提是错误的前提,从错误的前提出发的论证没有任何意义,因为从错误的前提中可以推出任何结论。[2] 连贯性规则是合逻辑要求在核心价值观具体化论证中的反映。正如论者所言,法律判断有可能是"灵光一闪"的产物,但只要主张这些结论正确地来自特定前提,它们就必须要满足逻辑论证的标准。[3]

三是切合性规则,它要求在核心价值观具体化论证的过程中,需要尽可能多地展开逻辑推导步骤,以使某些表达达到无人再争论的程度,即它们完全切合有争议的案件。假如推导展开步骤非常少且跨度非常大,那么这些步骤的规范性内涵就不会清晰地显现出来。它们一方面很容易受到攻击,另一方面这些攻击经常又是非特定化的。尽管展开步骤大多可能比较烦琐,但能产生清晰的结果。[4] 从形式正

---

[1] 参见〔德〕阿图尔·考夫曼:《法律获取的程序:一种理性分析》,雷磊译,中国政法大学出版社 2015 年版,第 91—92 页。
[2] 这就是逻辑学上所谓的"爆炸原理"(〔德〕阿图尔·考夫曼:《法律获取的程序:一种理性分析》,雷磊译,中国政法大学出版社 2015 年版,第 91 页)。
[3] See Ilmar Tammelo, Law, Logic and Human Communication, *ARSP* 50 (1964), p. 338.
[4] 参见〔德〕罗伯特·阿列克西:《法律论证理论——作为法律证立理论的理性论辩理论》,舒国滢译,中国法制出版社 2002 年版,第 282 页。

义的角度看,逻辑推导步骤展开得越多,具体化论证就可能越充分,说服力也可能越大。所以,应尽最大可能陈述出具体化论证的所有展开步骤。

最后要强调的是,法律论证所涉及的是证成的过程,而非发现的过程。[1] 所以,构造具体化论证的形式和规则,并不是要复制出裁判者实际上的思维过程,而只是要求裁判者在将核心价值观融入个案裁判时,必须进行的具体化论证应与上述形式和规则相符。它们无法确保对核心价值观的实质理解以及基于此的裁判结论一定是正确的,但它们至少清晰地显示出:围绕核心价值观的运用所进行的法律论证活动,必须明确表达出哪些隐而不彰的前提性步骤,才能得出所要的结论。这样就提高了识别和批判论证错误的可能性。

## 五、本章结语

司法裁判始终是一个价值导向的过程,可以说"几乎完全是在与价值判断打交道"[2]。当然,不同于立法过程中的抽象价值判断,司法裁判及以其为场景的法教义学更多"致力于在细节上逐步落实'更多的正义'"[3]。就此而言,在核心价值观入宪入法之后,面临的最大问题,就是如何通过在个案中的运用,将这些抽象的主流价值判断融入司法裁判,通过逐案裁判来实现具体的正义。而这离不开法学方法论的助力。作为法的效力渊源和一般法律原则,核心价值观融入司法裁判的途径包括三种,即作为裁判理由发挥说理功能,作为裁判依据发挥(广义)释法功能,以及在特定情况下作为价值冲突的解决基

---

[1] 这一划分,参见 Richard A. Wasserstrom, *The Judicial Decision: Toward a Theory of Legal Justification*, Stanford: Stanford University Press, 1961, p. 27。
[2] Stig Jörgensen, *Recht und Gesellschaft*, Göttingen: Vandenhoeck & Ruprecht, 1971, S. 8。
[3] 〔德〕卡尔·拉伦茨:《法学方法论》(全本·第六版),黄家镇译,商务印书馆 2020 年版,第 253 页。

础,它们各有各的方法和要求。核心价值观融入司法裁判的前提在于其本身需要结合个案事实被具体化,而具体化论证需符合特定的论证形式与规则。唯有得到方法论上的确保,围绕核心价值观条款展开的法教义学作业才能获得科学性。因为科学指的是任何可以用理性加以检验的过程,而这种过程需借助特定的、为其对象而发展出的思考方法,以求获得系统的知识。[1]

---

[1] 参见〔德〕卡尔·拉伦茨:《论作为科学的法学的不可或缺性——1966年4月20日在柏林法学会的演讲》,赵阳译,载《比较法研究》2005年第3期。

# 第八章　人工智能时代法律推理的基本模式

法律推理是法理学的核心主题之一。过往关于法律推理的讨论基本围绕法律推理的基本形式[1]或法律适用的基本模式[2]展开。从逻辑学的视角而言,这些讨论大多是在经典逻辑或形式逻辑的范围内展开。但是,人工智能与大数据技术的兴起将在很大程度上挑战这些经典的研究方式。

人工智能法律推理的研究可以分为两种路径:一种是符号主义路径,另一种是联结主义路径。[3] 联结主义认为人工智能源于仿生学,特别是对人脑模型的研究。它从神经元开始进而研究神经网络模型和脑模型,在司法裁判领域体现为对"电脑法官"的设计。尤其是新世纪以来大数据技术与自主学习网络的发展,使人工智能有望在运用法律推理、掌握法律语言以及深度学习经验性知识方面取得突破,从而从辅

---

[1] 如四分法模式(演绎、归纳、设证、类比)与三分法模式(涵摄、权衡、类比)。前者参见〔德〕阿图尔·考夫曼:《法律获取的程序:一种理性分析》,雷磊译,中国政法大学出版社2015年版,第109—117页;后者参见〔德〕罗伯特·阿列克西:《二分模式还是三分模式?》,载〔德〕罗伯特·阿列克西:《法:作为理性的制度化》,雷磊编译,中国法制出版社2012年版,第209页及以下。
[2] 如等置模式与涵摄模式的对立。前者参见〔德〕阿图尔·考夫曼:《法律获取的程序:一种理性分析》,中国政法大学出版社2015年版,第8页;后者参见 Hans-Joachim Koch und Helmut Rüßmann, *Juristische Begründungslehre*, München: C.H.Beck'sche Verlagsbuchhandlung, 1982, S. 48.
[3] See L. Karl Branting, Data-centric and Logic-based Models for Automated Legal Problem Solving, *Artificial Intelligence and Law* 25 (2017), pp. 5-27.

助决策的角色向自主决策的角色转变。[1] 换言之,该路径致力于"探求法官的内在思维结构"[2],试图让人工智能真正实现"像法官那样去思考"。此间的核心议题在于,人工智能究竟能否具备人类法官的"心灵"或者说思考能力[3],尤其是司法裁判中必不可缺的价值判断能力。[4] 相反,符号主义认为人工智能源于数理逻辑,它试图在计算机上实现逻辑推演系统。与联结主义不同,符号主义不必焦心于计算机是否真的能够具备"心灵",而是关心计算机程序能否得出"同样好"的,甚至"更好"的裁判结果。正是符号主义者发展出了启发式算法、专家系统、知识工程理论与技术,并在20世纪80年代取得很大发展。符号主义将法律推理逻辑建模视为法律人工智能的核心问题,它为法律人工智能从法律计量学到法律信息学的发展作出了重要贡献。[5]

本章旨在从符号主义的路径来探究人工智能时代法律推理的基本模式,原因在于:本章定位于法理论层面的研究,而符号主义路径与之更契合。联结主义路径更多属于生物学和心灵哲学的研究范围,司法裁判事实上只是这种研究的一个试验场。相反,基于逻辑的分析法理论研究更能揭示出:从法学自身的角度看,人工智能时代对于法律推理的挑战及其恰当的回应方式究竟是什么。符号主义路径更合乎法学的旨趣。这也体现在,对联结主义与符号主义的区分与科学哲学对"心理"与"逻辑"的区分存在大体对应的关系。后一种区分映射在司法裁判的领域,就是"法的发现"与"法的证立"的二分。前者是法

---

[1] 具体参见周尚君、伍茜:《人工智能司法决策的可能与限度》,载《华东政法大学学报》2019年第1期。
[2] 张保生:《人工智能法律系统的法理学思考》,载《法学评论》2001年第5期。
[3] 对此的质疑参见〔美〕约翰·塞尔:《心、脑与科学》,上海译文出版社2016年版,第22—29页。
[4] 对此的质疑参见孙海波:《反思智能化裁判的可能及限度》,载《国家检察官学院学报》2020年第5期。
[5] 参见熊明辉:《从法律计量学到法律信息学——法律人工智能70年(1949—2019)》,载《自然辩证法通讯》2020年第6期。

官思考得出某个法律结论的实际过程或者说"真实"过程,而后者则是法官对这个结论提供论据进行论证说理的过程。[1] 在法学的规范性视角下,司法裁判的关键在于所给出的理由与结论之间的关系能否成立,而不在于结论被得出的真实心理过程。由此,即便人工智能无法在生物学的意义上比拟人的大脑,也不影响它在论证层面可能给法律推理模式带来影响。此外,本章想要表明的是:至少就司法裁判领域的法理论而言,人工智能时代只是为它提供了一种刺激性的外部环境,而非促使了一种颠覆性和取代性理论的诞生。这一点只有在符号主义的路径下才能看清。

以下将首先阐明人工智能时代法律推理的性质,尤其凸显出法律推理的基本模式(可废止推理),接着澄清与这种推理模式相应的理论前提,即法律规则如何被逻辑形式化,继而在此基础上来处理可废止推理的基本模型,最后予以小结。

## 一、人工智能时代法律推理的性质

法律推理是由已知的法律命题或事实命题推导出未知法律命题(结论)的过程。对于法律推理的性质,学界同样存在诸多认识上的分歧。应当说,法律人工智能的兴起并未创造出一种性质上迥异的法律推理,而毋宁是凸显出了法律推理的特定面向。

### (一)道义论推理

按照罗尔斯(Rawls)继承自康德(Kant)的目的论(teleological theory)和道义论(deontological theory)的划分[2],可以将法律推理分为

---

[1] 详细论证参见焦宝乾:《法的发现与证立》,载《法学研究》2005年第5期。
[2] See John Rawls, *A Theory of Justice: Revised Edition*, Cambridge: Belknap Press, 1999, p. 26.

目的论推理和道义论推理。对此,阿列克西(Alexy)曾指出:"(法律论证的)第一种形式是通过诉诸某种规则来证明自己是正当的,第二种形式是通过提及后果来证明自己是正当的。第一种形式是道义论,第二种是目的论。第二种形式直接服务于上述道德目标,即避免不必要的痛苦。"[1]德沃金(Dworkin)也同意这种区分的方式。[2] 就对道义论和目的论推理的区分而言,笔者认为,法律人工智能背景下法律推理的性质应当是基于道义论的推理。

首先,从哲学分析的角度来看,在道义论与目的论的对比中,目的论并不占上风。道义论与目的论之争可以追溯到古希腊时代,当时以至善论、快乐论等流派为主要代表的目的论推理观点更为发达,而随着斯多葛学派等学派的出现,自然法以及道义论逐渐兴起和发展,逐渐成为更为主流的观点。随着资本主义的兴起,目的论主要表现为功利主义,并再次取代道义论成为更为主流的理论。随后,康德发展了道义论并再次使目的论沦为相对非主流的观点,康德的道义论同时成为现代西方道义论的基础。在这之后,道义论与目的论的较量也从未停止过,包括罗尔斯等对目的论、功利主义的批判。纵观整个西方哲学史,道义论与目的论之争从未停息,但就目前最新的进展来看,从数量上看反而是道义论的观点更多。

其次,目的论推理掺杂了很多主观因素,掺杂了很多诸如价值、情感主义、直觉主义的因素,如果按照前文对于弱人工智能、强人工智能、超人工智能的划分,可能只有到了超人工智能阶段这些因素才能被处理,尤其是其中涉及对整个社会的共同价值、社会中最大多数人的幸福等问题的界定。所以,就目前的人工智能发展水平而言,难以符合基于目的论推理的模型。人工智能视角下的法律推理不是基于

---

[1] Robert Alexy, *A Theory of Legal Argumentation: The Theory of Rational Discourse as Theory of Legal Justification*, Oxford: Clarendon Press, 1989, p. 82.
[2] See Ronald Dworkin, *Taking Rights Seriously: With a New Appendix, a Response to Critics*, Cambridge: Harvard University Press, 1978, p. 169.

目的论的推理,或者说人工智能视角下的法律推理相比传统的法律推理并没有凸显这种合目的性。

最后,也最重要的是,法律人工智能的核心还是法律逻辑,脱离法律(形式)逻辑去空谈目的、空谈辩证推理都是空中楼阁。而相比于目的论推理,道义逻辑与模态逻辑等是更适合目前法律人工智能的处理方式。因为道义论相比目的论更加体现了一种形式主义的进路。例如,康德就是道义论方面最具代表性的人物之一,而"康德所要求的这种道德律完全是形式主义的"[1]。考虑到目前的人工智能发展阶段,笔者在整个法律人工智能研究,尤其在建模过程中,秉承的是一种修正的法律形式主义或者说是以法律形式主义为基础。法律形式主义为智能化裁判以及人工智能法律推理提供理论根基。法律体系形式化的程度往往决定着人工智能法律推理系统的发展阶段。形式主义对于案件,特别是简单案件的裁判具有重要意义,也是人工智能法律推理在早期人机系统(human-machine)、专家系统方面能够有所突破的重要理论支撑。而从人工智能的视角来看,在推理过程中首先考虑的也是如何对于权利等核心概念进行形式化处理和建模的问题。比如目前有一些学者从霍菲尔德方阵[2]等理论着手建构法律本体,类似还有马利的道义论逻辑系统[3]等。相反,我们尚未发现有基于目的论或者以目的论作为理论基础,从法律人工智能角度来进行法律本体建构的。[4] 所以,人工智能视角下的法律推理更加凸显出道义论推理的性质。

---

[1] 邓晓芒:《德国古典哲学讲演录》,湖南教育出版社 2010 年版,第 164 页。
[2] 霍菲尔德方阵是基于道义逻辑的方式对基本的法律概念进行形式化和半形式化,比如是否有权进入土地问题的形式化例子,可参见 Wesley Newcomb Hohfeld, *Fundamental Legal Conceptions*, New Haven: Yale University Press, 1964, p. 38。
[3] 参见舒国滢:《法学的知识谱系》,商务印书馆 2020 年版,第 1356 页。
[4] 这里需要说明的是,笔者认为人工智能法律推理应当基于道义论,而非认为所有的人工智能都应当基于道义论。在某些领域,比如经济领域、投资领域、金融领域以及技术性比较强的自然科学领域,很多人工智能模型是通过结果的好坏来设计算法的。但是法律与这些领域不同,一是在法律领域更难从量上来计算好与坏,二是法律追求的核心理念是公平与正义,而非效益。

因此,在人工智能视角下,笔者对法律推理持一种以道义论为基础的观点,也即认为法律人工智能背景下的法律推理是一种基于道义论的推理。要说明的是,很多时候道义论和目的论之间并非一种非此即彼的关系[1],以道义论为基础也并非要割裂二者之间的内在联系。只是在目前人工智能的发展阶段,选择基于道义论来建构法律推理模型更为适宜。所谓基于道义论,就是要以道义论而非目的论作为其基本属性,要以基于理性法则建构的、更为形式化的、客观的、具有普遍性的、更加固定的、具体的道义规则作为推理的依据,而非以非形式化的、主观的、特殊性的、非固定的、抽象的目的作为推理的基础。理性法则在道义论中的关键作用引出了人工智能视角下法律推理的另一个面向,即从性质上来看,人工智能视角下的法律推理更加凸显出基于实践理性的性质。

### (二)实践推理

正如萨尔托尔(Sartor)所说,从法律人工智能应用的角度来看,应当将法律推理视为对一种更加广泛的人类能力的应用,即实践认知或实践理性。[2] 什么是实践理性? 从知识论的角度来看,与实践理性相对的是认知理性。认知理性关注的是相信什么(what to believe),属于理性的范畴。实践理性关注的是做什么(what to do)。[3] 从法律论证的角度出发,可以对实践理性的概念做分层化处理。据此,实践理性可分为三个层面:第一个层面是一般的、抽象的实践理性概念,即一种"超越语境意义上的正确性,代表了道德、伦理和语用因素之间复杂的相互作用"[4]。第二个层面将第一个层面中的实践理性概念具

---

[1] 比如某些学者用自由这个终极目标来对道义论和目的论来进行统摄,认为自由是道义论和目的论的共同目标。

[2] See Giovanni Sartor, *Legal Reasoning: A Cognitive Approach to Law*, Dordrecht [u.a.]: Springer, 2005, p. 3.

[3] See John L. Pollock and Joseph Cruz, *Contemporary Theories of Knowledge*, Lanham, Md: Rowman & Littlefield Publishers, 1999, p. 108.

[4] George Pavlakos (ed.), *Law, Rights and Discourse: The Legal Philosophy of Robert Alexy*, Oxford: Hart Publishing, 2007, p. 12.

化为七个方面,即一致性(consistency)、有效性(efficiency)、可检验性(testability)、融贯性(coherence)、普遍性(generalizability)、笃实性(sincerity)以及自由(freedom)。[1] 第三个层面则进一步体现为人工智能法律模型的各个层级或面向在建构过程中的具体要求。比如在人工智能法律推理模型建构的论辩面向中,主要体现为理想言谈情境模型的建构,尤其体现为机会平等,包括应用交往的言语行为的机会平等、论证的机会平等、应用表白性言语行为的机会平等、应用调节性言语行为的机会平等。[2] 而这三个层面的实践理性要求最终统一于"行动中的善"(基本善与整全性的善)。[3]

法律推理的实践性得到法学学者的广泛认可。麦考密克(MacCormick)提出通过实践理性的一般原则来论述法律推理[4],阿列克西(Alexy)致力于说明法律论辩"如何可以成为实践理性的一个特殊领域"[5],阿尔尼奥(Aarnio)则试图将实践理性与生活形式(维特根斯坦)以及法律转化理论相结合来建构理论框架,将其作为法律推理的基础。[6] 甚至可以说法律本身就"形成了实践理性和实践推理的

---

[1] 这里主要采用菲特丽斯的观点(See Eveline T. Feteris, *Fundamentals of Legal Argumentation: A Survey of Theories on the Justification of Judicial Decisions*, Dordrecht: Springer, 2017, p. 126),但也进行了一些改良,比如增加了"自由"。因为一切实践理性活动的展开都以自由意志为先决条件[这里主要借鉴塞尔(Searle)从言语行为角度对实践理性的界定。塞尔(Searle)从五个方面来界定实践理性,即自由(freedom)、时间性(temporality)、自我性(self)、语言(language)以及理性(rationality),详见 John R. Searle, *Rationality in Action*, Cambridge, Mass: The MIT Press, 2001, p. 201]。

[2] See Robert Alexy, *A Theory of Legal Argumentation: The Theory of Rational Discoure as Theory of Legal Justification*, Oxford: Clarendon Press, 1989, p. 119.

[3] See John Finnis, *Natural Law and Natural Rights*, Oxford: Oxford University Press, 2011, p. 451.

[4] See Neil MacCormick, Legal Reasoning and Legal Theory, Oxford: Clarendon Press, 1994, p. xvi.

[5] Robert Alexy, *A Theory of Legal Argumentation: The Theory of Rational Discoure as Theory of Legal Justification*, Oxford: Clarendon Press, 1989, p. 295.

[6] See Aulis Aarnio, Robert Alexy and Aleksander Peczenik, The Foundation of Legal Reasoning(Ⅰ), *Rechtstheorie* 12 (1981), S. 136.

制度化"[1]。而就法律人工智能的语境而言,实践性也体现在人工智能法律推理的各个方面。

首先,从宏观的视角看,与法律人工智能推理相关的最核心的两大学科是计算机学科与法学。计算机、人工智能学科的科学性是毋庸置疑的,而要更好地在法律人工智能的背景下建模法律推理,如何保证或提升法律论辩过程、法律证立过程的科学性,并进而提升法律学科的科学性是必须考虑的问题。佩策尼克(Peczenik)就认为实践理性是提升法律科学性的关键因素。通过建立在实践理性基础上的论辩等过程,可以对于道德论辩和法律论辩中什么是正确的这一问题进行更好的证立。这种更加体现科学性的证立方式也更容易被计算机领域的科研人员或者法律人工智能交叉学科领域内的人员理解,从而更好地在人工智能中进行建模。

其次,从中观的视角看,即从人工智能法律推理建模的角度来看,对法律推理亦应当采取更加偏重实践理性的立场。因为计算机模拟人的思维不是直接获取人类的想法或者对于人类的认知理性进行建模,归根结底还是通过实践理性来进行模拟和理解的,在法律领域则更是如此。这是因为相较其他领域,法律推理中的事态更多是一种规范事态(normative states of affairs),而非事实事态。规范事态是作为实践认知和实践理性的反射(reflex)而存在的。[2] 相应地,法律推理中更为核心的问题是"应当如何"的问题,而非"实际如何"的问题,是应然的问题,而非实然的问题,是"实践理性"而非"思辨(speculative)理性"。[3] 所以,对于规范事态等问题的研究必须基于实践理

---

[1] Eveline T. Feteris, Fundamentals of Legal Argumentation: A Survey of Theories on the Justification of Judicial Decisions, Dordrecht: Springer, 2017, p. 112.

[2] 对此问题更为深入的分析可以参见 Giovanni Sartor, Legal Reasoning: A Cognitive Approach to Law, Dordrecht [u.a.]: Springer, 2005, p. 119。

[3] 可参阅 John Finnis, Natural Law and Natural Rights, Oxford: Oxford University Press, 2011, p. 36。

性。最终,人工智能法律推理模型的实际效果以及其中算法的优劣也应当基于上述实践理性第二层面或者第三层面的具体要求来进行评估。类似这样需要基于实践理性来解决的问题在人工智能法律推理研究中比比皆是,比如萨尔托尔的意向状态模型。在这种模型中,认知理性"原则上是工具性的,即从属于实践认知,因此服从于指导实践理性并由实践理性产生的意向状态"[1]。

再次,从微观的视角看,对人工智能法律建模的基本要素问题(如人工智能法律推理中的证据、法律文本、案例等各个具体要素)的研究更加偏重实践理性进路。比如艾伦(Allen)等学者在2016年出版的大部头专著《分析性的证明路径》中,就用一种分析哲学的方法,对法律文本、法律问题以及案例的相关问题进行了研究,其中多次提到"一种更为实践理性的进路是必需的"。[2] 在目前的人工智能发展阶段,对人工智能法律推理模型的建构更多的还是聚焦于法律推理实践问题的解决。或许正如萨尔托尔所说:"实践理性作为处理实际问题的正确方式,要求行动者在面临着资源有限的多重问题时具有形成意图的能力。"[3]

最后,法律人工智能建模过程中的一些具体图式和模型的设计也与实践推理密切相关。例如,法律人工智能建模的一个关键是概率图式的研究,其中对于主观概率的建模是研究的热点。简言之,主观概率是一种在不同的参考系下,主体对于某件事情发生可能性的主观相信程度。将人类的主观概率在人工智能中进行建模的一个桥梁就是对实践理性问题的研究。正如波洛克(Pollock)所言:"如果主观概率对外在主义者有用,那么它必须以实践理性而不是认知理性

---

[1] Giovanni Sartor, *Legal Reasoning: A Cognitive Approach to Law*, Dordrecht [u.a.]: Springer, 2005, p. 29.
[2] See Ronald J. Allen et al., *An Analytical Approach To Evidence: Text, Problems and Cases*, New York: Wolters Kluwer, 2016, p. 906.
[3] Giovanni Sartor, *Legal Reasoning: A Cognitive Approach to Law*, Dordrecht [u.a.]: Springer, 2005, Vol.5, p. 32.

来定义。"[1]再如,在建模基于不一致信息推理过程时,也需要基于实践理性而非认知理性。[2] 认知理性的一个特点是往往倾向避免或限制在两个同等强度的不相容结论之间作出选择。而实践理性则相反,会在此时进行随机选择[3],以避免出现类似布里丹之驴(Buridan's ass)的尴尬处境。对于不同强度的理由进行选择的方式则是基于权衡,采用一种基于理由的逻辑建模方式,而在对理由的权衡过程中实际上也体现了一种实践理性。因为实践理性要求一个人衡量所有相关的理由,并根据他对理由权衡的评估采取行动。[4] 此外,与不相容信息处理相关的是法律融贯性问题,而融贯性最终是服务于实践理性的。[5]

如果上升到人工智能法律推理的论辩层面,则更需要基于实践理性而非认知理性。尤其是其中的论辩过程、对话过程、对话模型的建构等,比如其中的核心要素商谈和协商就更加需要基于实践理性。[6]比如,沃尔顿(Walton)建构的对话论辩模型就是基于实践理性来建构的。在他看来,言者与听者之间的对话可以看作一种逻辑对话。这一理论代表了一种逻辑模式,即双方如何以一种有序的、结构化的方式相互推理,这种逻辑模式代表了一种实践理性。[7] 法律论辩模型

---

[1] John L. Pollock and Joseph Cruz, *Contemporary Theories of Knowledge*, Lanham, Md: Rowman & Littlefield Publishers, 1999, p. 97.
[2] 基于不一致信息的推理是人工智能法律推理建模需要处理的核心问题。比如帕肯(Prakken)在《建模法律论证的逻辑工具》中,就用独立的章节,甚至用多个章节对基于不一致信息推理问题进行研究。可参见 Henry Prakken, *Logical Tools for Modelling Legal Argument*, Dordrecht: Kluwer Academic Publishers, 1997。
[3] See John L. Pollock, *Cognitive Carpentry: A Blueprint for How to Build a Person*, Cambridge: The MIT Press, 1995, p. 164.
[4] See Giorgio Bongiovanni et al., *Handbook of Legal Reasoning and Argumentation*, Dordrecht: Springer, 2018, p. 203.
[5] See Aleksander Peczenik, *On Law and Reason*, Oxford: Springer, 2009, p. 145.
[6] See Giovanni Sartor, *Legal Reasoning: A Cognitive Approach to Law*, Dordrecht [u.a.]: Springer, 2005, Vol.5, p. 323.
[7] See Douglas Walton, *Scare Tactics: Arguments that Appeal to Fear and Threats*, Dordrecht [u.a.]: Kluwer Academic Publishers, 2000, p. 131.

中的难点是多智能主体系统的建模,而其中的核心问题是智能行动者概念与实践理性概念的关联问题[1],也以实践理性相关问题的解决为关键点。除此之外,在法律策略层面上,也需要实践理性,比如关于论证的合理性、实践理性与其说服力(persuasiveness)之间的关系问题。[2]

### (三)可废止推理

在传统的法律认识论中,法律推理被认为是对逻辑演绎的简单套用。这与19世纪的法学家们追求法律科学主义和法律公理化的倾向有着密切联系。持有这种倾向的典型代表就是德国的制定法实证主义和美国的法律形式主义。在其理想中,法律被视为一个封闭、静态的规则体系(法典就是这种体系化的最高成就),而司法裁判就是从相关规则出发进行演绎推理的结果。法律适用被认为包含着辨识相关事实、界定法律争点、表述有待适用的法律规则以及将法律规则适用于相关事实这样几个清晰的步骤。[3] 这种想法反映到早期的人工智能法律推理系统中,就是基于知识库的专家系统。与只具有检索功能的知识数据库不同,专家系统不仅包括数据知识(规则、案例),也包括程序知识(推论程序),也就是一套算法规则。算法本质上就是确保当键入正确数据时获得合适结论的循序渐进的程序。在传统法律推理模式中,专家系统的关键在于设计出一套显式编码、封闭规则的算法。其背后的基本思想在于,特定的案件事实数据对应特定的法律后果数据。这

---

[1] See Douglas Walton, *Abductive Reasoning*, Tuscaloosa: University of Alabama Press, 2004, p. 119. 沃尔顿为了解决多主体与实践理性问题,将智能主体的属性分为两类,一类是单主体推理(single-agent reasoning)的属性,另一类是多主体推理(multiagent reasoning)的属性。
[2] 这方面的研究可参见 Neil MacCormick, *Rhetoric and the Rule of Law: A Theory of Legal Reasoning*, Oxford: Oxford University Press, 2010, p. 19。
[3] See Ervin H. Pollack, *Fundamentals of Legal Research*, New York: Foundation Press, 1956, pp. 14-20.

种"对应关系"的依据就是系统中纯粹的法律规则,而其执行则交由相应的算法来进行。换言之,专家系统要做的实际上是一种数据比对工作:只要案件事实数据能够与算法已纳入的法律规则之构成要件的各项参数完全匹配,就能"自动对应(获得)"法律规则所规定的后果。

这种封闭规则算法的背后,蕴含着一种机械主义的法律推理观。[1] 在这种推理观看来,在法律推理的过程中,是法律规则决定了(蕴含了)裁判结论,推理的任务就是将法律规则以"当且仅当"的方式涵摄个别事实推断出结论的过程。但这种观点早已被认为无法用来恰当地说明法律推理的性质。[2] 在法的证立的层面上,法律推理就是为司法裁判的结论提供理由的过程。这个过程同样可以被称为法律论证。因此,法律推理在性质上就是通过运用各种理由,致力于在法秩序的框架中获得一个规范性共识(结论)的论证活动。在此过程中,法律规则是最重要的理由(也被称为"裁判依据"),但绝非唯一的理由。也就是说,即便案件事实符合相关法律规则的构成要件,也并不一定就应当得出该法律规则所要求的后果。因为法律规则永远可能存在例外。虽然依法裁判是法官的首要义务,而依据法律规则进行裁判则是依法裁判的基本体现。但是,法律规则永远无法事先就规划好一切,层出不穷的个案新情况要求法官以最恰当的合法性姿态去平衡各种价值和利益关系。推理并不是一个从规则到结论的简单线性的推论过程,而要随时面临相反理由的挑战,从而存在改变固有结论的可能。

从逻辑学的角度看,这体现了法律推理的非单调性(nonmonotonic)。在传统观念中,法律推理具有单调性。当一种推理满足下述条件时,它就是单调的:如果它从前提集 $\Pi_1$ 中获得结论 C,那么它同样

---

[1] 法社会学家庞德曾给予这种观念以一种著名的称呼:"机械法学"[Roscoe Pound, Mechanical Jurisprudence, *Columbia Law Review* 8 (1908), p. 605]。
[2] 在人工智能的语境中对这种推理观的批评,参见 E. C. Lashbrooke, Legal Reasoning and Artificial Intelligence, *Loyola Law Review* 34 (1988), pp. 287–310;也可参见孙海波:《反思智能化司法的可能及限度》,载《国家检察官学院学报》2020 年第 5 期。

能从 $\Pi_1$ 的每一个超集 $\Pi_2$(它向 $\Pi_1$ 添加了新的前提)中获得 C。逻辑演绎就是典型的单调推理,因为规则被认为对结论具有决定性,此时在前提集中添加任何新前提(如规则无法涵摄的案件特征),都不会影响结论。相反,在非单调推理中,可从 $\Pi_1$ 中获得的结论 C 可能并不能从 $\Pi_2$(它向 $\Pi_1$ 添加了新的前提)中获得。[1] 在法律推理的过程中,有可能因为推理前提的增加而使原本依据相关法律规则能够获得的结论不再能够被证立,从而使推理具有非单调性。法律推理的这种性质有时也被称为"可废止性"(defeasibility)。[2] 当然,与"非单调性"不同的是,"可废止性"除了用来指称推理,还可以用来指称理由。理由是推理的基本单位,理由被联接在一起形成论据,并由此可使获得论据支持的结论得到证立。法律推理是否是非单调的,取决于推理过程中运用的理由的性质。理由在性质上可分为两种,一种是可废止的理由,另一种是不可废止的理由。不可废止的理由是那些逻辑上蕴含着其结论的理由。例如(P&Q)就是 P 的不可废止的理由。这类理由是终局性理由(conclusive reasons)。相反,P 是 Q 的可废止理由意味着:P 确实是支持 Q 的理由,但增添新的理由 R 将摧毁这种理由联系,也即(P&R)不是支持 Q 的理由。这类理由被称为"初始理由"(prima facie reasons)。[3] 法律推理的可废止性,来自推理过程中所

---

[1] See Giovanni Sartor, Defeasibility in Legal Reasoning, in: Zenon Bankowski, Ian White and Ulrike Hahn (eds.), *Informatics and the Foundations of Legal Reasoning,* Dordrecht [u.a.]: Kluwer Academic Publishers, 1995, pp. 134-135.

[2] 哈赫细致区分了"非单调性"和"可废止性"这两个概念,认为前者仅是一个逻辑概念,只有理论和形式的面向,而后者有时间和程序等实践面向(参见〔荷〕雅普·哈赫:《法律逻辑研究》,谢耘译,中国政法大学出版社 2015 年版,第 267—268 页)。但考虑到本章的分析法律理论语境,在此不作详细区分。另外,也有学者认为,"可废止性"主要用于哲学语境中对推理的刻画,而"非单调性"通常是在人工智能的语境中对推理的刻画[See John L. Pollock, A Theory of Defeasible Reasoning, *International Journal of Intelligent Systems* 6 (1991), p. 33]。

[3] See John L. Pollock, Defeasible Reasoning, *Cognitive Science* 11 (1987), p. 484.

运用的理由(法律规则)的可废止性。[1] 归根到底,在法律推理的过程中,正因为存在"可适用的法律规范(规则)在具体情境中遭遇例外的可能"[2],才使原本依据法律规则可以成立的裁判结论无法再成立。法律规则的例外有时是显性的,但也有很多时候是隐性的。前者来自法律体系本身明确包含(通常由另一条规则表述)的除外性规定,后者来自规范冲突(规则与规则、规则与原则的冲突)。这意味着,即便案件事实符合特定法律规则的所有构成要件要素,但也可能由于它额外拥有一个新的要素,而该新要素又恰恰符合规则例外的情形,规则的后果就不应对它发生。

需要注意的是,上述对于法律推理性质之理解的变化与其说是因为人工智能的出现及其发展带来的,不如说是哲学界和法学界基于规则实践对于(法律)推理之认识深化的结果。事实上,无论是基于显式编码、封闭规则的算法(法律专家系统)的初级人工智能,还是基于机器学习算法、依靠大数据分析实现对判决作出预测(深度学习)的高级人工智能[3],都可能秉持机械主义的推理观。区别只在于,前者是在专家系统中对规则进行人工编码,而后者是通过机器学习技术进行自

---

[1] 一般而言,在法律语境中,可废止性可被用于三个层面,即法律概念的可废止性、法律规则的可废止性和法律推理的可废止性。哈特首创了第一个层面的可废止性(See H. L. A. Hart, The Ascription of Responsibility and Rights, *Proceedings of the Aristotelian Society* 49 (1949), p. 175)。但正如麦考密克所指出的,可废止的并不是概念,而是"概念在给定情形中之例示的某些明确陈述出来的条件"或"基于对这些条件之特定理解的某些断言、归属或主张"[See Neil MacCormick, Defeasibility in Law and Logic, in: Zenon Bankowski, Ian White and Ulrike Hahn (eds.), *Informatics and the Foundations of Legal Reasoning*, Dordrecht [u.a.]: Kluwer Academic Publishers, 1995, p. 102]。而陈述这些条件的就是规则。因此本章认为,是规则或者说理由的可废止性,决定了法律推理的可废止性。

[2] 宋旭光:《论法学中的可废止性》,载《法制与社会发展》2019 年第 2 期。

[3] 这一分类参见 Jesse Beatson, AI-Supported Adjudicators: Should Artificial Intelligence Have a Role in Tribunal Adjudication, *Canadian Journal of Administrative Law and Practice* 31 (2018), p. 307。

动归纳。[1] 前者以法律规则及其文本解析为基础,后者更注重通过对同案判决的深度学习自主挖掘法律外因素(可笼统称之为"社会因素"),进而构造出法律文本外的裁判规则作为演绎的基础。[2] 但是,从基于"法律"规则之推理的角度来看,人工智能时代的确可能更清晰地凸显出可废止推理模式的必要性。特别是大数据与人工智能的联手,使通过个案发现同一体系中法律规范冲突的概率,以及发现规则例外尤其是隐性例外的可能性大大增加。而在传统的人工环境中,全面发现这些冲突和例外的能力相对受限。所以,人工智能和大数据技术凭借对全样本数据库进行遍及式分析的"鹰眼"视角,为法律推理的"可废止转向"提供了一种刺激性的外部环境。

法律推理在性质上具有可废止性,这一点在今天已得到相当程度的认可。那么,可废止(法律)推理是否必须用可废止逻辑(defeasible logic)来刻画?对此存在两种相对立的观点。一种观点(以法学家为主)认为并不需要。在这种观点看来,法律推理或法律推理的"主图式"在逻辑上继续用演绎推理来刻画即可[3],为了应对推理过程中的例外和规范冲突,只需修正演绎推理的前提,也即在规范的构成要件中添入限制性条件即可。[4] 因为前提的确定是实质论证的结果,逻辑

---

[1] See Benjamin Johnston and Guido Governatori, Induction of Defeasible Logic Theories in the Legal Domain, *Proceedings of the 9th International Conference on Artificial Intelligence and Law*, June 24-28, 2003, p. 2.

[2] 这里要说明两点:其一,如果说初级人工智能更契合法律形式主义的姿态,那么高级人工智能就更符合法律现实主义的立场。用艾森伯格的分类来说,前者的推理基于规则命题,而后者的推理基于社会命题(参见[美]迈尔文·艾隆·艾森伯格:《普通法的本质》,张曙光等译,法律出版社2004年版,第1、20—50页)。其二,或有论者认为,高级人工智能的推理是一种基于案件比对的类比推理。从表面看诚然如此,但基于前案与后案的(法律规则之构成要件不曾容纳的)社会因素的共性将前案的法律后果适用于后案,这种做法其实相当于构造出一条以这些社会因素为构成要件,以前案判决结果为法律后果的社会规则。

[3] Vgl. Hans-Joachim Koch und Helmut Rüssmann, *Juristische Begründungslehre*, München: C.H.Beck'sche Verlagsbuchhandlung, 1982, S. 48-58.

[4] 参考王鹏翔关于"作为修正的限缩"的论述(Peng-Hsiang Wang, *Defeasibility in der juristischen Begründung*, Baden-Baden: Nomos, 2004, S. 143-173)。

不解决前提问题。例如,阿列克西(Alexy)就曾演示过,如何在(固有的)实质蕴含推理的基础上,通过修正前提来达成与帕肯(Prakken)的可废止推理模式相同的结果。[1] 另一种观点(包括逻辑学家和部分法学学者)则认为,传统的演绎逻辑无法从整体上凸显法律推理的性质,用可废止逻辑来刻画整个(法律)推理的过程是更恰当的做法,尤其是它可以突出"增加前提会导致结论变化"这一属性。例如帕肯的博士论文就是这一方面的经典作品。[2] 这其实反映出不同学者对于逻辑与法律推理之关系的不同理解:法学家认为逻辑的任务只在于刻画出法律推理的一个层面(通常是内部证成),而逻辑学家则试图用逻辑来刻画法律推理的全貌。这两种理解没有绝对的对错,运用何种逻辑、将逻辑运用到推理的哪些方面,从根本上说并不是逻辑自身能决定的事情,而更多取决于合目的性的考量。本章认为,在人工智能的环境下,用可废止逻辑来刻画法律推理之可废止性的做法更合乎目的。因为人工智能法律推理的要求是将整个法律推理的过程都交给人工智能去处理,在建立全样本数据库的基础上通过算法的运行自动获得裁判结果。如果要通过符号主义进路来表明这一过程背后之推理模型的可废止性,那么更合适的做法就是用可废止逻辑来刻画它,而非仅将一个层面交给逻辑。

## 二、法律规则的逻辑形式化

### (一)条件式规范的结构与要素

法律推理的可废止性源于法律规则的可废止性,因而对法律推理

---

[1] See Robert Alexy, Book Review, Book Review: Henry Prakken (1997), Logical Tools for Modelling Legal Argument: A Study of Defeasible Reasoning in Law, *Argumentation* 14 (2000), pp. 66-72.
[2] 〔荷〕亨利·帕肯:《建模法律论证的逻辑工具:法律可废止推理研究》,熊明辉译,中国政法大学出版社2015年版,尤其是第37页以下。

之可废止性的逻辑分析当从法律规则的逻辑形式化开始。[1] 与道德规则不同,法律规则(至少是大多数法律规则)具有一种条件式的结构:它们将某个法律后果联结于某种构成要件。因此,法律规则属于条件式规范,其中构成要件是它的前件,而法律后果则是它的后件。在很多情况下,构成要件并不只包含一个要素,而是多个要素的合取。如果某个规范将法律后果联结于某种充分条件(完整前件),那么这一规范就是完美的条件式规范。完美的条件式规范可以被形式化为:

E $if$ A$_1$ ∧ ⋯ ∧ A$_n$

其中,E 表示法律后果,而 A$_1$, ⋯ A$_n$ 表示完整前件的要素,"$if$"代表"如果",表示 A$_1$, ⋯ A$_n$ 的合取构成 E 的充分条件。目前的法理论通常用这种形式来呈现条件式规范(尽管具体形式因逻辑系统的不同而有所不同)。但它没有抓住完美的条件式规范的一个重要方面,即阐明这类规范是被如何运用于法律结论的获取过程的。事实上,规则例外和规范冲突的情形在实践中难以避免,而当出现这种情形时,法律会授权特定机关(尤其是法官)提出权威的解决方案。法官必须确定双方当事人的法律处境,并作出相应的裁判。虽然法官必须将法律规范适用于案件事实,也即通过法律来确定(或至少是证立)法律后果,但他并不是非得确定完整构成要件(完全前件)的一切要素后才能来确定特定的法律后果。换言之,作为条件式规范的法律规则在适用过程中可能并非"完美"。用麦考密克(MacCormick)的话来说,规则的构成要件陈述出了相关法律后果之"通常必要且推定充分的条件"[2]。为了表征出这种不完美性,需要将法律规则的构成要件分作两个部分:一个是"有待证明的要素"(elements to be proved/pro-

---

[1] 之所以作此限定,是因为只有规则因能容纳例外而具有可废止性,而法律原则不能容纳例外[参见〔德〕卡斯滕·贝克尔:《规则、原则与可废止性》,宋旭光译,载舒国滢主编:《法理:法哲学、法学方法论与人工智能》(第三卷),中国法制出版社2015年版,第46页]。

[2] Neil MacCormick, Institutions, Arrangements and Practical Information, *Ratio Juris* 1 (1988), p. 79.

banda,以下简称"P 要素"),一个是"未被驳倒的要素"(elements not to be refuted/non-refutanda,以下简称"NR 要素")。[1] 只有当所有的 P 要素都被确定,且构成要件的其他任何要素,即 NR 要素的补集[2] 都未被确定时,法官才有义务去考虑法律规则的完整构成要件并确定其结论。但是,所谓"未被驳倒的要素"(NR 要素)出现在构成要件之中就意味着:对于构成要件的满足而言,确定 NR 并不是必要的,NR 未被驳倒——也即 NR 的补集¬NR 未被确定(确定 NR 就意味着驳倒 NR)——就足矣。因此,条件式规范更恰当的结构应被形式化如下:

$E if A_1 \wedge \cdots \wedge A_i \wedge \langle A_j \rangle \wedge \cdots \wedge \langle A_n \rangle$

在此,$A_1, \cdots A_n$ 属于 P 要素(对于构成要件的满足而言,有待确定的要素),而$\langle A_j \rangle, \cdots \langle A_n \rangle$ 属于 NR 要素(对于构成要件的满足而言,未被驳倒的要素),"未被驳倒"这一属性通过符号$\langle \rangle$来表明。

将前件的要素划分为如上所界定的两类,就确定了每类要素在法律后果之获得(或证立)过程中的角色。因为在特定的证立语境中,当一个后果是某个前件已被满足之规范(在那一语境中被接受)的后件时,它的获得就可被认为得到了证立。而如果一个规范前件中的每个 P 要素都已在被接受之证立语境中获得,且那一前件所包含的 NR 要素中没有任何一个被驳倒,那么规范前件(法律规则的构成要件)必须被认为得到了满足。关键问题在于,如何区分 P 要素与 NR 要素?一般而言,只有通常能作为法律后果之基础的事实才是 P 要素,而能够阻止法律后果实现之事实的补集就是 NR 要素。具体而言,可以从五组相对立的二分法来区分这两类要素。[3]

---

[1] See Giovanni Sartor, Defeasibility in Legal Reasoning, in: Zenon Bankowski, Ian White and Ulrike Hahn (eds.), *Informatics and the Foundations of Legal Reasoning*, Dordrecht [u.a.]: Kluwer Academic Publishers, 1995, p. 121.

[2] 例如,"x 不是 y 的父亲"就是"x 是 y 的父亲"的补集。

[3] See Giovanni Sartor, Defeasibility in Legal Reasoning, in: Zenon Bankowski, Ian White and Ulrike Hahn (eds.), *Informatics and the Foundations of Legal Reasoning*, Dordrecht [u.a.]: Kluwer Academic Publishers, 1995, pp. 124-130.

一是构成性事实与阻碍性事实。代表法律后果之证立基础或构成它的引发性事实被称为构成性事实。构成性事实代表着法律后果的实质基础，它们是实现法律意在受该法律后果调整之利益关系的事件或事态。通常情况下，只有确定了它们，法官才能适用法律后果。因此，构成性事实就是 P 要素。阻碍性事实是那些即便构成性要素在场，也能阻止法律后果实现的事实。例如，有意引发不当损害（构成性事实）者，有义务对此损害进行赔偿（法律后果），但在正当防卫的情形（阻碍性事实）中，这种义务就不存在。每一个阻碍性事实 F 的补集 ¬F 就是确认被阻碍后果的规范前件中的 NR 要素。因此，如果法律后果 E 由构成性事实 $F_1^c, \cdots F_m^c$ 引发，而它被阻碍性事实 $F_1^I, \cdots F_n^I$ 阻止，那么确立这一后果的规范通常可以被形式化为：

E$if$ $F_1^c \wedge \cdots \wedge F_m^c \wedge \overline{F_1^I} \wedge \cdots \wedge \overline{F_n^I}$

辨别哪些要素是构成性要素通常需要进行目的性论证，但很多时候文本本身就能揭示出相关信息。从表面看，确定特定法律后果的主条款所规定的事实通常就是构成性事实，而通过"除非""但""除外"等连词连接的例外条款所规定的事实则是阻碍性事实。例如，我国《民法典》第 136 条规定："民事法律行为自成立时生效，**但是法律另有规定或者当事人另有约定的除外**。"在此，"民事法律行为成立"对于主张"该法律行为有效"而言是构成性的。而通过"但是……除外"连接之短语所指涉的事实，即"法律另有规定或者当事人另有约定"，阻止了该法律行为的生效。因此，法律没有另作规定且当事人没有另作约定的就必须被限定为 NR 要素（当事人无须证明法律没有另作规定且当事人没有另作约定，来支持其法律行为生效的主张，但当作出这种不同规定或约定的事实被确定时，其主张就将失败）。

二是被推定的事实与非被推定的事实。P 要素和 NR 要素的划分并不总是与构成性事实和阻碍性事实之补集相对应。考虑到举证困难、权力的不平衡或其他因素的存在，法律经常会对规范前件中的诸要素进行各种不同的限定。在这类情形中,按照上述第 1 点中的标准应被认为是 P 要素,却被法律限定为 NR 要素的事实,就被称作"被推定的"。赋予某个要素 $A_i$(对于得出法律后果 E 而言是)"被推定的"资格,就意味着确定:对于获得 E 而言,无须确定 $A_i$,未确定 $\overline{A_i}$ 就足矣。例如《民法典》第 1165 条规定:"行为人因过错侵害他人民事权益造成损害的,应当承担侵权责任。依照法律规定推定行为人有过错,其不能证明自己没有过错的,应当承担侵权责任。"那么这两个条款就可以被呈现为:

x 应当承担侵权责任, *if*

    x 实施了行为 f ∧

    f 侵害了 y 的民事权益且造成损害 d ∧

    〈x 有过错〉

要注意的是,这里所说的"推定"指的仅是可推翻的推定,而不包括不可推翻的推定。[1] 通过赋予某个事实"被推定的"资格,法律本身没有对这一事实作出断定,也没有要求法官作出这一断定。它毋宁规定的是,即便被推定的事实没有被确定,也必须得出法律后果,只要这一事实的补集同样没有被确定即可。

三是有待证明的事实与必须不存在相反证据的事实。在一些情形中,法律会明确区分有待证明的事实与(对于得出法律后果而言)必须不存在相反证据的事实,它们分别对应 P 要素与 NR 要素。例如,《民法典》第 897 条规定:"保管期内,因保管人保管不善造成保管物毁损、灭失的,保管人应当承担赔偿责任。但是,无偿保管人证明自己没有故意或者重大过失的,不承担赔偿责任。"在此我们仅将该规范的对象限于"无偿保管人"。结合这两个条款看,该条的意思是,对于无偿保管人承担因保管不善造成保管物毁损、灭失的赔偿责任而言,证明他存在故意或者重大过失并不是必要的。而只有当他能证明自己不存在故意或者重大

---

[1] 对这两类推定的区分,参见〔美〕弗里德里克·肖尔:《像法律人那样思考:法律推理新论》,雷磊译,中国法制出版社 2016 年版,第 246—247 页。

过失时,责任才得以免除。因此,该规范可以被呈现为:

x 应当承担损害赔偿责任,*if*

  x 对保管物 c 保管不善 ∧

  x 的行为造成了 c 毁损、灭失 ∧

  〈x 存在故意或者重大过失〉

〈x 存在故意或者重大过失〉这一陈述属于规范前件中确立无偿保管人责任的 NR 要素,它意味着:无偿保管人通常要为因其保管不善造成保管物毁损、灭失的行为承担赔偿责任,除非其存在故意或重大过失被推翻,也即他能自己证明自己没有故意或重大过失。

四是由原告承担证明负担的事实与由被告承担证明负担的事实。在民事领域,对 P 要素和 NR 要素的区分尤其与原告和被告之间的证明负担分配相关。原告要承担未能确定构成法律后果之条件的 P 要素的风险:如果这些事实没有得到证明,那么特定后果就无法获得,原告将败诉。在此意义上,原告承担着证明 P 要素的负担。相反,被告要承担未能证明出现于同一规范前件中之 NR 要素的风险:假如所有 P 要素都被确定,且没有任何 NR 要素被证明不成立,那么就必须得出法律后果,而被告也将败诉。在此意义上,被告承担着证明 NR 要素(更准确地说,是证明 NR 要素不成立)的负担。就此而言,对 P 要素和 NR 要素的区分有时兼具"分配证明负担"的功能。[1]

五是积极事实与消极事实。正如前述,完整的法律规则构成要件由多个要素合取而成,每个要素要么是积极的原子式表述,要么是消极的原子式表述,因而我们可以区分出积极要素与消极要素。通常情况下,积极要素就是 P 要素,它们代表着实质上构成法律后果之基础的事件和条件。而消极要素通常是 NR 要素,它们代表着对阻碍性要

---

[1] 类似观点,参见 Neil MacCormick, Defeasibility in Law and Logic, in: Zenon Bankowski, Ian White and Ulrike Hahn (eds.), *Informatics and the Foundations of Legal Reasoning*, Dordrecht [u.a.]: Kluwer Academic Publishers, 1995, p. 106。

素的否定。因此,原则上消极事实无须被确定以得出法律后果,只要构成补集的积极事实(阻碍性事实)未被确定就足矣。例如,上文提到的《民法典》第 1165 条第 1 句,行为人因过错侵害他人民事权益造成损害的,应当承担侵权责任。而同法第 181 条和第 182 条分别规定,因正当防卫或紧急避险造成损害的,正当防卫人或紧急避险人不承担民事责任。在此,为了说明某人要为他故意侵害他人民事权益造成损失的行为承担侵权责任时,无须说明不存在责任阻却事由(正当防卫或紧急避险)。然而,只要能证明这类事由中的一个存在,就将导致责任消失。因此,侵权责任之完整规则的构成要件可以被呈现为:

x 应当对行为 f 造成的损害 d 承担侵权责任,*if*

 x 实施了行为 f ∧

 f 侵害了 y 的民事权益且造成损害 d ∧

 ⟨x 并非出于正当防卫而实施 f⟩ ∧

 ⟨x 并非出于紧急避险而实施 f⟩

消极事实虽然通常构成 NR 要素,但也有例外。将积极事实限定为 P 要素的规则有时通过推定或证明负担倒置来发挥作用。如上面提到的《民法典》第 1165 条第 2 句确立的 ⟨x 有过错⟩,以及第 897 条确立的 ⟨x 存在故意或者重大过失⟩,就属于积极的 NR 要素。

在规范前件中,因 P 要素和 NR 要素的不确定所各自带来的后果是不同的。如果一个不确定的要素 $A_i$(无论是 $A_i^+$ 还是 $A_i^-$ 都未被确定)是某个规范前件的 P 要素,那么该前件就没有得到满足,相应的法律后果就不会发生。但如果 $A_i$ 是某个规范前件的 NR 要素,那么该前件(在涉及 $A_i$ 的意义上)就被满足了,(在该前件中的 P 要素也同时得到满足的前提下)相应法律后果就可能会发生。

(二)规则与例外

NR 要素的引入对于处理规范与例外的关系具有重要意义。在逻辑上,例外包括两种类型:一是规则后果的例外。这类例外确立了在特定情形中特殊法律后果不发生。它是这样一种例外性事实，它一经确定就将阻止特定法律后果的获得。构成该法律后果之条件的前件所包含的每一个 NR 要素的补集，都是此种意义上的例外。例如《民法典》第 181 规定："因正当防卫造成损害的，不承担民事责任。"该条就构成了一切规定应承担民事责任之规则的例外，也即阻碍了所有这类规则的适用。二是规则的例外。这类例外规定，某个语义上清晰涵盖特定情形的规则并不适用于这一特定情形。它通常体现为专门的例外条款，即一个能够阻碍另一个规则的适用——即便后者的前件已得到满足——的规范。在这种情形中，某个规则之 NR 要素的补集出现在另一个独立的规则之中。例如《民法典》第 658 条第 1 款规定："赠与人在赠与财产的权利转移之前可以撤销赠与。"而接下去的第 2 款又规定："经过公证的赠与合同或者依法不得撤销的具有救灾、扶贫、助残等公益、道德义务性质的赠与合同，不适用前款规定。"

　　例外在逻辑上包括两个层面：一是对象语言的层面。这一层面与被例外所毁损的规则处于同一层面。在该层面上，例外的内容是这样一种条件式陈述，它的后果是对规则之后果的否定（规则后果的例外）或是对规则本身的否定（规则的例外）。二是元语言的层面。在该层面上，例外优于规则，因而当规则与例外本身发生冲突时阻碍了前者的适用。[1] 例外的元语言层面必不可少，因为如果它只有对象语言层面的内容，那么它与处于同一层面的规则内容就会相互冲突，且出现无法决定何者优先的困局。这一冲突要通过给予例外以优先性来解决，也即如果规则确立了法律后果 E，而例外规定了 $\overline{E}$，且规则和例外的条件都被满足，那么必须只能得出 $\overline{E}$。因此，例外的真正含义，一方面是它的内容在对象语言层面上与规则内容的冲突，另

---

[1] See Giovanni Sartor, Defeasibility in Legal Reasoning, in: Zenon Bankowski, Ian White and Ulrike Hahn (eds.), *Informatics and the Foundations of Legal Reasoning*, Dordrecht [u.a.]: Kluwer Academic Publishers, 1995, pp. 131-132.

一方面则是它在元语言层面上相对于规则的优先性。

如何在逻辑上对例外以及规则与例外的关系进行刻画？这就需要借助 NR 要素。每种规则与例外都可以被"转译"为其构成要件包含着 NR 要素的等值的规则集合，反之亦然。为此，将例外的补集引入规则的前件，并将这种补集限定为 NR 要素就足矣。因此，规则

$r: E\ if\ A_1^r \wedge \cdots \wedge A_n^r$

与例外

$e: \overline{E}\ if\ A^e$

就对应如下规范命题：

$E\ if\ A_1^r \wedge \cdots \wedge A_n^r \wedge \overline{A^e}$

$\overline{E}\ if\ A^e$

NR 要素 $\overline{A^e}$ 的引入表明了 $\overline{E}$ 相对于 E 的优先关系。因此，在上述赠与合同的例子中，规则和例外就可以被转换为：

x 可以撤销对财产 g 的赠与, *if*

x 已签订关于 g 的赠与合同 c ∧

g 的权利尚未转移 ∧

〈c 并没有经过公证〉∧

〈c 并非依法不得撤销的具有救灾、扶贫、助残等公益、道德义务性质的赠与合同〉

这种转换是正确的，因为可从这种转换中得出法律后果 $\overline{E}$ 的情形，与可从规则和例外的结合中得出法律后果 $\overline{E}$ 的情形完全一致。[1]相反，经典逻辑之所以无法在形式上恰当地表述出规则和例外的结合，恰恰是因为它没有在法律规则中刻画不经确定即可推定法律后果

---

[1] 有关如何呈现规则与例外之结合的讨论，参见 Giovanni Sartor, The Structure of Norms and Nonmonotonic Reasoning in Law, in: Proceedings of the *3rd International Conference on Artificial Intelligence and Law*, New York: ACM Press, 1991, pp. 155-164。

成立的 NR 要素。它只能表示出规范前件与法律后果之间的一种实质蕴含关系。相反,包含 NR 要素的规范前件与法律后果之间的关系是一种可废止蕴含关系。相比于通常所理解的实质蕴含,可废止蕴含是一种弱的、可挑战的蕴含。[1] 人工智能法律推理的基本模式应当建立在这种可废止蕴含的基础之上。

## 三、可废止法律推理的基本模型

上文对规则与例外的处理方式使我们可以恰当地对可废止法律推理进行建模。在这种模型中,每组(可作为裁判结论之基础的)法律前提(无论是成文法、判例规则、法教义学命题还是事实主张)呈现出的都不是逻辑公理,而是这样一种情境,在其中相反的论据能够被提出和交锋。这一模式建立在"冲突"(conflict)观念的基础上:(可废止的)法律推理是一个解决相矛盾之前提间的冲突的过程。这种观念的优点是显而易见的:一方面,其重心在于法律可废止性的实质基础,也即不相容之法律规则的对立。它使得有可能对简单的、更加模块化的和接近自然语言的法律知识进行呈现。尤其是,可以通过分开的规范来对处于复杂情境中的规则进行表述,它们中的每一个都可以对在这些处境中浮现的一个单独的方面进行处理。这就避免了在传统的演绎模式中,需将复杂情境所带来的对所有的例外或冲突的处理都体现在大前提之中(由此将推理本身化约为三段论或涵摄)的难题。另一方面,明确呈现规则与例外容许对规范体系进行动态调适。因为已经有效的例外优先于随后被引入规范体系的规则,而新的例外也可以对已然有效的规则进行限制。

---

[1] Neil MacCormick, Defeasibility in Law and Logic, in: Zenon Bankowski, Ian White and Ulrike Hahn (eds.), *Informatics and the Foundations of Legal Reasoning*, Dordrecht [u.a.]: Kluwer Academic Publishers, 1995, p. 113.

此外,这种基于冲突的可废止推理模型不仅可以处理其结果被预先确立的规范冲突(规则与例外的结合),而且也可以处理结果不确定的(规范冲突)情形。[1] 对于特定规则而言,无论是它的例外,还是具有同等分量的另一规范,其实都是它的"废止者"(defeater)。前已述及,例外包括规则后果的例外与规则的例外两类。所以总的来说,具有三类废止者:(1)反驳型废止者(rebutting defeater),也即支持对规则后果进行否定的理由(例外)。其定义为:当且仅当 R 是一个废止者,且 R 是支持~Q 的理由时,R 就是支持 Q 之初显理由 P 的反驳型废止者。(2)截断型废止者(undercutting defeater),也即对前提与结论(规则前件与规则后果)之间的联系,而非后果本身进行攻击的理由(例外)。其定义为:当且仅当 R 是一个废止者,且 R 是支持否定"仅当 Q 为真,P 才为真"的理由时,R 就是支持 Q 之初显理由 P 的截断型废止者。(3)削弱型废止者(undermining defeater),也即对前提(或前提的某个解释版本)本身的分量进行削弱,从而使是否能导出特定结论存疑的理由。其定义为:当且仅当 R 是一个废止者,且 R 是削弱 P(或 P 的某个解释版本 P′)的理由时,R 就是支持 Q 之初显理由 P 的削弱型废止者。[2] 反驳型废止者和截断型废止者分别出现于上述两类例外的情形中,而削弱型废止者则出现于规范冲突的情形;在反驳型废止者和截断型废止者出现的场合,冲突的结果是确定的,即废止

---

[1] 在此要稍作说明的是"例外"与"冲突"的关系:在对象语言的层面,例外与规则之间的关系其实也就是两个规则之间的冲突关系。相较我们通常所说的"规范冲突",例外与规则之关系的特殊之处更多体现在元语言的层面,也即"例外优先于规则"这一例外本身所蕴含的准则。相反,在通常意义上的规范冲突中,没有哪一个规范本身能主张自己优先于另一条规则。所以,规则—例外关系可以被呈现为规范冲突,但规范冲突不限于规则—例外关系。

[2] See John L. Pollock, A Theory of Defeasible Reasoning, *International Journal of Intelligent Systems* 6 (1991), p. 485; Henry Prakken, An Overview of Formal Models of Argumentation and their Application in Philosophy, *Studies in Logic* 4 (2011), p. 75. 前一篇文献只处理了前两类废止者,后一篇文献则在"攻击"的标题下对三类废止方式都进行了形式化的刻画。本章仿照前一篇文献的定义方式给削弱型废止者下了定义。

者支持的结果优先;而在削弱型废止者出现的场合,冲突的结果是不确定的,除非依据第三方规则(如"上位法优于下位法""特别法优于普通法")或个案中的分量比较(个案权衡)作出决定。

我们可以通过例子来说明如何对这些废止者及其在法律推理中的角色进行刻画。[1] 依然举《民法典》第 1165 条第 1 款的规定,"行为人因过错侵害他人民事权益造成损害的,应当承担侵权责任"为例。我们可以用完美的条件式规范,也即不包含 NR 要素的简单推论规则来表示它:

r1: x 应当对行为 f 造成的损害 d 承担侵权责任, *if*

　　x 因过错实施了行为 f ∧

　　f 侵害了 y 的民事权益且造成损害 d

这里,x 是一个成年人。在推理过程中,反驳型废止者是一个否定规则之法律后果,且优先于确定这一后果的规则(或一些这类规则)的规范。根据《民法典》第 1188 条可知,无民事行为能力人造成他人损害的,本人不承担责任。而《民法典》第 21 条规定,不能辨认自己行为的成年人为无民事行为能力人。这里的"不能辨认"包括不能认识自己行为的性质、意义和后果,以及不能控制自己的行为并对自己的行为负责。[2] 该条就构成了 R 之规则后果的例外或者说 R 的反驳型废止者。下面两个陈述各自表达出了该例外的对象语言层面和元语言层面:

$e_1$: x 不应对行为 f 造成的损害 d 承担侵权责任, *if*

　　x 在实施 f 时不能辨认自己的行为

---

[1] 对此可参见 Giovanni Sartor, Normative Conflicts in Legal Reasoning, *Artificial Intelligence and Law* 1 (1992), pp. 209-235; Giovanni Sartor, A Simple Computational Model for Nonmonotonic and Adversarial Legal Reasoning, in: *Proceedings of the 4th International Conference on Artificial Intelligence and Law*, New York: ACM Press, 1993, pp. 45-77. 为了方便说明,下文将首先处理反驳型废止者与截断型废止者,只在例子的最后再涉及削弱型废止者的情形。

[2] 参见舒国滢主编:《法理学导论》(第三版),北京大学出版社 2019 年版,第 152 页。

$e_1 > e_2$

这里的">"代表"优先于"。我们可以相同方式来表示截断型废止者,也即陈述出特定规则不可适用的规范(规则的例外)。例如,《民法典》第1190条第2款规定,完全民事行为能力人因醉酒、滥用麻醉药品或者精神药品对自己的行为暂时没有意识或者失去控制造成他人损害的,应当承担侵权责任。这一规范其实是一个二阶例外,它在例如醉酒的情形中排除了例外 $e_1$ 的适用:

$e_{e1}$:[e1(x, f)]不适用, $if$

  x 在实施 f 时因醉酒而不能辨认自己的行为

$e_{e1} > e1$

例外的使用可以让我们从规则构成要件中删去一切未被驳倒的要素:规则构成要件所规定的每个 NR 要素都可以被转换为一个独立的例外,它将不适用该规则或其后果的结论联结于该 NR 要素的补集之下。并且根据反驳的层次关系,可能存在一阶例外、二阶例外,甚至更高层级的例外,这使法律推理的后果总是处于不断变换之中:在 L0 的层面,规则 R(支持理由 P)的存在支持得出法律后果 Q;在 L1 的层面,一阶例外 $e_1$(支持理由 P1)的引入否定了 L0 层面的结论,即规则 R 的法律后果 Q;在 L2 的层面,二阶例外 $e_2$(支持理由 P2)的引入又否定了 L1 层面的结论,恢复了 L0 层面的结论即法律后果 Q;在 L3 的层面,三阶例外 $e_3$(支持理由 P3)又否定了 L2 层面的结论,恢复了 L1 层面的结论……如果我们将这些层面的规则、例外、例外的例外等视为双方当事人用以驳斥对方的"理由武器"的话,那么可废止法律推理就是一个在攻击和防守之间不断转换的过程,法律后果就随着这种攻防转换不断变换。对此,可以绘制如下示意图(图 8-1):

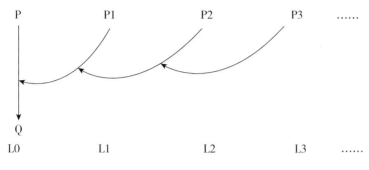

图8-1 可废止推理的论证层级

在这种攻击和防守的过程中,理由及其集合扮演着论据(argument)的角色。在图8-1中,如果某个论据在 Ln 的层面上不再被 Ln+1 层面上的论据否定,那么它就是最终未被废止的(ultimately undefeated)。相应地,如果某个命题或主张得到了某种最终未被废止之论据的支持,那么它就得到了保证(warranted)。[1] 支持特定结论 c 的论据是从中可得出 c 的规则和事实的非冗余集合。当且仅当论据 A 包含着规则 r: q *if* p 和其他前提(规范或事实,它们证明规则 r 的条件得到满足)时,才可运用论据 A 得出 q。因此,这里的论据包括了确立为得出最终结论所必须之中间性结论的部分论据。任何被包含在 A 中的论据可被称为 A 的子论据。如果论据 A2 直接攻击 A1(它要么挑战 A1 的结论,要么否定确立这一结论之规则的可适用性),或者直接攻击 A1 的子论据(它要么挑战这一子论据的结论,要么否定相应规则的可适用性),那么它就是 A1 的反向论据。当论据 A1 受到反向论据 A2 的攻击,就有必要来比较 A1(或其子论据)与 A2 的强度。为此,我们必须比较规则 r1(A1 或其子论据在其中累积)与规则 r2(A2 在其中累积)。这种比较会产生三种可能的结果:其一,假如 r2

---

[1] See John L. Pollock, A Theory of Defeasible Reasoning, *International Journal of Intelligent Systems* 6 (1991), p. 42.

优先于 r1,且如果 A2 未被反向论据废止,那么 A1 就被废止了。被废止的论据无法构成有效法律结论的基础。其二,假如 r1 优先于 r2,且如果 A1 未被其他论据废止,那么 A1 就通过了检验,而它的结论就得到了确定(证立)。其三,假如 r1 和 r2 中没有任何一个规则优先于另外一个,且如果 A1 和 A2 都没有被反向论据废止,那么 A1 就仅是合理的或可防守的(defensible)。仅仅是可防守的论据不足以构成其结论的基础,它指涉一种未被决定的情形,得出结论要求添加额外的标准。前两种情形是运用反驳型废止者或截断型废止者的结果,而最后一种情形则可能是运用削弱型废止者的结果。

让我们继续运用上文的例子来加以说明。假设李某向张某一主张损害赔偿,理由是张某一骑摩托车撞死了他的羊。在此,有待适用的规则包括《民法典》第 1165 条、第 1188 条第 1 款(无民事行为能力人、限制民事行为能力人造成他人损害的,由监护人承担侵权责任)、第 1188 条第 2 款(监护人尽到监护职责的,可以减轻其侵权责任)[1]、第 1174 条(损害是因受害人故意造成的,行为人不承担责任)、第 1190 条第 2 款。据此语境,它们可以分别被形式化为:

r1:x 应当对行为 f 造成的损害 d 承担侵权责任, *if*
 x 因过错实施了行为 f $\wedge$
 f 侵害了 y 的民事权益且造成损害 d;
r2:z 应当对行为 f 造成的损害 d 承担侵权责任, *if*
 f 侵害了 y 的民事权益且造成损害 d $\wedge$
 x 在实施 f 时不能辨认自己的行为 $\wedge$
 z 是 x 的监护人;
$e_{r2}$:[r2(x, y, f, d)]不适用, *if*
 z 已尽到对 x 的监护职责;
e1:x 不应对行为 f 造成的损害 d 承担侵权责任, *if*

---

[1] 为了简化问题,以下不区分"减轻侵权责任"与"免除侵权责任"。

x 在实施 f 时不能辨认自己的行为；

$e_{e1}$:[e1(x, f)]不适用, *if*

　　x 在实施 f 时因醉酒而不能辨认自己的行为；

e2:x 不应对行为 f 造成的损害 d 承担侵权责任, *if*

　　y 故意造成了损害 d。

根据上述法律条款的表述及其关系,可以发现 e1 是 r1 的反驳型废止者,因而 e1> r1,而 $e_{r2}$ 是 r2 的截断型废止者,$e_{e1}$ 是 e1 的截断型废止者,因而 $e_{r2}$> r2,$e_{e1}$> e1。再来假定如下事实:

f1:张某一因过错撞了李某的羊；

f2:张某一撞羊的行为导致了羊死亡。

给定这些事实后,看起来张某一就应对其造成的损害承担侵权责任(因为规则 r1 的构成要件得到了满足,且没有例外被满足)。支持张某一承担侵权责任的论据为:A1 = {f1, f2, r1(张某一,撞羊,羊死亡)},其中 r1(张某一,撞羊,羊死亡)指代规则 r1 的一个涉及个变量(主体、客体、事件)的例子(具体化),这些个变量的具体称呼就是括号内的内容。换言之,A1 包含着如下规则和事实的集合:

A1={r1(张某一,撞羊,羊死亡):

　　　张某一应当对撞羊行为造成羊死亡这一损害承担侵权责任, *if*

　　　张某一因过错撞了李四的羊 ∧

　　　撞羊行为造成羊死亡这一损害；

　　f1:张某一因过错(骑摩托车)撞了李四的羊；

　　f2:张某一撞羊的行为导致羊死亡。}

再假设在 f1 和 f2 之外,还存在如下事实:

　　f3:张某一在撞羊时不能辨认自己的行为；

　　f4:张某二是张某一的监护人。

假如出现 f3,那么例外 e1 就得到了满足,此时张某一就不应承担侵权责任,而{e1, f3}属于对 A1 的反驳型废止者。由此就可以提出废止 A1 的反向论据 A2:

A2={e1(张某一,撞羊,羊死亡):
　　张某一不应对撞羊行为造成羊死亡这一损害承担侵权责任,*if*
　　张某一在撞羊时不能辨认自己的行为;
　　f3:张某一在撞羊时不能辨认自己的行为。}

通过例外 e1 所获得的 A2 的结论(张某一无责任)与通过规则 r1 所得出的 A1 的结论(张某一有责任)相互冲突。例外 e1 优先于规则 r1,相应地,A1 被直接废止了。但如果在此基础上再加上事实 f4,那么就恰恰支持由张某二承担侵权责任,其论据为:A2′={f2, f3, f4, r2(张某二,张某一,撞羊,羊死亡)},而 r2(张某二,张某一,撞羊,羊死亡)指代规则 r2 的一个涉及个变量(主体、客体、事件)的例子(具体化)。换言之,A2′包含着如下规则和事实的集合:

A2′={r2(张某二,张某一,撞羊,羊死亡):
　　张某二应当对张某一撞羊造成羊死亡这一损害承担侵权责任,*if*
　　张某一的撞羊行为造成羊死亡这一损害 ∧
　　张某一在撞羊时不能辨认自己的行为 ∧
　　张某二是张某一的监护人;
　　f2:张某一撞羊的行为导致羊死亡;
　　f3:张某一在撞羊时不能辨认自己的行为;
　　f4:张某二是张某一的监护人。}

现在假设,张某一撞羊时不能辨识自己行为的状态是由于他自己的过错造成的(如醉酒),那么如下事实就会被引入裁判的前提集合:

f5:张某一因醉酒骑摩托车撞了李四的羊。

由于 f5 的出现,就可以提出 A2 的反向论据 A3:

A3={$e_{e1}$(张某一,撞羊):
　　[e1(张某一,撞羊)]不适用,*if*
　　张某一在撞羊时因醉酒而不能辨认自己的行为;
　　f5:张某一因醉酒骑摩托车撞了李四的羊(或:张某一在撞羊

时因醉酒而不能辨认自己的行为)。}

A3 废止了 A2,相应地,A2 不再能反对 A1,而 A1 也就恢复了它的效力,并构成了它所支持的结论(即张某一应承担侵权责任)的基础。{$e_{e1}$, f5}属于对 A2 的截断型废止者。但现在假设张某一或张某二提出证据证明,张某一之所以撞上了李四的羊并导致羊死亡,是因为李四突然将羊赶到了正在路上正常驾驶摩托车的张某一面前("碰瓷行为"),那么新的事实就会被插入前提集合:

f6:李四故意造成了他的羊死亡这一损害。

由于 f6 的出现,可以提出 A3 的反向论据 A4:

A4={e2(李四,张某一,撞羊,羊死亡):

  张某一不应对撞羊行为造成羊死亡这一损害承担侵权责任,*if*

  李四故意造成他的羊死亡这一损害。

 f6:李四故意造成他的羊死亡这一损害。}

A4 又废止了 A3,相应地,A3 就不再能反对 A2,而 A2 也就恢复了它的效力,也即张某一不应承担侵权责任。{e2, f6}属于对 A3 的反驳型废止者。现在假设张某二证实,他已尽到对张某一的监护职责,因为他已尽可能好地照料张某一的生活,并且他还专门警告过他醉酒的后果。他证实了如下规则和事实:

r3:z 已尽到对 x 的监护职责,*if*

 z 曾警告过 x 醉酒的后果;

r7:张某二曾警告过张某一醉酒的后果。

在此规范性语境中,应减轻张某二的侵权责任(在本章语境中,这一点与"不应承担侵权责任"不相区分)。事实上,A2′被如下反向论据 A3′废止:

A3′={$e_{r2}$:[r2(张某二,张某一,撞羊,羊死亡)]不适用,*if*

  张某二已尽到对张某一的监护职责;

 r3:z 已尽到对 x 的监护职责,*if*

  z 曾警告 x 醉酒的后果;

f7:张某二曾警告张某一醉酒的后果。}

A3′废止了 A2′(因为 $e_{r2}$ 优先于 r2),因此张某二被免于承担侵权责任。在此,{$e_{r2}$, r3, f7}属于对 A2′的截断型废止者。现在,李四并不质疑张某二警告过张某一醉酒的后果,但他主张,只有对张某一的醉酒行为采取特殊的制止措施才能证明张某二尽到了对张某一的监护职责,而张某二在本案中并没有采取这种特殊的制止措施。

r4:z 没有尽到对 x 的监护职责, if

  z 没有对 x 的醉酒行为采取特殊的制止措施;

f8:张某二没有对张某一的醉酒行为采取特殊的制止措施。

这些前提的增添使我们可以提出如下攻击 A3′的反向论据 A4′:

A4′={r4:z 没有尽到对 x 的监护职责, if

  z 没有对 x 的醉酒行为采取特殊的制止措施;

f8:张某二没有对张某一的醉酒行为采取特殊的制止措施。}

假设现在没有任何既有的法律规定或要素规定 r4 优先于 r3,或者 r3 优先于 r4。在这种情形中,我们只能得出结论,论据 A3′和 A4′都是存疑的或者说仅仅是可防守的,因为它们彼此冲突且具有相同的"强度"。如果 A3′和 A4′都是法律规则,那么或许可以通过预设的第三方准则或个案权衡来决定它们中哪一个的强度更大。但在本例中,A3′和 A4′其实都是对例外规则 $e_{r2}$ 的解释性规则。它们都可能得到了理性的解释性论据(如历史解释、体系解释、目的解释等)的支持,但由于法学方法论迄今为止并没有提供能决定解释性论据之优先顺序的元方法,故而 A3′和 A4′何者优先并无终局性的决定方式。[1] 因此,{r4, f8} 对于 A3′(或者也可以反过来说:{$e_{r1}$, r3, f7} 对于 A4′),只是削弱型废止者。

---

[1] 阿什利曾通过一个例子来说明,在 COTO 系统中,事实因素层次是如何导致多样化的解释的(Kevin Ashley et al., Symposium: Legal Reasoning and Artificial Intelligence: How Computers Think Like Lawyers, *University of Chicago Law School Roundtable* 8 (2001), pp. 5-6)。

## 四、可废止法律推理的智能化限度

上一部分在阐明可废止法律推理之模式的同时，也凸显出这一推理的人工智能化的限度。在语义学的层面，废止者其实与可废止的规则（defeasible rules）一样都属于规范。如果说可废止的规则可以被用于可废止地证立某个结论的话，那么废止者则可被用于阻止结论的获得。可废止的规则与废止者可以在 L0 到 Ln 的层面上依次展开相互攻击，直至在 Ln 的层面上废止者（论据）Pn 不再在 Ln+1 的层面上被另一个废止者（论据）Pn+1 所废止为止。此时，Pn+1 就是一种"严格规则"，也即最终未被废止的论据，它是单调的，也无法被废止。[1] 此时，获得 Pn 支持的命题或主张就得到了"保证"，此时整个推理过程才会终止。但严格规则往往取决于法官的实质评价和选择，而这恰恰是人工智能法律推理所无法完成的。具体而言：

一方面，总是可能存在无法依据第三方准则来决定削弱型废止者中何者优先的情形。假如两个论据互为削弱型废止者（也即不存在可在系统中被标识的"规则""例外""例外的例外"这些关系），且不存在系统中自设的第三方准则（如"上位法优于下位法"）来决定它们之间的优先关系，那么人工智能裁判就会陷入困境。当两个削弱型废止者是对同一个法律规则的不同解释规则时，尤其如此，正如上文 A3′ 和 A4′ 所说明的那样。此时整个推理就会面临不确定性。但对于现实中的司法裁判而言，法官不可能止步于不确定性，裁判（决定）必须被作出。但法官又不能任意采纳这两个论据中的一个所支持的结论，因为

---

[1] 关于废止者、可废止的规则和严格规则，参见 Benjamin Johnston and Guido Governatori, Induction of Defeasible Logic Theories in the Legal Domain, *Proceedings of the 9th International Conference on Artificial Intelligence and Law*, New York: ACM Press, 2003, p. 3。

这将违反司法裁判作为论证活动的理性,尤其是论证应遵循的"可普遍化原则"[1]。因为基于相同前提的不同案件由此可能会以不同的方式被解决,而这全然依赖法官究竟是任意选择了这个论据,还是那个论据。因此,在对裁判进行证立时必须加上额外的前提,得出例如 r4 优先于 r3 的结论(或者相反的结论)。在此情形中,A4′就将废止 A3′,而 A2′也将免于反向论据的攻击,从而恢复其效力。但这些额外的前提属于实质评价,它们无法由任何形式方法来提供。

另一方面,也总是可能存在法律文本和先例中未曾"标注"之反驳型废止者和截断型废止者的情形。规则后果的例外与规则的例外对规则所支持之结论的废止,之所以可以在法律人工智能系统(自动推理者系统)中进行,是因为它们可以在算法中被明确"标注"为"例外",而根据例外的元语言层面蕴意,它们会被自动标识为"优先于"规则所支持的结论,从而废止后者。即便是具备深度学习能力的强人工智能,也只能通过大数据学习从先前判决(先例)中自动归纳出哪些事实要素的出现属于规则适用的例外,从而对这些事实要素进行"标注",并将其运用于新的案件。但是,在法律推理中,法律规则的"例外"永远无法被法律文本和先例所直接或间接"标注"的显性例外穷尽,而总是可能存在一些在新的案件情形中才首次出现的(对于先前裁判而言)隐性例外。这尤其是因为,在法律体系之中,除法律规则外,还存在着另一类法律规范,即法律原则。法律原则作为法律推理活动中的一种实质性论据,可能会在新的案件情形中为可适用的法律规则创制例外。[2] 而这种例外的可能性永远无法为事先确定的事实类型所穷尽。因为法律原则的文义是开放的,因而它们所能适用的情

---

[1] 关于这一原则,参见〔德〕罗伯特·阿列克西:《法律论证理论:作为法律证立理论的理性论辩理论》,舒国滢译,商务印书馆 2019 年版,第 257—259 页。
[2] 在传统方法论上,这被称为"基于一般法律原则的法律修正"。一个例证,参见雷磊:《论依据一般法律原则的法律修正——以台湾地区"司法院大法官会议"释字 362 号为例》,载《华东政法大学学报》2014 年第 6 期。

形也具有相当大的开放性。并且,在特定案件中,一旦法律原则的要求与法律规则的适用后果发生冲突,就必须对它们的分量进行权衡,以决定何者优先,而对"分量"的比较只能通过实质论证来进行。所以,法律原则永远是法律规则的潜在废止者。但是,人工智能却无法事先就计算出法律原则可能会为法律规则创制例外的所有情形,并在算法中加以"标注"。最终仍要由法官和其他法律人来评估特定事实情境之各个面向的法律相关性。

可见,人工智能法律推理难题的核心在于它无法进行有效的价值判断。[1] 因为法律人并非将法律规则视为静态的法律表述,而是将它们视为用来追求特定目的的手段。相反,人工智能无法理解不同论据的"意义",以及这些论据与特定结论间的"支持"或"反对"关系(理由关系)。机器学习算法能做的,只是通过一种自动化的方式和多种预设配置将一组观测值(输入值)与一组可能结果(输出值)关联起来。它在组成司法判决的不同词汇组之间构建分类链接:输入阶段的特定词汇组(表征案件事实)对应输出阶段的特定词汇组(表征裁判结论)。它的基本原理与讯飞这样的机器翻译系统近似,只能在一组词汇和已经完成的译文之间对最佳匹配作可能的估计值,而无法真正"理解"所处理的句子的意思。[2] 因此,人工智能只关切描述由带有例外的规则所导致的"常态"案件。[3] 我们对于人工智能法律推理的终极期待也仅限于常态的证立(justification)[4],而不在于计算出终极的保证(warrent)。[5] 当然,随着全样本数据库中类似案件之历史

---

[1] 参见〔美〕凯斯·孙斯坦:《人工智能与法律推理》,陆幸福译,载《人工智能法学研究》2018年第2期。
[2] 参见郭锐:《人工智能的伦理和治理》,法律出版社2020年版,第156—157页。
[3] See Karl Schlechta, KI, Philosophie, Logik, https://arxiv.org/abs/1901.00365v1.
[4] 对这里的"证立"只能在观测值与可能结果之间具备相关性的意义上来理解,而非在传统的理由与结论之支持关系的意义上来理解。也可以视之为表面证立。
[5] See John L. Pollock, A Theory of Defeasible Reasoning, *International Journal of Intelligent Systems* 6 (1991), p. 42.

数据的积累,人工智能可以不断扩大观测值的范围,完善其算法的运行,从而产生连续的论据/信念集合,越来越接近严格规则意义上的保证。但它永远无法完全达致这种"终点",因为"不可废止之规则"的信念最终是一种价值信念或判断,而价值判断永远无法完全被形式化处理。就此而言,法律推理(可废止推理)能被形式化的限度,也就是其智能化的限度。

## 五、本章结语

荷兰学者奥斯坎普(Oskamp)、特拉格特(Tragter)和格罗连迪克(Groendijk)曾依据任务的复杂程度和系统的可适用性,将关于人工智能与法律的研究分为四组:基本研究、实用研究、理论研究与精致研究。其中,理论研究指的是未(尚未)被应用于法律实践的深层基础性研究,其焦点在于法学和法律推理。[1] 本章关于人工智能法律推理基本模式的研究就属于这一组研究。作为理论研究,它为人工智能法律推理的研究提供了基本观念和框架,但也仅限于此。为了向精致研究迈进,今后应更多从实践的视角出发使理论研究的成果可视化,从而避免因自我封闭于象牙塔而产生对人工智能法律推理的错觉。为此,要从两个进路进行努力:一是区分不同的推理进路,如规则推理进路[2]、案例推理进路[3]、对话推理进路[4]等,分别进行人工智能语

---

[1] See Anja Oskamp, Maaike Tragter and Cees Groendijk, AI and Law: What about the Future?, *Artificial Intelligence and Law* 3 (1995), pp. 210-212.
[2] 例如,参见 Anne von der Lieth Gardner, An Artificial Intelligence Approach to Legal Reasoning, Cambridge: The MIT Press, 1987。
[3] 例如,参见 Henry Prakken and Giovanni Sartor, Modelling Reasoning with Precedents in a Formal Dialogue Game, *Artificial Intelligence and Law* 6 (1998), pp. 231-287; Kevin Ashley, An AI model of case-based legal argument from a jurisprudential viewpoint, *Artificial Intelligence and Law* 10 (2002), pp. 163-218。
[4] 例如,参见〔荷〕阿尔诺·洛德:《对话法律:法律证成和论证的对话模型》,魏斌译,中国政法大学出版社 2016 年版。

境下的建模和细化研究;二是在此基础上设计各种自动推理系统并进行比较评估[1],以分不同领域选择最佳系统。因此,未来需要法学学者、逻辑学者与计算机学者携手前行。

---

[1] 例如,参见 Roberta Calegari et al., Defeasible Systems in Legal Reasoning: A Comparative Assesment, in: M. Araszkiewicz and V. Rodriguenz-Doncel (eds.), *Legal Knowledge and Information Systems: JURIX 2019 The thirty-second Annual Conference*, Amsterdam: IOS Press, 2019, pp. 169-174。

# 附 录

Legal Methodology in the Prism of a New Era

# 第一篇　法学方法论研究在中国：观察与反思

一定时间积淀之后的自我观察和省思,对于任何一门学科的健康发展而言都是不可或缺的。它既是从历史维度对学科进行的回顾性和描述性总结,也在一定意义上蕴含着对学科未来发展趋势的预测和规范性指引。相较法学其他学科方向,法学方法论在中国依然属于较新的研究领域。与动辄可以追溯至二百多年前的萨维尼(Savigny)时代的德国法学方法论传统不同,法学方法论研究在中国大陆迄今只有不到三十年的时间。从严格意义上说,中国大陆最早的法学方法论作品公认是梁慧星教授于 1995 年出版的专著《民法解释学》。[1] 但直到 2000 年前后,法学方法论研究才开始在中国成为一门显学。发展至今,这一领域已汇集诸多作品,呈现众多进路,并经历了两波热潮,可以归纳总结出八个主要论题,并提炼出隐含未来趋势的三大特征。同时,自我的批评与反思对于学科自省而言也必不可少,笔者将在最后对目前中国的法学方法论研究存在的问题作四点反思。

## 一、两波热潮

在近三十年的时间里,法学方法论研究在中国大陆大体经历了两波热潮。第一波研究热潮大体发生于 21 世纪的第一个十年。正如在

---

[1] 参见梁慧星:《民法解释学》,中国政法大学出版社 1995 年版(新版参见法律出版社 2015 年版)。

作为方法论"母国"的德国,一般意义上的法学方法论从历史发生学的角度来看起源于民法学,中国大陆最早研究法学方法论的学者不出意外来自民法领域。梁慧星教授出版专著后,王利明教授于1999年从我国台湾地区介绍了"司法院"大法官杨仁寿所著《法学方法论》到大陆出版。[1] 后来对中国大陆学界产生重要影响的德国学者卡尔·拉伦茨(Karl Larenz)的《法学方法论》最早也是在我国台湾地区翻译出版,随后在2003年被商务印书馆引入。[2]

尽管如此,总体来看,对整个法学领域产生辐射性影响的方法论研究的领衔学者却是法理学者,而不是具体的部门法学者。第一波热潮的标志性学术活动是2006年在北京召开的全国首届法学方法论大会。舒国滢教授在这次大会上作了一个基调性发言,题目为《我们时代的法学为什么需要重视方法》。他提出了当时中国法学研究的三个转向,即法学之利益—兴趣的转向(由政策定向的法学和经立法定向的法学,转向司法定向的法学)、法学视角的转向(反观实在法)和法学方法的转向(方法的回归)。[3] 应当说,舒国滢教授的发言中对于当时中国法学研究中存在的问题的剖析是准确的,而对转向的预言,除了第一个转向因为中国大规模的法典化运动尚未结束,甚至方兴未艾而未能完全符合,其他两个转向基本得到了印证。回顾21世纪最初十年的讨论,法理学者大多处理的是非常一般性的主题,包括一些基础性的知识,比如法律解释的方法以及适用顺序,法律续造的方法(漏洞填补、法内续造和法外续造),也包括更为基础性的问题(如法学方法论的概念、意义、功能等)。这个阶段是中国法学方法论研究的"建基时代"。

---

[1] 参见杨仁寿:《法学方法论》,中国政法大学出版社1999年版(新版参见中国政法大学出版社2013年版)。
[2] 参见[德]卡尔·拉伦茨:《法学方法论》,陈爱娥译,五南图书出版公司1996年版;卡尔·拉伦茨:《法学方法论》,陈爱娥译,商务印书馆2003年版。
[3] 参见舒国滢:《并非有一种值得期待的宣言——我们时代的法学为什么需要重视方法》,载《现代法学》2006年第5期。

从 2010 年前后开始,法学方法论研究在中国法理学界已然趋冷。当年从事方法论研究的旗手们纷纷转向其他主题和领域。转向的原因非常复杂,既有国家和社会发展的阶段性需求的变化,也有学者们"急用先行"的现实考量。但内在的理论原因或许在于,法学方法论研究如果不与具体的法教义学和部门法学结合,在一般理论层面的推进基本也就到了"无(新)话可说"的境地。

近年来,中国学界正在兴起法学方法论研究的第二波热潮。与第一波热潮相比,第二波热潮中的研究者们更有意识地将方法论研究与具体实在法和司法实践结合起来。第二波热潮的形成至少有三个非常重要的促成因素:一是近年来案例研究的兴起。较二十年前,案例研究(大样本案例分析,也包括个案研究)已经成为今天法学研究的常态。尤其是第二个五年司法改革正式推出案例指导制度以来,包括指导性案例在内的典型案例和热点案件都刺激了中国的案例研究。而案例研究的强化势必带动与之结合紧密的方法论研究趋热。在课堂上,开设"案例研习课"的青年教师也开始有意识地将法律解释、续造的方法用于个案分析。即便是法理学者,尤其是青年一代的法理学者,很多也加入这场案例研究的"盛宴",特别是围绕指导性案例的运用和编辑方法产出了大量成果。[1]

二是鉴定式方法的兴起。鉴定式教学法一开始为有德国留学背景的民法学者,以及一批从德国留学归国的年轻民法学者所大力倡导[2],

---

[1] 例如孙光宁关于指导性案例(个人)之方法论研究的一系列论文,以及以此为基础结集出版的三本专著(参见孙光宁:《中国司法的经验与智慧:指导性案例中法律方法的运用实践》,中国法制出版社 2018 年版;孙光宁:《指导性案例如何参照:历史经验与现实应用》,知识产权出版社 2020 年版;孙光宁:《案例指导制度的实践经验与发展完善》,法律出版社 2023 年版)。另有王彬:《案例指导与法律方法》,人民出版社 2018 年版;杨知文:《指导性案例编撰的法理与方法研究》,商务印书馆 2022 年版。

[2] 例如,参见夏昊晗:《鉴定式案例研习——德国法学教育皇冠上的明珠》,载《人民法治》2018 年第 18 期。

之后波及刑法学[1]、行政法学[2]等学科。部门法学者们通过课堂、暑期班、训练营和案例分析大赛等形式扩大鉴定式方法的影响力。最典型的鉴定式方法是民法中的请求权基础思维。[3] 请求权基础思维训练的基本程式是,在给定小前提(案件事实)的框架下,通过请求权基础的搜索锁定大前提(法律规范),从而运用司法三段论得出适用结论。[4] 鉴定式的核心就是涵摄技术。当然,在涵摄之外也要辅以其他的解释和续造方法。这些都是法学方法论的核心内容。

三是法教义学研究的自觉。无论是案例研究的兴起还是鉴定式方法的推广,背后都有法教义学的影子。伴随着中国法学专业化程度的不断增强,法学的教义化程度也不断强化。不仅是民法学和刑法学等传统法教义学学科,甚至连一向以"政治系统与法律系统结合部"自居的宪法学也开始不断教义学化。这必然使法学方法论成为法律人的"看家本领"。这个阶段是中国法学方法论研究的"常态化时代"。

## 二、八个论题

从"建基时代"到"常态化时代",中国学者关于法学方法论的研究虽然涉及话题众多,但主要论题可以被归纳为八个。其中有的是学者们着力较多的研究主题,有的则表现为学者之间的学术争鸣。

---

[1] 例如,陈璇:《刑法鉴定式案例分析方法导论》,载《燕大法学教室》2021年第1期;陈璇:《刑法思维与案例讲习》,北京大学出版社2023年版。
[2] 例如,张冬阳:《鉴定技术在行政法案例研习中的应用及其困境》,载《燕大法学教室》2021年第2期。
[3] 例如,吴香香:《请求权基础思维及其对手》,载《南京大学学报(哲学·人文科学·社会科学)》2020年第2期;金晶:《请求权基础思维:案例研习的法教义学"引擎"》,载《政治与法律》2021年第3期。
[4] 吴香香:《请求权基础:方法、体系与实例》,北京大学出版社2021年版,第3页。

## （一）学科概念之辨：法学方法抑或法律方法？

在德国的学术传统中，并不着意区分"法学方法"（Methoden der Rechtswissenschaft）与"法律（的）方法"（Methoden des Rechts），有时会采用可同时涵盖"法学"与"法律"的 juristische Methodenlehre（法学/法律方法论）这样的称呼。对于"法学方法论"中所谓的"法学"，德国法学界有着相对一致的共识，即认为它指的就是"法教义学"（Rechtsdogmatik）。[1] 所以在德国法学界看来，拉伦茨的《法学方法论》和菲肯切尔（Fikentscher）的《法的方法》[2]其实指向的是同一种研究。

但是在中国，传统上的"法学方法"主要指法学研究的方法，也就是研究法律和法律应用的方法，比如分析方法、批判方法、综合方法、诠释方法、建构方法等。所以多数学者主张将"法学方法"和"法律方法"区分使用，用后者来指代德语中的 juristische Methodenlehre，也即"法律适用的方法"或"司法裁判的方法"，而这成为一种主流的看法。[3] 最近，又有学者再次强调对法学方法论的理解要回归法学研究的方法论这一"本初的含义"。[4] 但是也有少数学者主张对两者不作区分。之所以坚持用"法学方法"的称谓，而不以"法律方法"称之，是因为中国没有法教义学的传统。事实上，从整个法学来看，法教义学应称为"狭

---

[1] 参见卡尔·拉伦茨：《法学方法论》（全本·第六版），黄家镇译，商务印书馆 2020 年版，第 251 页。

[2] Vgl. Wolfgang Fikentscher, *Methoden des Rechts in Vergleichender Darstellung*, Tübingen: J. C. B. Mohr (Paul Siebeck), 1975.

[3] 参见郑永流：《法学方法抑或法律方法？》，载郑永流主编：《法哲学与法社会学论丛》（六），中国政法大学出版社 2003 年版，第 20—32 页；赵玉增：《法律方法与法学方法概念辨析》，载《学习与探索》2007 年第 2 期；张传新：《法律方法的普遍智力品格及其限度——从法律方法与法学方法称谓争论谈起》，载《求是学刊》2008 年第 5 期；戚渊：《法律方法与法学方法》，载《政法论坛》2009 年第 2 期。也有学者从"正名观"出发，认为应以"在目前学界被最多人使用"为原则采用"法律方法"的称呼，参见夏辰旭：《缘何是法律方法——基于中国正名观的认识》，载《东岳论丛》2010 年第 5 期。

[4] 参见胡玉鸿：《法学方法论的属性定位、发生契机与体系构造》，载《学术月刊》2023 年第 4 期。

义法学"(Rechtswissenschaft im engeren Sinne),而其他法学学科如法社会学、法经济学、法史学,甚至法哲学是一种交叉或边缘学科。[1]用"法律方法"的称谓虽然更加直观地反映出法学方法论的研究场合——法律适用,但有失理想色彩:对以法教义学为代表的法律科学的追求,使法学方法论更多成为一种技艺性作业。在这种学科的"正名"之争的背后,反映的是中德两国学术传统的差异,以及对法学方法论这门学科的定位的不同。

## (二)传统方法学说:法律解释与规范理论

中国学者在传统方法学说领域,尤其是法律解释学领域,投入了大量精力。早期研究者致力于撰写一般性的和体系化的论著,比如张志铭教授的《法律解释的操作分析》,谢晖教授、陈金钊教授的《法律解释学》均是这方面最早的系统研究,这几位学者也产出了较多的学术成果,可以说是中国法学方法论研究的启蒙作者和启蒙作品。后续的研究开始转向对特定的解释方法的研究,如文义解释、历史解释、体系解释、目的解释。[2] 研究者更着意于具体解释方法的内涵、运用及其界分问题[3],也有研究关注到了解释理论中的"元问题":解释方法的顺序。[4] 除法律解释外,漏洞填补和法律修正也是中国学者偏好的主题,并诞生了一些有分量的著述。[5] 在实务界,一些法官还出版

---

[1] 参见王夏昊:《缘何不是法律方法——原本法学的探源》,载《政法论坛》2007年第2期。
[2] 参见陈金钊:《文义解释:法律方法的优位选择》,载《文史哲》2005年第6期;王彬:《历史解释的反思与重构》,载《人文杂志》2007年第5期;梁迎修:《方法论视野中的法律体系与体系思维》,载《政法论坛》2008年第1期;陈金钊:《目的解释方法及其意义》,载《法律科学》2004年第5期。
[3] 参见焦宝乾:《历史解释与目的解释的区分难题及其破解》,载《法商研究》2021年第5期。
[4] 参见王夏昊、吴国邦:《论法律解释方法抽象位阶的作用及其逻辑结构》,载《烟台大学学报(哲学社会科学版)》2018年第5期。
[5] 参见雷磊:《论依据一般法律原则的法律修正——以台湾地区"司法院大法官会议"释字362号为例》,载《华东政法大学学报》2014年第6期;黄泽敏:《法律漏洞填补的司法论证》,载《法学研究》2020年第6期。

了大部头的著作。[1] 在研究方法上,则从最早的、单纯的理论阐释开始发展为实证研究,如基于对法院判决的归纳分析阐明特定方法的特点。[2] 尤其是在指导性案例制度建立后,对指导性案例运用方法的研究成为一时之选。[3]

由于一系列实务案例(如"张学英诉蒋伦芳案")的刺激,中国学界在一段时期内迅速掀起了研究法律原则理论的热潮,聚焦于对规则与原则的区分以及原则的适用方式等问题。相关讨论主要继受了美国学者德沃金和德国学者阿列克西等人的理论,并结合自己的理解作了一些阐发。[4] 与此相关,"比例原则"成为横跨宪法、行政法、民法等领域的关注焦点[5],也引发了对该原则的正当性、适用领域和地域的普遍性以及具体构成等问题的讨论。[6] 法律规范领域的另一个主题则聚焦法律规则的性质(作为行动理由的特性),近来亦有学者对法律规则的逻辑结构重新进行了思考。[7]

---

[1] 参见孔祥俊:《法律规范冲突的选择适用与漏洞填补》,人民法院出版社2004年版。
[2] 参见陈林林、王云清:《司法判决中的词典释义》,载《法学研究》2015年第3期;宋保振:《后果导向裁判的认定、运行及其限度——基于公报案例和司法调研数据的考察》,载《法学》2017年第1期。
[3] 最有代表性的是前面提及的孙光宁教授的"三部曲"。
[4] 代表性成果有葛洪义:《法律原则在法律推理中的地位和作用———一个比较的研究》,载《法学研究》2002年第6期;舒国滢:《法律原则适用中的难题何在》,载《苏州大学学报》2004年第6期;庞凌:《法律原则的识别和适用》,载《法学》2004年第10期;陈林林:《基于法律原则的裁判》,载《法学研究》2006年第3期;王夏昊:《法律规则与法律原则的抵触之解决:以阿列克西的理论为线索》,中国政法大学出版社2009年版。
[5] 参见黄学贤:《行政法中的比例原则研究》,载《法律科学》2001年第1期;郑晓剑:《比例原则在民法上的适用及展开》,载《中国法学》2016年第2期;张明楷:《法益保护与比例原则》,载《中国社会科学》2017年第7期;范进学:《论宪法比例原则》,载《比较法研究》2018年第5期。全面论述的专著,参见刘权:《比例原则》,清华大学出版社2022年版。
[6] 参见纪海龙:《比例原则在私法中的普适性及其证侟》,载《政法论坛》2016年第3期;陈景辉:《比例原则的普遍化与基本权利的性质》,载《中国法学》2017年第5期;梅扬:《比例原则的适用范围与限度》,载《法学研究》2020年第2期。
[7] 参见舒国滢:《法律规范的逻辑结构:概念辨析与逻辑刻画》,载《浙江社会科学》2022年第2期;陈锐:《论法律规范的逻辑结构及相关的元理论问题》,载《浙江社会科学》2022年第2期;宋旭光:《论法律原则与法律规则的区分:从逻辑结构出发》,载《浙江社会科学》2022年第2期。

## (三)法律论证理论:程序、修辞与逻辑

2003年翻译出版的德国学者阿列克西的《法律论证理论》[1]与2005年翻译出版的荷兰学者菲特丽丝的《法律论证原理》[2]开启了中国方法论研究的"论证转向"。焦宝乾教授的《法律论证导论》是这一领域内中国学者自己最早展开的体系化研究。[3] 论证理论研究主题丰富、进路颇多,其中比较成规模的有三脉:一是程序性进路(商谈理论),主要以哈贝马斯和阿列克西的理论为基点,强调法律论证的形式与规则的重要性。有论者将这一理论引入对具体论证模式(如类比论证)的研究[4],亦有学者将其用于部门法领域。[5] 二是论题—修辞学进路,主要以亚里士多德—西塞罗—维科—菲韦格的脉络为传统,探寻法学与论题学、修辞学、决疑术之间的关联。以《寻访法学的问题立场——兼谈"论题学法学"的思考方式》一文为开端,舒国滢教授在这一知识论传统中浸淫十余年,并取得了丰硕成果。[6] 近年来,这种研究进路亦引起了其他方法论研究者的广泛关注,并促成了全国法律修辞学学术会议的召开(截至2023年4月已举办十四届)。三是逻辑学进路。在这一方向上,法学学者与逻辑学学者形成了联合。近年来,一些对法律问题感兴趣的逻辑学学者和经过系统逻辑训练的法学

---

[1] 参见罗伯特·阿列克西:《法律论证理论——作为法律证立理论的理性论辩理论》,舒国滢译,中国法制出版社2002年版(新版参见商务印书馆2019年版)。
[2] 参见[荷]菲特丽丝:《法律论证原理——司法裁决之证立理论概览》,张其山等译,商务印书馆2005年版。
[3] 参见焦宝乾:《法律论证导论》,山东人民出版社2006年版。
[4] 参见雷磊:《类比法律论证——以德国学说为出发点》,中国政法大学出版社2011年版。
[5] 参见雷小政:《刑事诉讼法学方法论·导论》,北京大学出版社2009年版。
[6] 择要而言,包括舒国滢:《寻访法学的问题立场——兼谈"论题学法学"的思考方式》,载《法学研究》2005年第3期;舒国滢:《走近论题学法学》,载《现代法学》2011年第4期;舒国滢:《"争点论"探赜》,载《政法论坛》2012年第2期;舒国滢:《追问古代修辞学与法学论证技术之关系》,载《法学》2012年第9期;舒国滢:《论题学:修辞学抑或辩证法?》,载《政法论丛》2013年第2期;等等。

学者,从不同的研究起点出发并"合众为一",就法律论证、规范逻辑、司法证明等主题展开了长期对话。中国逻辑学会法律逻辑专业委员会已成为这一对话的重要平台,而2015年开始出版的"西方法律逻辑经典译丛"(熊明辉、丁利主编)也极大地促进了这一脉络的发展。最初的研究侧重一般逻辑在法律领域的应用,现在则慢慢开始转向法律逻辑自身的特殊问题。[1] 而以人工智能和大数据相结合为代表的新科技时代的到来,也为运用更新的逻辑手段(可废止逻辑)来研究法律推理问题提供了契机。[2]

### (四)方法论学说史:从概念法学到评价法学

中国学者的方法论学说史的研究并不多见,这恐怕与法学方法论研究为时尚短和学者们的实践导向的认知兴趣有关。在为数不多的专论中,"通史"方面的代表作当属舒国滢教授于2020年出版的1800页左右的皇皇巨著——《法学的知识谱系》。该书上溯古希腊罗马的修辞学、辩证术、争点论、决疑术,中接欧洲大陆中世纪与近代法学流变中的方法论因素,下探近代自然科学推进的方法论范式变革和20世纪法学知识与方法的转型,为中国法学界全方位呈现了欧洲大陆法学知识和方法的谱系流变。[3] 但它的理论旨趣并不限于展示方法论的历史,还可以被看作通过探寻法学知识成长的方式与过程,借助西方与中国、谱系与性质、法教义与法理三把"钥匙",来求得法学(法教义学)之科学性问题答案的典范。[4] 在"片段史"方面,首屈

---

[1] 参见雷磊:《规范、逻辑与法律论证》,中国政法大学出版社2016年版;舒国滢:《法律上"可为"指令之语义与逻辑分析》,载《清华法学》2022年第5期;王夏昊:《法律义务的基本语义类型与特性》,载《南京师大学报(社会科学版)》2023年第2期。
[2] 代表性成果参见雷磊:《人工智能时代法律推理的基本模式——基于可废止逻辑的刻画》,载《比较法研究》2022年第1期;魏斌:《法律论证人工智能研究的非形式逻辑转向》,载《法商研究》2022年第5期。
[3] 参见舒国滢:《法学的知识谱系》,商务印书馆2020年版。
[4] 参见雷磊:《求解法学的知识密码——解读〈法学的知识谱系〉的一个"锁眼"与三把"钥匙"》,载《中国政法大学学报》2021年第6期。

一指的则是我国台湾地区的学者吴从周的专著《概念法学、利益法学与价值法学》。[1] 它以耶林和黑克两位学者为中心,描述和剖析了从概念法学到评价法学的方法论转变的理论逻辑,是迄今为止对这段历史研究最深入的中文专著。另一部论述近代德国方法论学说史的专著是顾祝轩的《制造拉伦茨神话:德国法学方法论史》。[2] 该书上部简要梳理了从概念法学到评价法学的发展历程,下部则着重对拉伦茨的方法论思想的形成进行了个案分析。

中国学者研习法学方法论学说史的重要途径在于翻译。目前的译著集中于历史法学、目的法学与自由法运动三个领域,聚焦萨维尼、耶林、康特洛维茨等人物。[3] 这固然与译者的个人兴趣相关,同时也是因为德国在19世纪末期至20世纪初期这一方法转折时期的学派和作品与中国语境具有较高的契合性。

### (五)法律科学之争:法教义学 vs. 社科法学

在中国,法教义学研究之"实"出现得要比其"名"更早。为了回应历史学界提出的"法学幼稚病"之讥,刑法学者陈兴良在20世纪90

---

[1] 吴从周:《概念法学、利益法学与价值法学:探索一部民法方法论的演变史》,中国法制出版社2011年版。
[2] 顾祝轩:《制造"拉伦茨神话":德国法学方法论史》,法律出版社2011年版。
[3] 萨维尼的译著,参见〔德〕弗里德里希·卡尔·冯·萨维尼:《论立法与法学的当代使命》,许章润译,中国法制出版社2001年版;〔德〕艾里克·沃尔夫编:《历史法学派的基本思想(1814—1840年)》,郑永流译,法律出版社2009年版;〔德〕卡尔·冯·萨维尼、〔德〕雅各布·格林:《萨维尼法学方法论讲义与格林笔记》,杨代雄译,胡晓静校,法律出版社2014年版。耶林著作的中译版,参见〔德〕鲁道夫·冯·耶林:《为权利而斗争》,郑永流译,法律出版社2007年版;〔德〕鲁道夫·冯·耶林:《法学的概念天国》,柯伟才、于庆生译,中国法制出版社2009年版;〔德〕鲁道夫·冯·耶林编、〔德〕奥科·贝伦茨注:《法学是一门科学吗?》,李君韬译,法律出版社2010年版;〔德〕鲁道夫·冯·耶林:《法权感的产生》,王洪亮译,商务印书馆2016年版;〔德〕鲁道夫·冯·耶林:《生活中的法学:法律问题与法律思维》,于庆生、柯伟才译,中国法制出版社2019年版。自由法运动的作品,参见〔德〕赫尔曼·康特洛维茨:《为法律科学而斗争:法理论论文选》,雷磊、姚远译,商务印书馆2022年版;〔法〕弗朗索瓦·惹尼等:《法律方法的科学》,雷磊等译,商务印书馆2022年版。

年代提出"深挖专业槽"的口号[1],并在之后的研究成果中首次使用了"教义学"的称谓。[2] 法教义学倡导返归现行实在法,在既有法条及其司法适用的基础上构造出更为精致化和体系化的法学知识。但大体在同一时期,从美国学成归国的苏力教授就迅速在国内刮起了一股法社会学研究的风潮,并提出了对"诠释法学"(法教义学)和"社会学派"(社科法学)的区分。[3] 随后有越来越多的青年学者开始从事法社会学、法经济学、法人类学,乃至法律与认知科学的研究,形成了实证研究的跨界格局和"无形学院"。[4] 而作为主要对立面的法教义学在此过程中被打上了"法条主义""形式主义""概念法学"的烙印。[5] 所以,法教义学研究的自觉在很大程度上是由它的批评者催生出来的。

法教义学与社科法学作为对立学派的标志性事件,是 2014 年 5 月于中南财经政法大学法学院召开的"法教义学与社科法学的对话"学术研讨会。彼时,来自全国高校和科研机构的五十余位部门法学者和法理学者展开了激烈交锋。会后,一些期刊组织了专题论文,将讨论引向深化,但也使阵营分化的趋势加强。[6] 总的来说,社科法学主张法学向其他社会科学乃至自然科学开放,倡导"法与社会科学"的研究格局,而法教义学主张法学的自治性与独特性,倡导法学在认知开放的同时保持运作封闭。两者体现了不同的法律科学观。时隔九年,在 2023 年 6 月,第二届"法教义学与社科法学的对话"学术研讨会在中国海洋大学法学院召开。与第一次会议相比,这次会议上双方都释放出足够的善意与融合的愿望。尽管在法教义的必要性、比例原则

---

[1] 参见陈兴良:《刑法哲学》(修订版),中国政法大学出版社 1997 年版,第 704 页。
[2] 参见陈兴良:《刑法教义学方法论》,载《法学研究》2005 年第 2 期。
[3] 参见苏力:《也许正在发生——中国当代法学发展的一个概览》,载《比较法研究》2001 年第 3 期。
[4] 参见侯猛:《社科法学的跨界格局与实证前景》,载《法学》2013 年第 4 期。
[5] 相关分析,参见雷磊:《法教义学的基本立场》,载《中外法学》2015 年第 1 期。
[6] 参见雷磊:《法教义学:关于十组问题的思考》,载《社会科学研究》2021 年第 2 期。

等具体议题上仍存在激烈交锋,但总体而言,将社科知识融入法学方法论与法教义学作业已成为基本共识。[1] 一种融合式的法律科学观正初露端倪。

### (六)法律(人)思维之争:规则导向 vs. 后果考量

从20世纪90年代开始,法律职业化成为学界的主流声音,而与法律职业化相应的是对"法律(人)思维"的倡导。学者们纷纷撰文讨论法律(人)思维的特点和准则何在。[2] 但在2013年,苏力教授对这一观点提出挑战,并认为"像法律人那样思考"并不意味着法律人有什么独一无二的思维,其本意仅在于鼓励法学院新生尽快熟悉实践中的制度环境与法律技术。存在独特的"法律(人)思维"只是中国法律人一厢情愿的愿景或者是职业利益使然。[3] 随后,孙笑侠教授作出回应,承认法律人不能拘泥于法律规则和概念逻辑,面对呆板的法律和鲜活的生活,不能刻板地不作结果主义考量。但同时,也要求在进行社会后果考量时,不能夸大"超越法律"的功能和意义,更不应否定法教义学上法律人特有的思维方法。[4] 在这场发生在十余年前的论战的背后,其实是"规则导向"(法律人所独有)与"后果考量"(法律人与民众所共享)两种思维之间的对立。[5]

这种对立其实是法教义学与社科法学之争的一条侧线。社科法学高举"后果为锚"的旗帜,试图证明在任何教义的背后都存在更为

---

[1] 例如,参见雷磊:《法教义学之内的社会科学:意义与限度》,载《法律科学》2023年第4期。
[2] 参见郑成良:《论法治理念与法律思维》,载《吉林大学社会科学学报》2000年第4期;陈金钊:《法律思维及其对法治的意义》,载《法商研究》2003年第6期;刘治斌:《法律思维:一种职业主义的视角》,载《法律科学》2007年第5期。
[3] 参见苏力:《法律人思维?》,载《北大法律评论》第14卷第2辑,北京大学出版社2013年版,第429页。
[4] 参见孙笑侠:《法律人思维的二元论:兼与苏力商榷》,载《中外法学》2013年第6期。
[5] 参见钱一栋:《规则至上与后果主义的价值理由及其局限——从法教义学与社科法学之争看当代中国司法哲学》,载《甘肃政法学院学报》2018年第4期。

"现实的"底层逻辑(经济学的、社会学的或人类学的),因此主张打破"概念黑箱",直接进行现实分析。[1] 而法教义学则主张"规则导向"(依法裁判)的重要意义,否认后果主义的"元方法"地位,力图在既有方法论的框架内来定位后果考量方法(目的论证)。[2]

### (七)法源概念之争:表现形式 vs. 裁判依据

迄今为止,"法的渊源"是法理论中最复杂的概念之一。中国传统主流学说简单地将法源界定为"法的表现形式"[3],却无法证明法源概念的必要性:为什么在"法"的概念之外,还要有"法源"的概念?方法论研究兴起后,越来越多的学者开始从法的适用的视角出发,将法的渊源视为"法官发现法律的场所"。[4] 这一学说的拥护者一般持"多元法源观",反对立法中心主义和制定法实证主义,认为在进行司法裁判时,可资凭借的除了以制定法的形式存在的"法",还有许多以其他形式存在的规范。进言之,法源的要义是在司法语境中,把制定法外的其他社会规范(习惯、条约、判例、政策、道德、纪律规范等)拟制为法。[5] 这种做法虽然解决了"法"与"法源"的区分问题,却没能解决另一个问题:在司法裁判中如何区分法源与非法源的规范材料?为此,有学者引入北欧学者佩策尼克和阿尔尼奥关于"必需的渊源""应当的渊源""可以的渊源"的分类,并以此来对中国的各类法源进行分类。[6] 也有学者在将法源限定为"法律适用过程中裁判依据的来源"的基础上,区分了法的效力渊源与认知渊源,由此将法源和与司法裁

---

[1] 参见桑本谦:《法律教义是怎样产生的——基于后果主义视角的分析》,载《法学家》2019年第4期;桑本谦:《"法律人思维"是怎样形成的——一个生态竞争的视角》,载《法律和社会科学》2014年第1期。
[2] 参见雷磊:《反思司法裁判中的后果考量》,载《法学家》2019年第4期。
[3] 参见王勇飞编:《法学基础理论参考资料》(下),北京大学出版社1985年版,第1135页。
[4] 参见陈金钊主编:《法律方法教程》,华中科技大学出版社2013年版,第56页。
[5] 参见陈金钊:《法源的拟制性及其功能——以法之名的统合及整饬》,载《清华法学》2021年第1期。
[6] 参见王夏昊:《法适用视角下的法的渊源》,载《法律适用》2011年第10期。

判相关但又不属于法源的规范材料区分开来。[1] 由于当下中国法律实践中存在规范多元的状况(除正式立法外,还存在党内法规、规范性司法解释、"红头文件"、指导性案例等),以及合宪性审查工作的逐次展开,有关法源的讨论日渐显露出其实践意义。

### (八)同案同判的性质之争:道德要求 vs. 法律义务

在近年来的司法实践中,案例尤其是指导性案例越来越受重视,学界关于"同案同判"的讨论也一度成为热点。对方法论的讨论除聚焦"同案同判"的意义与可能[2]、"同案"的判断标准[3]、案例适用的方法(类推)等传统议题外,还涉及"同案同判在司法裁判中扮演何种角色"这一问题。有学者认为,同案同判仅是司法裁判中可被凌驾的道德要求,并非具有终局意义的法律义务。只要能够证明同案同判被其他的法律义务和道德要求压倒,那么就可以给予特殊对待。[4] 也有学者认为,同案同判是司法裁判中不可放弃的司法义务(法律义务),对于司法裁判具有构成性。它有助于依法裁判的实现,甚至在逻辑上优于依法裁判的义务。[5] 更有学者认为,同案同判作为道德义务与它之于司法裁判的构成性并不矛盾,它一方面是依法裁判的衍生性义务,其含义本身就蕴含于依法裁判中,也始终存在着被其他更重要的理由凌驾的可能;另一方面具有"溢出"依法裁判之外的表征性价

---

[1] 参见雷磊:《重构"法的渊源"范畴》,载《中国社会科学》2021年第6期。
[2] 反方观点例如,参见周少华:《同案同判:一个虚构的法治神话》,载《法学》2015年第11期。正方观点例如,参见张骐:《论类似案件应当类似审判》,载《环球法律评论》2014年第3期;孙海波:《"同案同判":并非虚构的法治神话》,载《法学家》2019年第5期。
[3] 例如,参见张骐:《论类似案件的判断》,载《中外法学》2014年第2期;孙海波:《重新发现"同案":构建案件相似性的判断标准》,载《中国法学》2020年第6期。
[4] 参见陈景辉:《同案同判:法律义务还是道德要求》,载《中国法学》2013年第3期。
[5] 参见孙海波:《类似案件应类似审判吗?》,载《法制与社会发展》2019年第3期;孙海波:《"同案同判"与司法的本质——为依法裁判立场再辩护》,载《中国法律评论》2020年第2期。

值,也即形式正义的可视化和可预期性的显现化。[1] 这一争议其实反映了学者们对于"司法裁判之性质和目标"的不同理解。

## 三、三大特征

纵观法学方法论研究在中国的发展,可以提炼出三大特征,这三大特征在某种意义上也意味着中国法学方法论未来的发展趋势。

### (一)主体:从法理学者到部门法学者

中国法学方法论研究的第一波热潮的主角是法理学者,而第二波热潮的主体已悄然变成部门法学者。这并不是说现在的法理学者已不关注这一领域,而是法理学的研究旨趣和研究方式——一般层面上的理论探讨——已然达到了一个节点。在这个节点之后,更加亲近部门法(条文)、亲近个案、亲近司法实践,必将成为法学方法论未来发展的方向。因为方法论不是橡皮图章和屠龙之术,它的生命在于运用,即"致力于在细节上逐步落实'更多的正义'"[2]。此方面走在前列的依然是民法学者。民法学从所谓"立法论"到"解释论"的转向,代表着民法教义学的自觉,尤其也预示着后民法典时代方法论研究的兴盛。[3]

这里也体现出中国和德国的不同:一方面,在中国,法理学与部门法学的隔阂是长久以来被诟病的问题,而在德国则大体不存在这一问题。中国法学学科中有单独的法理学二级学科,高校的法理学专业教师通常不研究部门法学的问题,也不讲授部门法学的课程。长久以来,中国法理学者习惯宏大叙事和价值宣示,与部门法学所关注的问

---

[1] 参见雷磊:《同案同判:司法裁判中的衍生性义务与表征性价值》,载《法律科学》2021年第4期。
[2] [德]卡尔·拉伦茨:《法学方法论》(全本·第六版),黄家镇译,商务印书馆2020年版,第253页。
[3] 参见姚辉:《当理想照进现实:从立法论迈向解释论》,载《清华法学》2020年第3期。

题相去甚远,对部门法学的知识输出不足。而在德国,即便是法哲学,也通常会与一到两门部门法学相联结。法哲学家首先必然是至少一门部门法学的资深研究者。这也体现出中德两国方法论著作的内容上的差异:在德国,无论是拉伦茨的经典之作《法学方法论》,还是最近翻译出版的默勒斯(Möllers)的《法学方法论》[1],虽然定位并不相同,但都会列举大量的案例,每种方法都会有例证和案例分析。相反,中国的法理学者所写的方法论著作可以说是纯粹的理论论述,而没有任何案例。所以,未来法理学与部门法学更为紧密的结合应当成为一个趋势。

另一方面,在中国,法教义学和方法论研究经常被认为与实务联系不够紧密,而在德国则恰好相反。在中国,法教义学和方法论研究的最大的局限性通常被认为是只关心法律条文的表述和承诺,而不关心法律实践。[2] 但在德国,学者们认为既有的法教义学研究与实务界的距离不是太远,而是太近,法学教学和科研中以高级法院(尤其是最高级别的法院和德国联邦宪法法院)所形成的判例为圭臬,自觉或不自觉地将这些判例视为权威,造成了"法院实证主义"的后果,影响了学术界之司法实践批判功能的发挥。[3] 所以,德国学术界思考的是,是否需要与实务界保持更大距离,而在中国,实务与学术的长期隔阂使二者彼此靠拢成为一种必要。[4]

(二)姿态:从"引介者"到"参与者"

毋庸讳言,在法学方法论领域,中国依然处于继受国的地位。一个

---

[1] [德]托马斯·M.J.默勒斯:《法学方法论(第4版)》,杜志浩译,北京大学出版社2022年版。
[2] 参见陈瑞华、陈柏峰、侯猛、陈虎:《对话陈瑞华:法学研究的第三条道路》,载陈柏峰、尤陈俊、侯猛编:《法学的11种可能:中国法学名家对话录》,中国民主法制出版社2020年版,第182页。
[3] 参见雷磊:《法教义学:关于十组问题的思考》,载《社会科学研究》2021年第2期。
[4] 参见卜元石:《法教义学的显性化与作为方法的法教义学》,载《南大法学》2020年第1期。

突出的表现,就是译著和译作的传播在中国法学方法论研究的进程中扮演着重要角色。笔者曾在数年前撰文梳理了截至2015年1月底欧洲大陆方法论论著在我国大陆的传播情况,其中德国学者的方法论作品被译介的数量最多。[1] 中国的方法论学者创办了一系列的专业刊物,如《法律方法》(谢晖、陈金钊主编)、《法律方法与法律思维》(葛洪义主编)、《法学方法论论丛》(舒国滢主编,从第4卷开始更名为《法理》),这些刊物成为刊发译文的主要平台。另外,一些规模比较大的译丛(如"西方法哲学文库""德国法学名著译丛")也纳入了不少方法论的译著。

第一波研究热潮中的代表性译著无疑是拉伦茨的《法学方法论》。该书被引进的时间早,书中的许多观点一度被中国学者奉为圭臬,而且该书的基本结构安排深刻地影响了中国学者对相关方法论专著的篇章安排以及法学院的课程安排。[2] 而在第二波研究热潮中,前文提及的默勒斯的《法学方法论》很可能会成为这个时代中对中国学者产生重要影响力的作品。如果说拉伦茨的书像一本学术著作或者专著型教科书,那默勒斯的书更像一本实用全书。它既是方法论的"百科全书",又是"实战指南",还是"操作手册"。从构成看,它不仅包含大量以知识性为主的内容,各部分都穿插了"进阶练习"部分,而且总结了150多个论证模型,提供了100多个案例。就像作者在"中文版前言"里指出的,本书能为法科生、科研及实务者的日常工作带来直接的增益。[3] 从内容看,它既回应了方法论的欧洲之问(欧盟法和国际法对于德国法学方法论的影响),也回应了方法论的时代之问(处理了法的经济分析等传统方法论没有涉及的主题),与中国当下强调方法

---

[1] 参见雷磊:《域外法学方法论论著我国大陆传播考略——以欧陆译作与我国台湾地区作品为主线》,载《东方法学》2015年第4期。

[2] 参见雷磊:《域外法学方法论论著我国大陆传播考略——以欧陆译作与我国台湾地区作品为主线》,载《东方法学》2015年第4期。

[3] 参见[德]托马斯·M.J.默勒斯:《法学方法论(第4版)》,杜志浩译,北京大学出版社2022年版,"中文版前言"第2页。

运用的第二波热潮的契合度较高。

尽管德国方法论译著的影响是持续性的,但一个新的趋势已经出现:中国的研究者已经不满足于当德国方法论的"引介者",不满足于仅仅将德国方法论与中国案例进行简单结合,或者说开辟德国方法论的"中国战场",而是开始有意识地基于中国实践和经验提炼和建构方法论理论。例如,基于中国司法实践中对"社会效果"的强调,而赋予后果考量更为突出的地位。[1] 再如,在前面提到的基于多元规范的实践状况,在法理论上对法源提出新的分类。这种趋势尽管还不太突出,但也表征着未来中国的方法论研究者将更多以"参与者"的姿态介入对一般理论的探讨,为方法论的原创性研究作出更多贡献。

### (三)进路:分析性进路日益受到重视

德国法学方法论的发展有其内在次序,即从传统进路发展到诠释学进路和分析性进路,再到对解构主义进路的反思。处于继受国地位的中国,面临的一大困境是:在短短几十年涌入西方经历数百年发展出的各种学说(传统的与现代的、古典的与后现代的),这使中国学者在面对西方文献时要么陷入茫然失措,要么只是浮光掠影。早期的中国方法论研究者并没有研究进路和方法的自觉,往往秉持一种"六经注我"的"拿来主义"心态。经过近三十年的发展,中青年一代的学者开始逐渐了解各种进路的差别,他们倡导"走出方法论的杂糅主义"[2],更加有意识地从自身服膺的某种进路出发来研究方法问题。

较早的进路自觉来自诠释学进路的代表阿图尔·考夫曼(Arthur

---

[1] 参见宋亚辉:《追求裁判的社会效果:1983—2012》,载《法学研究》2017年第5期;杨知文:《司法裁决的后果主义论证》,载《法律科学》2009年第3期;陈辉:《后果主义在司法裁判中的价值和定位》,载《法学家》2018年第4期;王彬:《司法裁决中的后果论思维》,载《法律科学》2019年第6期。

[2] 此语出自张翔:《走出"方法论的杂糅主义"——读耶利内克〈主观公法权利体系〉》,载《中国法律评论》2014年第1期。

Kaufmann)的影响(如《类推与"事物本质":兼论类型理论》[1])。受到法律诠释学的激发,当时有法理学者、民法学者和刑法学者强调规范与事实的不对称,主张法律适用的等置模式和类型思维。[2] 但这种进路与其说是方法论的,还不如说是认识论的。因而对于更需要建构清晰方法模型和操作规则的中国司法实践而言,它并不太适合。当下中国的方法论研究者越来越偏重一种分析的风格。他们认为每种法律适用理论都至少潜在地以某种特定的意义概念为前提,因而更多使用逻辑的方法,运用语言哲学和分析哲学的成果。他们试图厘清各种裁判方法的概念内涵、论证结构和运用规则,对法律推理与解释的精确化作出贡献[3],相信这一进路在未来能产生更多成果。

## 四、四点反思

通过以上回顾和总结,可以看到,在不到三十年的时间里,中国的方法论研究已然呈现出一派欣欣向荣的局面。[4] 除教科书、著作(包括译著)、论文不断出版或发表外[5],相关研究主题在每年的国家社会科学基金项目、教育部相关项目和其他各类项目中均占有一定份额。不少高校在法学理论专业下设立了法学方法论(法律方法)研究

---

[1] 〔德〕亚图·考夫曼:《类推与"事物本质":兼论类型理论》,吴从周译,学林文化事业有限公司1999年版。
[2] 参见郑永流:《法律判断形成的模式》,载《法学研究》2004年第1期;顾祝轩:《合同本体解释论:认识科学视野下的私法类型思维》,法律出版社2008年版;杜宇:《类型思维与刑法方法》,北京大学出版社2021年版。
[3] 参见雷磊:《法律推理基本形式的结构分析》,载《法学研究》2009年第4期;黄泽敏:《法律漏洞填补的司法论证》,载《法学研究》2020年第6期;陈坤:《基于可驳斥性逻辑的法律推理研究》,中国社会科学出版社2021年版。
[4] 孙光宁教授常年对中国的方法论研究进行年度性研究梳理。一项成果已结集出版,参见孙光宁:《中国法律方法论研究报告(2011—2016)》,知识产权出版社2017年版。
[5] 代表性教科书参见郑永流:《法律方法阶梯》(第三版),北京大学出版社2015年版;杨贝:《法律方法案例教程》,高等教育出版社2015年版。

方向,华东政法大学甚至成立了专门的法律方法研究院,并将法律方法作为法学自设二级学科。这些高校培养的硕士研究生和博士研究生也产出了不少相应主题的学位论文。全国法学方法论论坛、法律逻辑学学术会议和法律修辞学会议均以年度会议的方式稳定展开,成为交流方法论研究成果的固定平台。尽管如此,目前的研究仍然存在一些问题。

首先,方法论研究的精致化和深耕化程度仍有不足。虽然以方法论为主题的著作和论文已然为数不少,但低水平重复的现象仍屡见不鲜。这主要体现在以下几个方面:一是同一主题反复论述,内容大同小异。近年来,笔者作为研究生学位外审人,经常收到一些研究主题、结构和内容都差别不大的方法论学位论文,如"裁判的可接受""类案适用的方法""指导性案例中的解释方法"都是常见的选题。有的研究围绕同一主题的不同方面持续发力。这本应当是值得提倡的研究方式,但若去观其细节,会发现往往多篇看似标题不同的论文在内容上基本是"换汤不换药"。二是一般性主题研究(如解释方法研究、法律漏洞的填补)依然属于主流形态。虽然中青年一代学者关于具体方法研究的论文开始出现[1],但此方面的专著依然欠缺。专著建立在对具体方法进行透彻研究的基础上,这需要体系化的视角和细节铺陈的能力。[2] 由于积淀时日尚短,中国学者目前显然还缺乏这种能力。[3] 三是没有注意到不同部门法方法论的差别。法学方法论虽然旨在为一切部门法提供方

---

[1] 参见陈林林、王云清:《司法判决中的词典释义》,载《法学研究》2015年第3期;王云清:《立法背景资料在法律解释中的功能与地位——英美的司法实践及其对中国的镜鉴》,载《法学家》2019年第1期;王云清:《制定法中的目的解释——以英美国家为中心》,载《法制与社会发展》2020年第1期。

[2] 一个具有典范性的研究可参见围绕"目的性限缩"来展开的一本德语专著:Hans-Friedrich Brandenburg, *Die Teleologische Reduktion*, Göttingen: Verlag Otto Schwarz & Co., 1983。

[3] 另一个重要原因在于,法理学者不作部门法学(教义学)研究,这也确实使这种精深型体系化研究举步维艰。因为他们无法运用丰富的案例、相关的法条和教义学说来支撑和充实相关的方法理论。

法指引,但其起源于民法领域,因而难免带有"民法烙印"。民法方法自有其普遍性的面向,但亦不可抹杀其他领域的独特性。[1] 再往细节深入,可以发现,不同部门法不仅在方法上有差异,而且在方法的具体运用上也可能有差别。例如,在探明一个法律概念的文义时,首先应当考察立法者先前确立的法学语言习惯,然后考察法学专业的语言习惯,最后才是考察日常的语言习惯。但在刑法领域,日常的语言习惯有着决定性的意义。[2] 四是深度结合案例进行分析的研究还比较少。在既有的和从案例出发的方法论研究作品中,很多法理学者不熟悉部门法,从而无法将方法理论与法律条文及其教义学知识结合起来,造成案例与方法"两张皮"。很多部门法学者则又陷入法条与案例的细节,没有很好地进行方法理论的审视。两者都没能将方法论融入案例分析。五是思辨性的理论谈得多,操作性的模式和规则说得少。[3] 方法论是用来"用"的,不是用来"看"的。对于中国当下的司法实践而言,最重要的是给法官提供一套"问题解决步骤"和"论证规则",但学界对此方面的供给远远不足。[4]

其次,方法论研究的整体发展脉络有待澄清。今日的中国学界处于一种特殊的境遇中,社会的剧烈变迁与转型造成一种"时空叠合"的复杂学术市场的格局:一方面,由现实问题意识所引发的自主理论思

---

[1] 比如,民法方法论十分关注的法源问题在刑法方法论那里就不是问题,因为刑法只有一个法源,即刑事制定法,没有习惯法、合同等适用的余地。刑法方法论由于"罪刑法定"的要求,不能将填补漏洞的方法包含进来。行政法方法论则面临着对法律规范之双重解释的问题:一方面是行政机关对行政法的解释,另一方面是法院对这种解释的再解释(审查)。而这种情形在民法方法论、刑法方法论中基本不存在。参见雷磊:《法哲学在何种意义上有助于部门法学》,载《中外法学》2018年第5期。

[2] 参见〔德〕托马斯·M. J. 默勒斯:《法学方法论(第4版)》,杜志浩译,北京大学出版社2022年版,第197页。

[3] 作为对比的是,默勒斯的《法学方法论》一书总结了150多个论证模型。

[4] 陈金钊教授有一次向笔者表示,今后应加强对法律解释"规则"的研究。遗憾的是,未见学界有明确的呼应和相关成果的产生,反是实务界基于司法实践的需求有所总结归纳。例如,学者型法官邹碧华的"要件审判九步法",参见邹碧华:《要件审判九步法》,法律出版社2010年版。

考正处于萌芽状态;另一方面,西方话语又构成我们回避不了的参照系。[1] 就后一方面而言,尚有其内在的复杂性。学术的发展固然与社会的诸多条件有着关联,但亦有其内在的逻辑与理路。德国法学方法论的发展建立在二百余年对问题线索与理论脉络的逐渐积累的基础上,德国学者有充裕的时间和耐心去进行学术筑基和修补完善。哪怕是对前一个时期的主流理论的批评和反思,也不会完全瓦解其基本共识(这构成方法论研究的学科根本),而是会弥补其可能的缺陷。而我们作为方法论研究的后来者如果想要"赶美超德",想用短短几十年追赶上两百年,就会不自觉地生出"立等可取"的心态,从方法论理论发展的整体脉络上切割出一部分加以引入。所以可以看到的现象是,今日研究这个问题,明日又研究完全无关的另一个问题,信马由缰、毫无章法;或者今日引入现代性理论,明日又转向后现代理论,沉迷于时髦话语与先锋学说,没有形成真正的学术鉴别力。例如,有不少方法论研究者走的是"先译后著"的路子,译作的观点深刻影响着译者自己的观点。而这些译作的学术传统并不相同,所以这也影响到译者间观点的对立。如果此时再加上译者个人的"过度诠释",那么学术争议就显得更加不知所云和游谈无根,而且对于不熟悉这个传统的普通读者而言也有"先入为主"或"一叶蔽目"之害。[2] 消除此种弊病非一日之功,端赖诸多同仁怀着学术公心,齐心合力,稳扎稳打,将整个方法论研究的发展脉络完整地呈现在读者面前。

再次,对方法论研究中"道"与"术"的关系正视不够。法学方法论绝非只是法律人的手艺活,它既关乎价值判断(伦理学),也关乎权力分配(政治学)。一方面,方法论是一套正当化司法裁判的学说,它最主要的工作就是使我们的价值判断尽可能地可视化、客观化、可操

---

[1] 参见雷磊:《如何学习法理学?》,载《研究生法学》2011年第4期。
[2] 参见雷磊:《域外法学方法论著我国大陆传播考略——以欧陆译作与我国台湾地区作品为主线》,载《东方法学》2015年第4期。

作。方法论的高度精致化并不意味着与价值基础割裂。如果走向另外一个极端,即纯技术主义路线,就会导致魏德士(Rüthers)所说的"方法论上的盲目飞行"[1]。从某种意义上说,以德国基本法所确立的客观价值秩序为基础的法秩序,以及德国传统中的正确法理论(即正义),为现代德国法学方法论提供了支撑。另一方面,特定的方法论立场对应特定的国家权力分配模式。诚如魏德士所言,方法问题即宪法问题[2],而宪法问题首先关乎权力问题——立法权与司法权的关系。在司法裁判过程中,两者的边界并非那么明晰,而处于动态平衡中。虽然通常而言立法权在这一关系中处于优势地位,但在对目的解释、目的性扩张和目的性限缩等方法的运用中,司法权亦拥有很大的裁量余地。因此,具体的方法主张和论证负担会对两者界限在何处的判断造成影响。但就目前的研究而言,学者们并未有意识地深入方法论背后的这些伦理与政治问题,也没有去探究中国法秩序的伦理和政治特色(中国之"道")对中国的方法论(中国之"技")的影响,及其可能造成的与起源于德国的方法论学说之间的差别。但须谨记,"技可进乎道,艺可通乎神"[3],"法学方法论(永远)是特定法秩序的方法论"[4]。法学方法论不仅是一种技艺,而且是达致"善良和衡平"的技艺。技进乎道、艺神双通,应成为未来中国法学方法论研究的提升方向。

最后,方法论研究成果对司法实务部门的影响有待提高。一方面,是学界研究数量与日俱增,另一方面,则是司法实务界的寂静无声。当然,这不是说实务界没有人关注方法论研究。事实上,在出版

---

[1] Bernd Rüthers, Anleitung zum fortgesetzten methodischen Blindflug?, *Neue Juristische Wochenschrift* 19 (1996), S. 1249.
[2] 参见[德]伯恩·魏德士:《法理学》,丁晓春、吴越译,法律出版社2013年版,第303页。
[3] [清]魏源:《默觚上·学篇二》。
[4] [德]卡尔·拉伦茨:《法学方法论》(全本·第六版),黄家镇译,商务印书馆2020年版,第316页。

市场上,的确有一些方法论著作来自司法实务部门。[1] 但遗憾的是,无论是学者的论著还是法官的论著,在整体上都没有对裁判实务产生重要影响。就像最高人民法院的一位法官最近撰文指出的,"在目前的法学教育和司法实践中,法官大多缺少对法律方法、法律解释和法律推理等的深入认知和系统培训,他们的理解仍停留在'法学教科书'的阶段,而并未内化为自身的知识体系和话语体系"[2]。可以说,方法论研究这种对于司法实务而言能够提升其理性说理与论证能力,和对于学术研究而言能够让其更接地气的"媒介性领域",尚未成为学界与实务界共同的交流平台。当然,形势正在发生变化。现下有越来越多的中青年法官在学生时代学习了方法论课程,以方法论作为自己硕士或博士学位选题,也有越来越多的方法论学者走入法院举办讲座,或挂职司法实务部门。尽管任重而道远,但一种良性互动的局面正在慢慢形成。

一言以蔽之,中国的方法论研究,当以从"法学方法论研究在中国"走向"中国的法学方法论"为己任。唯须注意的是,这里的"中国"仅指发生学意义上的"中国":它不仅意味着构造出一种真正适用于中国而非西方司法实践的方法论体系,而且意味着向世界贡献一套能够既体现中国价值,又具有一定普遍性的方法论方案。

---

[1] 比较有代表性的是当时任职于最高人民法院的孔祥俊所著的三部曲,参见孔祥俊:《法律方法论》,人民法院出版社 2006 年版;沈志先主编:《法律方法》,法律出版社 2012 年版;冯文生:《推理与诠释:民事司法技术范式研究》,法律出版社 2005 年版。
[2] 刘峥:《论社会主义核心价值观融入裁判文书释法说理的理论基础和完善路径》,载《中国应用法学》2022 年第 2 期。

# 第二篇　比较视野与中国之问
## ——"中德法学方法论研究新发展"学术研讨会总结发言*

各位亲爱的德国和中国的同事：

经过一天半紧张而充实的研讨，"中德法学方法论研究新发展"学术研讨会暨"法学方法论研究的跨学科对话"学术论坛即将落下帷幕。本次会议可以说荟萃了德国与中国法学方法论研究方面的顶尖学者，"镇江会议"也必将在中德法学交流史和法学方法论学术史上留下浓墨重彩的一笔。

第一天上午的主旨演讲单元的主题可被概括为"哲学与历史交辉下的法学方法论"。主旨发言者均未着力于具体的方法论学说，而是从哲学的深度和历史的厚度去发掘方法论的缘由和基础，基本都可算作在哲学（法理学）层面对方法论的研究与反思。默勒斯教授的"元方法"让我们认识到"现代法学方法论"所倡导的审查步骤和论证模型的必要性，许内曼（Schünemann）教授从日常语言出发凸显出"语言哲学"图景下的方法论样态，彭诚信教授刻画了哲学上的主/客观两分法对于法律解释造成的分歧、张力与弥合并捍卫了一种客观解释的立场，朱庆育教授在"真理与方法"这种浓厚的伽达默尔式标题下发掘了这两种解释背后的不同真理观与达致的方法及其科学观问题。谢鸿飞教授通过威尔伯格式动态体系论展现出方法论背后的体系哲学的

---

\* 本文系笔者于2023年9月9—10日在江苏省镇江市召开的"中德法学方法论研究新发展"学术研讨会暨"法学方法论研究的跨学科对话"学术论坛上总结会议发言的书面稿。本次会议由江苏大学法学院和中国政法大学《法理》杂志共同主办。

变迁(对康德式的古典体系的改变)。舒国滢教授则从"萨维尼处境"出发描摹了中国方法论知识在继受过程中的困顿与焦虑。这是作为先行者的德国学者无法领悟的中国学者所独有的痛苦,也是我们的方法论走向成熟必须经历的阵痛。

在接下来的一天,我们先领略了民法和刑法这两个传统方法论优势学科的精雕细琢之风,既涉入了法律解释的客观性、一般条款的具体化、犯罪论体系、类推、体系化思维等传统议题,也触碰了欧盟化进程、学科交叉和新兴科技视角下的方法论变迁等新时代主题。我们感受了宪法学方法论这个后起之秀的魅力,通过体系构建、宪法实施、宪法渊源等棱镜折射出当下宪法方法论研究的基本样态。最后,我们也再次回到法理学的层面,从理论、案例和命题等方面去剖析方法论的学术关怀和实践抓手,既有比较法的视野,也有"中国之问"的自觉,并带领我们一起体悟"方法论研究何处去"这一永不终止的追问。由此,从第一天上午的主旨演讲单元至此,由法理学始,到法理学终,形成了完整的闭路,也充分展现了法学方法论"由道入技,由技进道""技道双通"的特点。

在这一天半里,中德双方的学者展开了较为充分的交流。德国有着悠久的方法论研究的传统。不考虑其历史渊源,即便是以第一本体系化的著作,即萨维尼的 1802/1803 年《法学方法论讲义》(马堡讲义)为开端,至今也已有两百余年的历史,中间历经多种范式的转换和各种思潮的冲击,直至今日相关研究成果蔚为大观,为世界提供了经典的样板。德国可被称为"法学方法论的母国"。相比而言,中国的方法论研究历史较短,如果以梁慧星教授写于 1995 年的《民法解释学》为开端,迄今不过三十年左右的历史。但是,正如中国式现代化是一种时空叠合的压缩式现代化,中国的方法论研究也呈现出集约型和加速度发展的格局。在短短三十年的时间里,传统进路、诠释学进路、分析进路等各种进路纷至沓来,法律逻辑学、法律论题学、法律修辞学、程序性论证理论等各种理论色彩纷呈。中国学者以其特有的敏锐和勤奋如饥似渴地从外部,尤其从德国汲取着各种方法论的知识,在短时间内呈现出丰硕的学术成果。当然,由于历史、传统和体制等方面的情况不同,中德两国的方法论研究也呈现出一些不同特点:

其一,在研究主体上,德国方法论研究的主体始终是部门法学者(或者说同时作为法哲学学者的部门法学者)。在德国,除少数的几个教席外,法哲学教席通常会挂靠一到两个部门法。法哲学学者必然是至少一门部门法的教义学者,如民法学、刑法学、宪法学,等等。而在中国,尽管民法学者梁慧星教授的专著为开端,但在21世纪的第一个十年里,研究主体却是法理学者。比如,从2006年在北京召开的全国法学方法论论坛第一次学术研讨会开始,法学方法论年会就主要是法理学者组织和参与的会议。法理学者对法学方法论的研究往往从一般理论层面介入,这波热潮延续了十年左右。在经过中间的冷却期后,现在兴起的是法学方法论的第二波研究热潮。第二波热潮的研究主体开始变为部门法学者,这使第二波热潮与第一波热潮相比呈现出一个明显的特点,那就是与法教义学紧密结合。此间的体现就是案例研究、鉴定式教学法、法律评注的展开。方法论终究不是屠龙之术,而是庖丁解牛之技,它只有与具体的法教义学相结合才能展现出自己的生命力。因此,第二波热潮才是法学方法论研究的常态。至此,我们也达成与德国方法论研究的合流。

其二,在方法论与价值论(伦理学)的结合方面,德国历来高度重视两者的结合。方法论一手牵着法教义学,一手牵着伦理学。方法论不可能取代价值判断。仿照康德的话说,方法论无价值论则空,价值论无方法论则盲。纯技术主义路线是不可取的,且容易造成魏德士所说的"方法论上的盲目飞行"。所以,无论是拉伦茨教授还是默勒斯教授的《法学方法论》,都渗透着对价值伦理的关怀,都以德国法学上所谓的正确法理论(正义论)为支撑。所以拉伦茨在1960年完成《法学方法论》的第一版后,又于1979年完成《正确法》一书,从而立起了法哲学的两足(考夫曼甚至认为,正确法是什么和如何实现是两个不可分割的问题,因而批评拉伦茨写成两本书,而不是一本书)。在某种意义上,德国方法论在第二次世界大战以后的发展与兴盛也得到了以德国基本法为代表的客观价值秩序的保障。反观中国,近些年来在倡导专业化和技术化路线的同时,某种程度上对价值论部分的关怀有所不足,或者说将方法论与价值论脱离开来。正如拉伦茨所说,"法学方法论(永远)是特定法秩序的方法论"。中国的方法论学者不仅要关注技术化路线,也不能完全将价值问题放逐于科学研究之外,完全留给政治意志去决断,而是要探究中国法秩序背后的道德伦理理念和政治伦理理念并使之理论化,并探究通过特定方法在司法裁判中实现它们的方式。

当然,这并不是说方法论本身没有普遍性和跨越国家的可适用性。这也是默勒斯教授一开始在主旨演讲中就指出的问题。当齐佩利乌斯说对象决定方法时,就有点夸大其词了。各国的方法论研究既有特殊部分,也应有共通部分。这意味着,中国的方法论研究在借鉴普遍方法模式,基于特殊价值构筑特殊方法观点的同时,也需注重基于自身经验尝试提供一套有说服力的普遍性新方法(如法源学说、社会效果/后果考量)。中国的司法裁判不仅是德国方法论学说的试验田,也是催化剂,催生出方法论多元主义中的新成员。

其三,在与司法实务的关系上,中国与德国呈现出不同的面貌。在中国,一个长久以来被诟病的问题是法学研究(法教义学与法学方法论)与实务相对脱节。实务工作者基本不关注法学理论者所提出的理论主张,方法论研究者也不关心自己的学说对司法实践的影响如何。即便现在也有法官所著的相关方法论论著问世,但从整体而言,整个法官群体所受的影响较小。所以,促使理论工作者与实务工作者合流,形成更为紧密的专业共同体,是未来要着力的方向。但在德国,情况可能恰恰相反。有的德国学者认为,德国的法教义学和方法论与实务的距离不是太远,而是太近。在德国的法学课堂上,往往将德国联邦最高法院和德国联邦宪法法院的判决意见视为权威,无条件地信奉,从而形成所谓"法院实证主义"和"宪法法院实证主义"的现象,使学理没有真正发挥出批评和反思的功能。

正因为有这些不同,所以对于中德双方的学者而言,持续的对话是必要的。方法论是法律人的看家本领,是基本功,是我们应对复杂的法律问题的武器库,是"吾侪所学关天意"的落地之处。中国清代知识分子魏源曾说:"技可进乎道,艺可通乎神。"法学方法论不仅是一种技艺,而且也是达致"善良和衡平"的技艺。

最后,再次祝贺本次会议顺利召开,感谢江苏大学法学院的辛勤付出,也期待以后精彩的续篇。谢谢!

# 后 记

在完成"规范理论三部曲"(《规范理论与法律论证》,中国政法大学出版社 2012 年版;《规范、逻辑与法律论证》,中国政法大学出版社 2016 年版;《法律体系、法律方法与法治》,中国政法大学出版社 2016 年版)之后,我曾一度决定离开沉浸了十余年的法学方法论领域,转而投入对法学基本范畴和法理学自身性质的研究。然而,回顾并整理在那之后发表的文字后发现:尽管没有明确的自觉,但在许多看似主题散乱的论文背后,其实隐藏着法学方法论的问题意识和基本底色。可以说,方法论的印记已经深深刻在我的潜意识里。

本书第一章至第八章是近五六年来我在法学方法论方面的一些新思考的合集。除第一章外,它们都曾以论文的形式发表。第二章:《法律渊源、法律论证与法治》,载《社会科学战线》2023 年第 1 期;第三章:《司法裁判中的事实及其客观性》,载《现代法学》2022 年第 6 期;第四章:《定义论及其在法典编纂中的应用》,载《财经法学》2019 年第 1 期;第五章:《同案同判:司法裁判中的衍生性义务与表征性价值》,载《法律科学》2021 年第 4 期;第六章:《反思司法裁判中的后果考量》,载《法学家》2019 年第 4 期;第七章:《社会主义核心价值观融入司法裁判的方法论反思》,载《法学研究》2023 年第 1 期;第八章:《人工智能时代法律推理的基本模式——基于可废止逻辑的刻画》,载《比较法研究》2022 年第 1 期;此外,第八章也吸纳了以下这篇论文的部分内容:雷磊、王品:《法律人工智能背景下的法律推理:性质与特征》,载《武汉科技大学学报(社会科学版)》2022年第5期。对于我个人而言,这些篇章的共同点在于:试图突破自己以往的研究套路,跨出理论的"舒适区",去面对新时代的新问题、新挑战,作出一些新思考。

这些思考是否成功并不重要,重要的是,它能够证明:法学方法论有能力对时代的变迁作出回应。毕竟如德国利益法学者古斯塔夫·吕梅林(Gustav Rümelin)所言,在所有的进步中,方法的进步才是最大的进步。

雷 磊

2024年4月27日于京郊寓所

图书在版编目(CIP)数据

时代棱镜中的法学方法论 / 雷磊著. —北京：北京大学出版社，2024.9
ISBN 978-7-301-35094-2

Ⅰ.①时… Ⅱ.①雷… Ⅲ.①法学-方法论 Ⅳ.①D90-03

中国国家版本馆 CIP 数据核字(2024)第 108195 号

| | |
|---|---|
| 书　　　名 | 时代棱镜中的法学方法论<br>SHIDAI LENGJING ZHONG DE FAXUE FANGFALUN |
| 著作责任者 | 雷 磊 著 |
| 责 任 编 辑 | 闫 淦　方尔埼 |
| 标 准 书 号 | ISBN 978-7-301-35094-2 |
| 出 版 发 行 | 北京大学出版社 |
| 地　　　址 | 北京市海淀区成府路 205 号　100871 |
| 网　　　址 | http://www.pup.cn　http://www.yandayuanzhao.com |
| 电 子 邮 箱 | 编辑部 yandayuanzhao@pup.cn　总编室 zpup@pup.cn |
| 新 浪 微 博 | @北京大学出版社　@北大出版社燕大元照法律图书 |
| 电　　　话 | 邮购部 010-62752015　发行部 010-62750672<br>编辑部 010-62117788 |
| 印 刷 者 | 涿州市星河印刷有限公司 |
| 经 销 者 | 新华书店 |
| | 650 毫米×980 毫米　16 开本　21 印张　292 千字<br>2024 年 9 月第 1 版　2024 年 9 月第 1 次印刷 |
| 定　　　价 | 89.00 元 |

未经许可，不得以任何方式复制或抄袭本书之部分或全部内容。
版权所有，侵权必究
举报电话：010-62752024　电子邮箱：fd@pup.cn
图书如有印装质量问题，请与出版部联系，电话：010-62756370